现代农业规划编制理论与实践

闫文 唐磊 王旭鹏 著

吉林大学出版社
·长春·

图书在版编目（CIP）数据

现代农业规划编制理论与实践 / 闫文，唐磊，王旭鹏著 . -- 长春：吉林大学出版社，2023.6
ISBN 978-7-5768-2165-9

Ⅰ.①现… Ⅱ.①闫…②唐…③王… Ⅲ.①农业发展规划 – 研究 – 中国 Ⅳ.① F322

中国国家版本馆 CIP 数据核字 (2023) 第 188286 号

书　　名　现代农业规划编制理论与实践
　　　　　XIANDAI NONGYE GUIHUA BIANZHI LILUN YU SHIJIAN

作　　者　闫　文　唐　磊　王旭鹏
策划编辑　矫　正
责任编辑　矫　正
责任校对　田茂生
装帧设计　久利图文
出版发行　吉林大学出版社
社　　址　长春市人民大街 4059 号
邮政编码　130021
发行电话　0431-89580028/29/21
网　　址　http://www.jlup.com.cn
电子邮箱　jldxcbs@sina.com
印　　刷　天津鑫恒彩印刷有限公司
开　　本　787mm×1092mm　　　　　1/16
印　　张　15
字　　数　200 千字
版　　次　2024 年 3 月　　　　　第 1 版
印　　次　2024 年 3 月　　　　　第 1 次
书　　号　ISBN 978-7-5768-2165-9
定　　价　78.00 元

版权所有　翻印必究

前言
Preface

随着社会的发展，传统的农业耕作模式已经不能满足人们的生活需要，农业产业效益得不到大幅的提升，在工业化背景下走向繁荣的城市和保持传统农业发展模式的农村，差异越来越大，最终走向了二元化。在这种形势下农业发展模式需要转型，产业结构需要调整，一种更为高效率、高收益的发展模式应运而生，这就是现代农业。

西方发达国家在19世纪中叶就进入了现代农业的发展阶段，积累了很多理论知识和实践经验。而我国正式引入这一概念是在20世纪50年代，借鉴苏联的发展模式，认为农业机械化、农业化学化、农业水利化、农业电气化即农业现代化。经过不断地探索，随着科学的发展，现代农业也被不断赋予新的意义。如今现代农业的含义是建立在现代发展理念、现代科学技术、现代物质装备和现代组织形式的基础之上的、富有活力的、效益较高、符合可持续发展要求的新型产业。《中共中央 国务院关于积极发展现代农业 扎实推进社会主义新农村建设的若干意见》（中发〔2007〕1号）明确提出："积极发展现代农业，扎实推进社会主义新农村建设，"[1] 发展现代农业作为一种解决"三农"问题、缩小城乡差距、加快城市化进程、使城市和农村有序协调可持续发展的途径，正逐步受到重视。

伴随着我国城镇化进程快速推进，交通拥堵、就业困难、环境恶化等"城市病"时刻影响着城镇居民的身心健康。与此同时，农村地区居民老龄化严重、收入来源单一、受教育水平低、土地荒废等问题也日益突出，自2004年以来，每年的中央一号文件更是连续聚焦"三农"问题，将解决三农问题作为头等大事。党的十九大以来，我国开始实施乡村振兴战略，致力于缩小城乡差距，促进城乡一体化均衡发展。乡村振兴战略目前已经

---

[1] 新华社受权全文播发《中共中央国务院关于积极发展现代农业扎实推进社会主义新农村建设的若干意见》[EB/OL].（2007-01-29）[2021-12-15]. https://www.gov.cn/jrzg/2007-01-29/content_511882.htm.

取得了明显成效，至2020年年底，我国已经彻底消除了绝对贫困，脱贫攻坚任务圆满完成。2021年中央一号文件（即《中共中央 国务院关于全面推进乡村振兴 加快农业农村现代化的意见》）指出："2021年，农业供给侧结构性改革深入推进，……农民收入增长继续快于城镇居民，脱贫攻坚成果持续巩固。农业农村现代化规划启动实施，脱贫攻坚政策体系和工作机制同乡村振兴有效衔接、平稳过渡，乡村建设行动全面启动，农村人居环境整治提升，农村改革重点任务深入推进，农村社会保持和谐稳定。"[1] "到2025年，农业农村现代化取得重要进展，农业基础设施现代化迈上新台阶，农村生活设施便利化初步实现，城乡基本公共服务均等化水平明显提高。农业基础更加稳固，……现代乡村产业体系基本形成，有条件的地区率先基本实现农业现代化。脱贫攻坚成果巩固拓展，城乡居民收入差距持续缩小。……农村生态环境得到明显改善。……乡村文明程度得到新提升，农村发展安全保障更加有力，农民获得感、幸福感、安全感明显提高。"[2]

由此可见，党和政府正在致力于提升广大农民的获得感和幸福感，建设农村地区已经成为国家社会经济发展的新征程。实施乡村振兴战略，不仅能有效缩小城乡差距，促进农村地区的经济社会发展，而且能够带动城市人口返乡，缓解因城市人口饱和带来的一系列问题。但是，随着人们生活水平的提高，人的需求从生理层面逐步升至精神层面，农业不仅具有解决人们温饱问题的生产和保障功能，其他如经济功能、旅游功能、生态功能、教育功能等，也逐渐被发掘利用，现代农业规划也从单一的产业规划变成多学科复合的规划体系。

农业发展的现代化是实现我国农业发展的必由之路。现代农业发展是农业科研领域的核心问题。经过长期的农业生产实践发现，我国的农业生产缺乏必要的规划和指导，同时还出现了一系列的生态环境和社会层面的问题。另外，我国的农业发展还缺乏一套完整的现代农业规划编制的方法

---

[1] 中共中央 国务院关于全面推进乡村振兴 加快农业农村现代化的意见_滚动新闻_中国政府网[EB/OL].（2021-02-21）[2022-04-06]. https：//www.gov.cn/xinwen/2021-02/21/content_5588098.htm.

[2] 中共中央 国务院关于全面推进乡村振兴 加快农业农村现代化的意见_滚动新闻_中国政府网[EB/OL].（2021-02-21）[2022-04-06]. https：//www.gov.cn/xinwen/2021-02/21/content_5588098.htm.

技术体系，这也是严重制约我国现代农业规划发展的重要原因。

我国农业规划在20世纪50年代产生，当时是为了迎合经济发展，在我国多个省份开展了农业规划，并有专业部门进行指导。随着经济和社会的发展与进步，传统的农业规划已经不符合现代社会的发展要求，需要进行更深一步的规划，保证我国农业经济高速发展。

基于此，本书以现代农业规划编制理论与实践为研究方向，期望通过合理的规划，建设完善的管理机制，促进我国现代农业可持续发展，进而增加我国农业经济收益。本书通过对农业规划体系的研究，用多学科理论指导规划编制，使现代农业建设发展更加科学合理，让效益最大化。

目　录

第一章　现代农业发展规划理论与方法 ·········· 1
　一、我国现代农业发展概述 ·········· 1
　二、现代农业发展规划的理论基础与影响因素 ·········· 9
　三、现代农业发展规划的方法体系 ·········· 16

第二章　国内外现代农业发展规划经验借鉴及启示 ·········· 27
　一、国外现代农业发展规划经验借鉴 ·········· 27
　二、国内现代农业发展规划经验借鉴 ·········· 41
　三、国内外现代农业发展规划的启示 ·········· 47

第三章　现代生态农业规划编制实践 ·········· 50
　一、现代生态农业规划编制方法 ·········· 50
　二、现代生态农业规划编制典型案例分析 ·········· 60

第四章　现代特色农业规划编制实践 ·········· 74
　一、现代特色农业规划编制方法 ·········· 74
　二、现代特色农业规划编制典型案例分析 ·········· 83

第五章　农旅融合创意休闲农业规划编制实践 ·········· 94
　一、农旅融合创意休闲农业规划编制方法 ·········· 94
　二、农旅融合创意休闲农业规划编制典型案例分析 ·········· 105

第六章　现代高效农业规划编制实践 ·············· 116
　一、现代高效农业规划编制方法 ················ 116
　二、现代高效农业规划建设实践典型案例分析 ········· 120

第七章　我国现代农业可持续发展的路径 ············ 140
　一、我国现代农业可持续发展的基本原则 ············ 141
　二、我国现代农业可持续发展的路径 ·············· 145
　三、我国农业规划的发展趋势及内容 ·············· 158

附　　录 ································ 163
参考文献 ································ 228

第一章 现代农业发展规划理论与方法

农业发展规划作为农业发展的依据，在促进农业和农村经济高质量、高效和可持续发展中具有重要的指导作用。合理的农业发展规划在整合区域农业资源、优化农业结构、深化农产品竞争优势及促进农业可持续发展等方面具有重要的意义。

本章从现代农业的概念切入，阐述我国农业经营模式的发展历程，剖析我国现代农业发展的主要成就、存在问题，详述现代农业发展规划的理论基础与影响因素，探讨现代农业发展规划的方法体系，为全书的研究做理论铺垫。

一、我国现代农业发展概述

现代农业是广泛应用现代科学技术的科学化农业，从借助传统经验转为依靠科学生产，将粗放型农业变为科学化的农业，农业与物联网结合发展成为智慧农业，更重视农业的智能化、自动化管理。现代农业的形成与发展，是对传统农业的改进，促进农业更好、更有效率地发展，并推动农村的现代化转型。现代农业主要着眼于科学化、产业化，通过运用现代科学技术与装备，结合现代管理方法，形成农产品高效供给和产销一体，通过集约化生产促进农业可持续发展。现代农业的发展对于农业、农村、农民来说都能带来益处。

（一）相关概念界定

1. 现代农业

现代农业又称智慧农业，是区别于传统农业而言的，是建立在现代自然科学基础上的、利用先进的生产资料和科学的管理方法以提高农业生产效率、促进农业经济稳定高效发展的社会化、科学化的农业。

现代农业是几千年农业发展历史长河中人类智慧的结晶，主要表现为两个方面：第一，农业生产技术条件的现代化，即通过利用并改造自然，由依赖传统经验转变为依靠科学技术，将落后的生产方式转变为先进的生产方式，采用机械设备来代替人力劳动，农业生产活动集约化、规模化，提高农业的单位产出率，保障农民增收、改善农民生活。第二，农业组织管理的现代化，即要建立农村合作组织，采用现代管理方法进行系统的有组织的管理，用最新的管理制度来规范农业生产活动，将企业化管理、规模化经营、专业化生产、社会化服务相统一，形成政府、企业和农民三力合一的局面，最终实现现代农业的专业化、社会化、商品化发展。

在国家科学技术委员会编著的《中国农业科学技术政策》中，按照现代农业的内涵将其分成了三个领域，分别为产前领域、产中领域、产后领域。其中产前领域涉及农业机械化生产，化肥、农药的生产与使用，农村水利水电以及农用塑料的生产与使用等；在产中领域主要涉及许多产业，包括种植业、林业、畜牧业以及水产业等；而产后领域则涉及农产品加工、储藏、运输等。[①] 现代农业不再局限于传统的种植业、养殖业等第一产业，还涵盖了第二产业和第三产业的内容，推动了一二三产业的融合发展。现代农业以生产为动力，通过种养殖、生产、销售等一系列产业化运作将产前、产中、产后三大领域联系起来，逐渐成为一个以农业生产为基础的产业群，与农业生产活动形成稳定的、互利共赢的利益联结共同体。

2.传统农业

传统农业基本不涉及农业技术的使用，对于农民而言，对生产要素的需求不高，传统农业的生产要素需求以及供给处于长期均衡的状态。

传统农业在多个方面与现代农业存在的差异如下。

在生产方式上，传统农业通过借助人力、畜力，采用简单的农用工具来开展农业活动，农业生产方式落后，农业生产效率低下，例如，人工沤肥、修筑梯田等。在经营组织形式上，传统农业主要是以家庭为生产单位，家庭成员在开展农业生产时会进行家庭内部分工，"一家一户"这种小生

---

① 国家科学技术委员会. 中国农业科学技术政策[M]. 北京：中国农业出版社，1997：25.

产格局是其鲜明特征。在涵盖产业上，传统农业以第一产业为主，局限于传统的种植业、养殖业等基础产业，主要是农产品初级产品的生产加工。在生产投入上，传统农业主要依赖自然资源的投入，自然环境对农业生产活动的影响较大，农民抵御自然灾害的能力较差，部分地区甚至仍存在"靠天吃饭"的现象。在经营目标上，实现自给自足，农产品以自用、自销为主。在生态保护重视程度上，传统农业是高成本、高消耗、高污染的粗放式农业，不太重视生态环境保护。

3. 现代农业发展规划

指在一定时期内，对区域内的农业资源、相关配套设施以及与农业相关的部门和产业，进行合理的配置和综合的部署，以确定农业的发展定位及方向，合理布局农业产业，提高农业发展水平和促进农业可持续发展的计划和安排。现代农业涉及面广、内涵丰富，现代农业发展规划同样具有领域宽泛、内容繁多的特点，本书所指的现代农业发展规划是宏观层面的，属于发展领域的问题，主要侧重农业产业相关的发展规划，较少涉及农业生产技术等微观领域。

（二）我国农业经营模式的发展历程

新中国成立以来，我国农业制度经历了多次变革，农业经营模式经历了四个阶段：解放初期的农业经营模式、人民公社时期的经营模式、家庭联产承包责任制下的统分结合的双层经营模式、农业现代经营模式的萌生时期，下面对其演变过程进行梳理、阐述。

1. 解放初期"互助组"经营模式

随着1950年《中华人民共和国土地改革法》顺利通过，农民获得了土地，农民的生产热情空前高涨。但新中国成立初期，农业发展极其落后，物质十分匮乏，农业生产资料短缺严重，于是关系密切的农民自发地组成生产小组，相互帮扶，共用生产资料。生产协助小组也迅速增多，且小组成员逐渐稳定，于是形成了互助组。此时的互助组模式仅仅依靠农民间的互信关系相互协助生产，而在农业生产决策方面，农户具有自主权，农户之间互不干涉。新中国成立初期的这种适合当时农业需要的互助组经营模式，经营规模小，经营形式单一。

2. 人民公社时期的合作社经营模式

农业互助组初见成效为我国改变农业落后形势打开了新的局面，国家开始全面提高农业互助组的规模。从 1953 年到 1956 年，为了促进农业资源的合理配置，提高农业的生产效率，改善农民生活水平，国家开展了对农村的社会主义改造工作，建立了农业生产合作社。从此，我国进入了社会主义农业生产合作社的集体经营时代，这种集体经营模式一直持续到 1978 年 12 月党的十一届三中全会的召开。在这一阶段，农业经营模式表现为农业生产合作社＋农户，农业经营主体单一，农业生产合作社是唯一形式，属于在国家经济计划的指导下独立的经营生产、具有高度计划性的集体经济。此阶段的农业经营模式不是自发性的，具有政府指令性特征。这种集中生产和管理的模式，使生产有序进行，节约了生产成本，提高了生产效率。在一定程度上，缓解了国家的粮食压力，弥补了部分工业生产原料，发挥了农业基础作用。但是，随着农业生产和社会的发展，农民积极性受挫，农村生产效率低下，农村合作社的集体经营模式渐渐不适应农业经营，阻碍了农业经济的发展。合作社的经营模式，在一定程度上缓解了建国初期我国农业的困难局面，但还是属于比较落后的农业协作生产模式。

3. 改革开放以来的双层经营模式

改革开放初期，我国改革的重心在农村。从 1978 年底党的十一届三中全会召开一直到 1983 年 10 月，农业生产合作社基本解体，农村开始实施家庭联产承包责任制。在改革开放政策的指导下，农村实行统分结合的双层经营模式。一方面，以村为基本单位的集体经济组织负责与以家庭为单位的农户签订承包合同，同时负责甄别不符合承包标准的农户等相关工作。另一方面，农民获得了承包土地的自主经营权，可以按照自己的意愿经营生产和决策，打破了过去"大锅饭"的弊端，再一次激发了农民积极生产的热情。家庭联产承包责任制的实施，对我国农村经济的建设，以及社会主义更深刻的变革，起到了里程碑的作用，为建立农业现代经营模式打下了良好的经济基础。但是，这种分散的经营模式，不利于机械化大生产，不利于推进农业产业化、市场化进程，尤其是在经济全球化、生产社会化的今天，弊端愈发突出。

4. 农业现代经营模式萌生时期

20世纪末，市场经济开始突飞猛进的发展，我国经济逐渐由计划转向市场。随着中国城市化进程的起步，城乡二元经济模式不断转变，市场不断向农村渗透。市场经济的发展，给农民的经营观念带来了革新，也促进农业现代经营模式的萌生。家庭农户生产经营模式渐渐满足不了复杂多变的市场需求，农业出现现代专业合作社萌芽，"龙头企业"应运而生，家庭农场开始出现，农业现代经营模式萌生，开始出现"龙头企业＋农户"、家庭农场等农业现代经营模式。

这一时期的农业经营模式的特点如下。一是经营主体呈现多元化的雏形，合作社以供销合作社和信用合作社为主，企业以乡镇企业为主。二是以自发探索为主，各经营主体探索实行自发联合、自发组织，企业与农业之间的利益联结相对比较松散。三是农业经营模式的合作水平低，经营起点低，实力不强，组织规模小，没有发挥现代农业经营的职能。四是覆盖面窄，主要集中在东部大城市郊区的畜禽、蔬菜等产业。这种经营模式在一定程度缓解了"小农户"与"大市场"间的矛盾，降低了企业原材料来源的不确定性和原材料采购的交易成本，农户收益得到保障。农业现代经营模式还处于发展初期，存在农户与企业实力悬殊，农户与企业权责不对等，利益分配受企业约束等缺点。随着农业现代经营模式的发展，农业开始向专业化、多元化、市场化的方向迈进。

（三）我国现代农业发展现状剖析

1. 主要成就

新中国成立以来，中国农业发展实践取得了举世瞩目的伟大成就：农业生产力获得了很大发展。在只占全球耕地面积总量的7％的土地上，为占全球人口总量22％的人口提供可靠的和高品质的食物来源，也为工业等其他领域提供充分的原材料支持，可谓人类历史上的伟大壮举；确立和巩固了农业基础地位、提升了农业现代化水平、农业合作化发展态势良好、推进了城乡统筹协调发展和社会主义新农村建设。中国农业发展实践积累了宝贵的经验：对农业基础地位问题有了全面认识，对农业发展规律的探索日益全面，关于农业现代化、农业合作化和城乡协调发展等方面的探索和尝试取得很大成效。这些成就与经验，为实现党中央提出的"两个一百年"奋斗目标提供了物质保障。我国农业发展的成绩主要体现在农业现代化水平不断提升、农业合作社发展态势良好、城乡协调战略深入推进和社会主义新农村建设取得新进展等四个大方面。

（1）农业现代化水平不断提升

实现农业现代化既是我国农业发展的重要目标之一，也是国民经济发展的要务。农业现代化进程可以推动国民经济结构深化调整和发展模式变革，能够促进产业结构升级，有助于"三农"问题的解决。党中央始终高度重视农业现代化建设，改革开放以来，我国农业现代化进程加快。尤其是进入21世纪之后，随着国家综合实力的增强和国民经济发展水平的提高，在"十五""十一五"期间，农业现代化水平有了显著提高。2014年，农业科技进步贡献率达到56%，农业生产正在实现从主要依靠增加资源要素投入向主要依靠科技进步的重大转变。[①] 当前，我国已基本形成了中国特色社会主义农业现代化发展模式。我国农业现代化建设取得了长足的进步，农业现代水平有了大幅度提升，为农业发展迈上新台阶提供了可靠的动力支撑。

（2）农业合作社发展态势良好

当前，我国农业合作社发展如火如荼，既是承载中央惠农政策的重要载体，也是我国现代农业生产经营模式的一种重要选择，极大地促进了我国农业发展和农民收入水平提升，为"两个一百年"奋斗目标的实现提供了坚实的农业基础保障。

我国农业合作社的发展与各地政府的大力扶持密切相关，主要体现在资金投入与法律法规的建设两个方面。我国农业合作社的经营范围以种植业和养殖业为主，并不断向其他领域拓展，基本覆盖本区域农村各业。我国农业合作社类型多样，主要有七种模式，即企业领办型、专业大户领办型、村集体领办型、专业人员领办型、经纪人领办型、农技推广机构领办型和协会改造型。前三种是主要形式。此外，农业合作社品牌意识不断增长，积极进行品牌化经营。

---

① 韩长. 坚定不移加快转变农业发展方式——学习贯彻习近平总书记在中央经济工作会议上的重要讲话精神[J]. 农业技术与装备, 2014（12）: 6.

（3）城乡协调战略深入推进

党中央一直十分重视城乡协调问题，党的历代领导人在论述城乡关系时都有关于如何实现我国城乡协调发展的阐述，并形成了系统性理论。进入21世纪，在深化改革的进程中，党中央将解决城乡二元经济结构矛盾摆在了突出位置，不仅提出了统筹城乡发展的系统规划，还创造性地提出了建设社会主义新农村的战略部署，这有利于广大农村地区的社会经济进步，为实现"两个一百年"奋斗目标提供了农业及农村发展的坚实保障。

在党中央的正确领导下，各级政府积极采取有效措施，积极推进本地区城乡协调发展工作。近年来，随着改革的不断深入与国民经济的迅速发展，我国的城乡关系呈现出日益向城乡协调发展战略目标迈进的良好局面。

（4）社会主义新农村建设取得新进展

党的十六届五中全会明确提出建设社会主义新农村这一战略规划之后，各级政府持续不断地加大投入力度。当前，社会主义新农村建设取得了一系列重要进展，主要表现在：农业生产水平稳步提升；农民收入与生活水平有较大提高；文化教育、医疗卫生与社会保障水平明显改善；农业生态环境保护得到加强。

生态文明建设是我国社会主义新农村建设的重要组成部分。20世纪90年代以来，生态环保水平作为社会经济发展的重要标志受到人们的广泛关注。随着农村地区社会经济发展水平的提高，生态环境保护及生态环境建设不断受到重视。大力发展生态农业与绿色农业，全面加强农村生态环境综合治理，全力组织实施造林绿化、污水治理、垃圾处理、"改水改厕改厨"工程、村庄整治等重点工作，大力推进生态农村建设，取得了明显成效。

2. 我国现代农业发展存在的问题及原因

新中国成立七十多年来，我国农业发展取得了巨大的成就，尤其是改革开放以来，我国农业发展十分迅速，农业生产能力和经营水平都有了大幅提升，为我国农业自身的持续发展奠定了重要基础，也为我国整个国民经济的发展提供了重要的物质保障。但我们必须看到，同我国发展中国家地位没有根本改变一样，我国农业发展水平同世界发达国家相比依然处于相对落后状态，与现代化国家的要求仍然存在很大差距。无疑，目前我国农业发展面临的挑战依然严峻，在农业基础地位巩固、农业发展技术水平、农民素质、农业产业结构和城乡协调发展等方面依然存在问题,并制约着我国农业的发展。

(1) 农业基础地位需要继续加强

经过七十余年的经济建设,我国工业化和城市化水平取得了巨大进展。国民经济结构发生重大变化,摆脱了落后农业国的面貌,综合国力大幅提升。但需要注意的是,由于农业发展需要大量的资金投入,而农产品的附加值相较其他产品要低得多,且生产周期长,因此,不少地方政府在发展本地经济时,往往忽视农业的发展,甚至以牺牲农业来支持其他产业的发展。这种情况若不能及时遏制,极有可能动摇我国的农业基础地位。因此,我们必须高度重视农业基础地位问题,只有不断巩固和加强农业基础地位,才能持续推进我国农业的发展。

(2) 农业发展技术水平不高

现代农业的主要特征就是广泛应用现代科学技术,就我国农业发展的现状来看,农业技术的应用水平还需提高,农业经营方式需要向集约型转变,科技创新、转化的能力和效果还亟须改善,对农民的技术投入还有待加强,这不利于现代农业的发展。就农业科技体系来看,推广体系有待健全,服务能力有待提升。就基础设施来看,农业生产设备的自动化程度仍需提高,设备的自动化能力仍需增强,农业的大规模生产还没有实现,不能满足现代农业的发展要求。从技术水平的应用及设备的使用来看,需要加强科学技术的应用,仍需促进农业技术水平的提高。

(3) 农民素质有待提升

农民素质提升有利于对农业技术的应用,农民能更好地利用技术促进农业发展。现代农业的特征之一就是对农民素质的要求更高了,需要有较高素质的农业经营管理人才,要能深刻理解现代农业发展内涵并会应用现代科学技术。我国农民的文化素质整体水平仍然有待提升,农民文化素质不高会影响其对新技术的接受和应用。例如,是否能主动转变观念去积极了解相关信息并提升技能。在技术的应用方面,有时即便农民已经了解新技术应用的积极效果,也可能由于不会、不懂而导致技术不能得到有效应用。此外,还需要关注基层农业技术推广服务体系,提高基层农业技术推广服务水平。通过提升农民素质和基层农技服务水平,促进现代农业发展。

（4）农业产业结构有待完善，产业化水平有待提升

我国农业发展过程中，农业产业结构仍不完善。农业产业结构的不完善难以促进产业化水平的提升。例如，种植业中的经济作物的种植，由于种植规模不太、种植质量不高，种植优势得不到很好体现，因而达不到产业化发展的程度。农业产业化的发展需要扩大种植规模、提升种植质量，以满足农业生产加工的需求。从农业生产方式来看，农业发展还不能满足现代农业的规模化特征，产业化水平不高，不能实现规模化经营，不能带来规模效益。产业化水平不高使得农业生产的专业性不强，也就无法依托龙头企业来加强管理，不利于现代农业的发展。

（5）城乡二元经济结构矛盾突出

我国的城乡二元经济结构形成有深刻的历史原因。建国初期，我国提出了由落后的农业国向工业国转变的战略思想，政府通过户口迁移、粮油供应、劳动用工和社会福利、教育等一系列制度安排，逐步建立了城乡分割的二元经济结构。这种制度虽然在我国经济几十年的发展中起了十分积极的作用，为我国的工业化做出了巨大贡献，但我们不能忽视这种结构的内在矛盾。特别是随着市场经济的引入，我国经济高速发展，国民经济显著提高，人民生活不断改善，城乡面貌发生了翻天覆地的变化。然而，我国的经济发展并不平衡，城镇居民人均收入明显高于农村。由于收入差距的扩大，城乡二元经济结构的矛盾日益突出，虽然国家出台了多项惠农政策，一定程度上使收入差距有所缓解，但城乡二元经济结构是一个系统性问题，不是短期内就可以消除的。城乡分割的二元经济结构矛盾愈加显现，城乡不平衡发展已严重阻碍了经济社会的全面发展。

二、现代农业发展规划的理论基础与影响因素

（一）现代农业发展规划的理论基础

没有一个理论可以全面解析现代农业规划编制中所面临的问题，需要根据实际研究对象和目的的不同，选取相关的理论来指导规划。在此笔者仅对部分主要理论做简要介绍。

1. 农业区位理论

德国著名农业经济学家杜能（Johann Heinrich von Thünen）在1826年出版了著作《孤立国》，标志着农业区位理论的诞生，奠定了区位理论的发展基础。杜能在《孤立国》中把一个由唯一的都市和都市外围的农村组成的社会假设成一个孤立的国家，这里土壤肥沃、气候宜人，但国家与世隔绝、四周荒芜。都市提供农村地区所需的加工品，而都市所需的农产品全由农村供给。该国的交通工具统一是马车，运输费用与距离成正比。在这种假设下，杜能提出了各种产业分布的范围，他把都市外围的农村按距离远近划分为六个环带，以都市为中心呈同心圆状向外部扩展，这就是著名的"杜能环"。第一圈层距离都市最近，被称之为自由农作区，主要生产不适宜长途运输的新鲜蔬菜、牛奶等，由此向外，距离越远运费也越多，新鲜的农产品可能会因距离过远导致尚未运抵已腐烂而失去价值；第二圈层主要发展林业，生产木材供应都市能源消耗；第三圈层为谷物轮作区；第四圈层为谷草轮作区；第五圈层为三圃轮作区；第六圈层发展畜牧业。

杜能的农业区位理论揭示了土地利用方式与区位之间存在着的一种客观规律，尽管是在众多的理论前提下演绎的一般性理论，但由于抓住了问题的本质，对现代农业规划的设计具有现实指导意义，可以用此理论来解释许多现实的土地利用，并且研究尺度涉及宏观尺度（国家或大洲范围）、中观尺度（城市范围）、微观尺度（农村聚落范围）。

2. 改造传统农业理论

1976年，美国经济学家舒尔茨（Howard Schultz）出版了最具影响力的著作《改造传统农业》，改造传统农业理论由此提出。该书主要从三个方面进行了具体分析，即传统农业的基本特征、传统农业为什么不能成为经济增长的源泉以及如何改造传统农业。舒尔茨提出，由于传统农业的资源配置处于长期停滞的均衡状态，无法成为经济增长的源泉，这时，只有引进现代农业生产要素，才可以打破这个局面。为此，首先要进行技术创新与制度创新作为基本保障；其次，扩大对新生产要素的供给和需求，应发挥市场机制的主体作用，利用产品以及生产要素的价格来刺激农民；最后，针对农民进行人力资本投资，包括初等教育、在职培训、保健设施和服务等方面。

此理论突出了农业在经济学中的作用，一方面，使经济学家以及一些发展中国家忽视农业发展的错误倾向得到纠正，另一方面，对于农业本身的改造而言，强调了发展农业带动经济增长的重要性。此理论还率先把人力资本投资引入到发展农业的范畴，为我国现代农业的长期发展指明了方向。

3. 比较优势理论

1817年，英国经济学家大卫·李嘉图（David Ricardo）发表了《政治经济学及赋税原理》，其中提出了比较优势理论。此理论强调，在两个国家或地区之间，不是所有产品的劳动生产率的差距都是相等的，在国际贸易交换体系中，每个国家或地区都应集中生产并出口具有比较优势的产品，进口具有比较劣势的产品，概括为"优重劣轻"的原则，这样一来，通过降低劳动投入来提高劳动生产率，使双方的经济发展水平都能有所提高。比较优势理论是对英国经济学家亚当·斯密（Adam Smith）于1776年发表的《国富论》中绝对优势理论的深度延伸，亚当·斯密认为，各个国家要合理配置资源，提高劳动生产率，同时，国家要切实保障劳动者的权益，强调个人发展对社会、国家的作用，实现三者利益最大化，促进经济发展。现代农业发展要突出农业生产规模化、机械化以及专业化的特点，加快科学创新以及生产技术的研发，率先发展优势产业，逐渐提高在国际市场中的地位。

4. 综合区划理论

综合区划理论源于两个基本学说：自然地域分异规律和劳动地域分工学说。自然地域分异规律：农业生产总是以动植物为对象，在特定的区域展开。动植物的生长、发育、繁殖离不开气候、土地、水等自然条件。组成区域的自然因素可以分为地带性因素和非地带性因素两类。自然地域分异的存在与作用是农业必须因地制宜发展的一个根本原因，也是农业区划的一个重要的客观依据。劳动地域分工理论：随着生产力的发展，社会劳动分工越来越细，有产业上的分工、产业内部的分工和企业内部的分工。但是无论哪一种形式的社会劳动分工都必须立足于特定的生产地区，从而形成了劳动地域分工。劳动地域分工的理论基础是比较利益原理即比较成本学说。这一理论是扬长避短、趋利避害原则在地域分工上的运用。综合农业区划的目的在于：为合理地开发、利用、治理、保护各地自然条件和农业自然资源，为选择商品农业基地、农业区域化和专业化，为因地制宜实行农业技术改造和采取重大措施提供科学依据。区划工作内容复杂、头绪繁多，但可简单归结为以下四个步骤：（1）准备工作。（2）野外调查。（3）室内分析研究，提出成果。（4）区划成果的应用。

综合农业区划的分区方法主要有两大类：即定性分析分区法和定量分区法。定性分析分区法包括主导因素分析法、区域对比法、地图叠加法、综合平衡法等。这种方法是在掌握一定资料和数据的基础上，依据区划的目的，确定分区原则和指标体系或绘制有关指标的单因子分区图，相互叠加进行分区。定量分区法比较常用的有聚类分析法和模糊聚类法。这种方法主要是根据分类单元及其指标体系所含特征量，经过数学处理，对研究地区进行分区划片。按照综合区划的理论与方法，可以对区域农业的发展从宏观上做出安排，可以为各地农业的发展指明方向，确定其适宜发展的项目类型，从而使资源能够得到优化配置和有效利用。

5. 可持续发展理论

1980年，"可持续发展"概念率先于国际自然保护同盟发表的《世界自然保护大纲》中出现，其从生态学中衍生出来，被认为是一种管理战略。1987年，世界环境与发展委员会发表报告《我们共同的未来》，将其定义为：既能满足当代人的需要，又不对后代人满足其需要的能力构成危害的发展。发展原则为公平性、持续性、共同性。在农业发展领域，可持续发展理念强调自然资源的合理利用，调整农作制度，推动技术变革，加快管理改革，减轻农业生产对自然环境的破坏，维护社会、经济、生态的平衡发展。

现代农业发展以这一理论为指导，通过应用先进技术提高农业生产效率，使劳动力资源得到合理配置，降低了农业生产成本，减少了农业污染，使现代农业形成了科学化的管理模式，实现了现代农业的专业化生产，在创造更大经济价值的同时，也更好地保护了自然环境。

6. 城乡统筹理论

城市化和工业化的进程使发展中国家城市与乡村差距拉大，表现为城乡对立的不协调局面。城乡统筹是在研究城市与乡村的发展关系中总结出的经典理论，该理论与国外的城乡一体化理论相似，核心内容是城市与乡村是共生共长的，是相互作用、相互依赖和相互影响的统一体，而不是对立的。城乡统筹的核心目的是缩小城乡差距，促进城乡协调发展。

城乡统筹就是政府把城市和农村的经济和社会发展作为一个整体来考虑，在制定国民经济和社会发展计划、确定国民收入分配、制定重大经济社会决策时把"三农"发展放在优先位置考虑，对农村社会政治、经济、文化等各领域进行战略性调整和深层次变革，使城市和农村经济社会协调发展，扭转城乡二元结构，实现城乡人民的共同富裕。城乡统筹发展具有丰富的内涵，包括城乡关系统筹、城乡社会统筹和城乡要素统筹三个方面。

现代农业规划的区域是广大的农村地域，规划师把更多的研究视角集中在农业和农村上，事实上，城镇对农村和农业的影响是不容忽视的，应该站在包括城镇在内的区域视角下，分析现代农业发展的内容和方向。农村与城市、农业与工业不应该是主次或从属的关系，应该是共同发展、互利互惠、相互促进，协调发展的关系。经济发展初期，城乡关系表现为城乡差距扩大的城乡二元结构，农业处于弱势地位，随着经济发展的逐渐成熟，城乡关系表现为城市反哺农村、工业反哺农业，这只是发展的先后问题，是不平衡发展向平衡发展过渡的必然趋势。在现代农业规划设计时，不应该就农业论农业，就农村论农村，应该将农业与其他产业一同考虑、统一配置，把农村和城市作为一个整体，统一部署，统筹发展。

（二）现代农业发展规划的影响因素

由于区域差异，各地应根据自身的发展状况，编制适合区域发展的农业发展规划，因此，不同区域、不同类别的农业发展规划的影响因素也不同，本章以旅游休闲农场为例，探讨其发展规划的影响因素。

影响休闲农场规划的因素，主要指供给方与需求方因素。对供给方而言，是指拟作休闲农场的基地条件、开发者的开发意向、投资能力、规划设计者的业务水平和后期管理状况等。而对于需求方，即游客而言，则指游客的心理、年龄结构、个人可支配收入、生活结构、偏好等方面。下面主要以分析休闲农场的基地条件为主，主要包括目标定位、性质和旅游供应条件。

1. 目标定位

是指确定休闲农场的类型。因为休闲农场各类型之间差异很大，在规划前期，要首先确定基地是用于农业科技园的建设，还是用于观光农园的建设，是规划一个完整的休闲农场，还是把休闲农业作为园区的一部分内容。比如，广州顺德的生态乐园就把休闲农业作为其中的一个园区——生态农业区。

2. 农场性质

这是指对主要服务对象的分析。这将影响到规划的方向与建设的标准等。比如，无锡田园东方在农业生产的基础上，结合传统农业景观，打造开发以观赏桃林为主的农业观赏游和以体验制作传统手工为主的民俗风情游两种旅游产品，吸引游客。同时依靠农产品加工，生产产品作为游客伴手礼，并引入餐饮与住宿等设施，扩大了农业附加值，实现了农业与旅游业的融合发展。

3. 供应条件

供应条件是指园区内休闲农业资源的状况、特性及其空间分布，最大允许环境容量，水电供应能力及其他公用设施，商业饮食服务设施的种类，营业面积，对外交通的吞吐能力，旅游通信设备水平等方面。因为休闲农场的季节性较强、户外活动较多，对于环境容量必须做出应有的分析规划。而对外交通能力则决定了游客的可达性，应引起一定的重视。比如，萧山的"山里人家"规划了"马车之旅""公交车之旅"等形式，但其吞吐能力仍有待改进。

此外，园区所属地居民的经济、文化背景及其对旅游活动的容纳能力。游客的旅游活动及当地居民的生产、生活活动与休闲农场区环境相融合情况也应做出考虑。

4. 规划理念

（1）主题创新理念

休闲农场的设计，首先要求有突出的、特色的主题。以鲜明的特色展现规划区域风貌，使之与周边旅游风景资源有明显异质性，利用原有的人文、自然资源创造独特的景观形象和游赏魅力。主题是表达规划设计中心思想的名片，主题的确定，要突出特色，营造具有吸引力的氛围。整个休闲农场的规划设计要时刻呼应主题，体现主题，突出特色农业文化内涵。如我国台湾地区的休闲农业在四十余年的发展中涌现了一大批主题鲜明、个性突出的休闲农场，这些主题包括水果采摘，竹、香草、茶叶、本草、名花异草观赏、昆虫收藏等体验，创新不断，使游客始终充满新奇感。

（2）乡土文化理念

休闲农场的规划设计应与当地乡土文化充分结合。休闲农场的开发要注重农业文化和民俗文化内涵的挖掘，以文化来支撑旅游。休闲农场的规划中，文化内涵在农庄中的分量与农场所具有的吸引力是成正比的，休闲农场的主题必须与地域文化密切相连。如杨陵五泉镇农业特色小镇，为促进农旅融合发展，建农业文化产品村于隋文帝的隋泰陵比邻的王上村。王上村的开发立足现有村落的基础环境，充分挖掘农耕文化、关中民俗文化、历史文化等文化资源，提升村容村貌，打造特色乡村民宿及餐饮，树立"美丽五泉"新形象。其开发的重点是利用村落周转出的集中宅基用地，打造农村星级民宿品牌，其中有院落式、星光房、集装箱式等六大类特色民宿。

（3）生态优先理念

休闲农场应保护景观区的生物多样性，促进生态良性循环，为当地创造良好的生态效应。环境是生产力，这是现今新兴的一种理念。环境是观光园发展的前提和物质基础。我国目前的农村生态环境问题较为突出，乡村景观园林环境恶化现象日趋严重，亟须采取措施加大建设力度，加强对基本农田的保护，改变现有不合理的耕作方式，发展生态农业，减少化肥和农药的使用，并控制和防治农业环境污染，保护农业生物多样性，生产绿色食品。只有这样，才能保证休闲农场的可持续发展。一部分农场经营者已经在有机蔬菜、有机水果、放养家禽、不再以饲料饲养生猪和鱼等方面作出了有益的尝试。无锡"田园东方"是国内首个田园综合体项目。"田园东方"以"田园生活"为目标核心，将"田园东方"与阳山的发展融为一体，贯穿生态与环保的理念。

（4）因地制宜理念

休闲农场的动人之处在于其自然之美、乡土气息、农业文化与娱乐休闲元素的结合。规划设计中不应大兴土木，切忌将整个场地当作一块平地来考虑，应该充分利用原有的各种资源，自然地形地貌，发挥其天然的优势，因地制宜地进行规划布局，减少基础性投资。如日本"六次产业"战略的基本做法之一就是因地制宜发展，促进"地域制造"和"地产地消"。

通过本地原料的深加工生产市场热销的加工制品，代替市场上流通的外地加工制品，称之为"引入替代"。将以往作为原材料外销的农产品加工成当地的土特产品，称之为"引出替代"，将农业相关的工业和商业活动内化于农村的经济网络内，促进了农村地区的经济发展。

三、现代农业发展规划的方法体系

规划方法是为达到某一规划目的，实现某一规划目标，而采取的途径、办法、手段或程序等。规划方法是使规划内容科学性、目标合理性、操作可行性的重要保障，好的方法既可以事半功倍，又可以进行较为深入的分析和设计，使规划的前瞻性和适应性更强。现代农业发展规划是一项复杂的系统工程，规划方法同样五花八门、来源各异，在规划设计的不同环节中发挥着各自不同的作用，一般较常见的方法有基于系统论的系统分析法、综合平衡法、比较分析法和数学方法。

规划方法随规划对象、规划内容、规划目标、规划师的知识背景而异，可以说，不同规划师在进行同一规划设计时，所采用的方法流程或规划程序大同小异，但在每项具体内容的研究和设计中，所使用的方法则千差万别，这也是导致最后的规划目标和方案不尽相同的原因之一。由此，出现了对于同一规划项目，委托方寻找多家设计单位进行设计，然后对各方案进行评估，汲取不同角度、不同背景的设计方案中的精华，选择最适合自身实际的规划成果。从某种意义上讲，这是规划艺术性的表现，规划设计没有固定的模式，没有千篇一律的规则，它需要结合规划区实际，因地制宜，因时制宜，需要充分发挥规划师的想象力和创造力，需要推陈出新、突出特色，需要在不同阶段使用恰当的方法和适宜的手段，以保障规划设计有序进行，使问题迎刃而解，确保其设计和研究成果科学性和可操作性。

虽然规划方法众多，来源于不同学科，但作为一项成熟的规划设计来讲，应该有其固定的模式和方法，基本流程和方法应该是一致的，在此基础上，再发挥规划师的想象力和创造力。本书在总结多年区域现代农业发展规划实践的基础上，以规划流程为主线，探讨不同规划环节中的一般方法，构建出区域现代农业发展规划的方法体系。

（一）规划工作的前期准备

准备工作是规划设计前最重要的一项常规基础性工作，充分的准备工作是必要且必需的，可以大幅提高规划设计的效率。规划准备工作一般包括组织发动、任务分工、起草大纲、收集素材、设备备置等环节和内容。

1. 组织发动

现代农业规划多由地方政府或农业主管部门发起，它并不像城镇规划、国土规划那样流行，也没有相关法律、法规强制要求这一规划的编制，在城市总体规划和区域规划的编制中，农业发展规划仅仅是其中的一个专题。各级主管部门对现代农业规划的认识还没有达成共识，这就要求规划师做好相关知识的宣传和普及工作，使地方相关人员了解现代农业规划的基本内容，大力支持并积极参与到规划设计中来。

另外，现代农业规划的范畴已不仅仅局限于种植业，也不局限于农林牧渔的大农业，而是广义的涉农产业，涉及的管理部门多，需要各部门的支持和配合，这就要求必须成立地方主要领导挂帅，各涉农管理部门主要领导任成员的领导、协调小组，来保障规划各环节的顺利进行。这一点是至关重要的，如果没有地方领导的支持、没有各涉农管理部门的配合，规划工作可以说是举步维艰，很难成功。

2. 意图交流

意图交流就是要求委托方和项目规划单位就规划目的和规划意图进行充分的沟通和交流，使规划单位能更好地把握委托方的想法，同时为后期规划团队的组建提供方便。

3. 组建团队

组建专业化的规划团队，要求团队成员的专业结构需紧密地结合具体规划内容。团队成员要具备农业、土地资源管理、计算机应用技术、城乡规划管理、农业政策以及农村经济管理、道路交通等层面的专业知识。规划是一个由多方参与的长期系统工程，为确保项目进程的有序性，需要规划区域的有关单位或组织成立专门的规划领导小组，对整个规划工作进行监督和管理。

4. 起草大纲

目前我国规划的设计大多为委托制，即委托方委托规划设计单位，很大程度上，着手编制现代农业发展规划的区域，要么是对现代农业发展高度重视，要么是农业发展存在瓶颈问题，要么是对现代农业发展有一定认识，总之，是主体需求产生了规划。在规划设计前期，受委托方要深入了解委托方编制规划的目的和初衷，与委托方商议拟解决哪些问题，哪些领域是重点研究内容，规划的深度和范围，成果提交形式及期限等问题，初步拟定现代农业发展规划的主要内容，起草规划大纲，大纲不必特别详细，只需确定几个研究方向或专题即可，这样才能有的放矢，为日后的调查和研究指明方向。如某地现代农业发展规划大纲如下：

一、规划区总体情况

二、现代农业现状与评价

三、现代农业发展分析

四、现代农业功能及定位

五、现代农业发展方向、目标及指导思想

六、现代农业功能分区与空间布局

七、重点产业与特色产业规划

八、现代农业配套设施规划

九、现代农业支撑与保障体系

十、投资与进度安排

5.规划调研工作

规划调研工作的目的是获取规划区域的基本现状信息，具体的规划调研工作分为室外实地勘测和室内信息收集两个方面。

（1）室外实地勘测

①调查内容

A. 自然情况

自然条件是现代农业发展的基础条件，它们不仅决定了现代农业生产条件，而且对生产规模、质量、方式、经营、机械化水平等都有重要影响，自然条件主要包括地理区位、地形地貌、气候、水文、土壤、动植物及矿产资源等内容。

B. 社会经济情况

社会经济条件反映某一区域的社会经济发展水平，为现代农业规划提供经济基础和社会氛围，一般包括总体情况、区位条件、产业发展、人口状况、人民生活、土地利用、历史文化和村镇建设等方面。

C. 现代农业发展情况

现代农业发展情况调查是在自然和社会经济情况调查的基础上，重点开展详查的内容，根据现代农业的内涵，主要包括农业生产、农业经济、农业生态、农田设施、农业经营、农民组织、农业信息、农业机械、农业园区9个方面。

②调查方式

一般根据调查需要，主要采用普遍调查、重点调查、补充调查种调查方式。

A. 普遍调查

普遍调查也称全面调查，属于全面的摸底调查，调查内容不能局限于现代农业发展的相关方面，还应包括自然、社会经济和大尺度范围内的基本资料，一般可以通过"踩线"或"填写报表"等形式完成。通过普遍调查可以使规划工作人员快速了解和掌握规划区基本情况，形成感性和初步认识。普遍调查一般遵循"十多"原则，即"多看""多想""多问""多走""多听""多记""多摄"（摄影、录像）、"多尝"（品尝）、"多取"（直接获取有关部门现有资料）、"多采"（采样）。

B. 重点调查

重点调查也称专题调查或典型调查，在普遍调查的基础上，针对现代农业发展的几个关键问题，采取重点的专项调查，属局部的深度详查，调查内容主要是当地现代农业发展的重点问题或是瓶颈问题，这些问题的选取必须要准确、恰当，并将定性和定量分析、调查和研究相结合，形成一定水平的调研报告，为规划方案设计所参考。

C. 补充调查

补充调查也称后续调查，是指在规划方案设计中，对新发现的问题，或是没有调查清楚，或是需要改变调查方法，或是需要改变调查角度或对象的问题做以补充，事实上，规划设计的调查需要多次补充完善，经过几次反复才能满足需要。虽然补充调查是不可避免的，但仍要减少补充调查的次数，尤其是避免在同一地点频繁多次的重复调查。

③调查方法

目前,室外实地勘测主要采用的方法有实地观察法、访问访谈法和问卷调查法。

A.实地观察法

实地观察法是最简单、最实用、最灵活的调查方法,调查者有目的、有计划地利用感觉器官或借助观察工具或仪器,直接考察规划区域各要素,通常也称作现场踏勘法。

实地观察法要求规划工作人员以其敏锐的专业视角,选择最佳的观察时机和合适的观察对象,观察出规划区域农业发展的态势,经过简单的经验分析和思考,形成初步的判断和认识。实地观察法要做好记录,包括观察笔记、观察卡片、调研草图、拍照摄像等。

B.访问访谈法

访问访谈法主要通过口头交谈的方式,从被访者那里得到信息和资料的方式。访问访谈法的形式多样,可以是有组织、有计划的会议座谈,也可以是临时的随机访谈,访谈对象既包括涉农主管部门或企业的负责人,也包括参与现代农业生产的一线农民。访问访谈法需要调研人员有着较高的访问访谈技巧和丰富的知识面,通过简单、短暂、委婉的对话,可以迅速切入主题并控制谈话内容,获取自己所需的信息,并对获取的信息进行初步的总结、筛选和判断,得到客观、准确的一手材料。

C.问卷调查法

问卷调查法是社会学等最常用、最广泛的定量调查方法,美国社会学家艾尔·巴比(Earl Babbie)认为问卷是社会调查的支柱。问卷调查具有调查标准化、样本推断整体、抽样调查等特点,可以采用自填、邮寄、集中、访谈、电话、网络等方式进行问卷调查。问卷调查法一般包括三个关键环节,即问卷设计、问卷调查和统计分析。现代农业发展有关问卷的调查对象大多是农民或农业工作者,应根据这一群体的特殊背景设计针对性较强的调查问卷,可先进行小规模预测试,完善后再大范围开展,紧紧围绕农业生产、农民生活等现代农业发展情况的调查内容开展问卷调查,以满足规划师对农业基础数据的需要。

（2）室内信息收集

室内资料的收集工作主要是相对室外实地勘测而言，在室内将室外实地勘测的资料进行整理的一项工作。室内信息收集整理一般要完成三个基本任务：一是将收集的资料分门别类、有序存放；二是去伪存真，提取真信息；三是将收集的资料系统化、电子化。从资料类型来看，主要有文字、数据、图件、问卷四种类型，其中，文字、数据、图件类资料可以借助 GIS（Geographic Infomation System，即地理信息系统）进行整理，问卷则采用相应的问卷整理方法。

① GIS 辅助整理方法

处理资料除了一般的办公软件外（word、excel 等），GIS 可以发挥更大的作用，取得其他软件不能实现和替代的效果，为资料存取和下一步的规划方案辅助分析提供平台。

②调查问卷整理方法

A.问卷审查

调查问卷回收后，第一步是对调查问卷进行审查，筛选出有效问卷。首先将填写完整的问卷提取出来，然后再通过逻辑检验、计算审核或经验判断等方式将明显存在问题或矛盾的问卷提取出来，根据提取的数量决定这部分问卷是否进一步采用。如果剩余的有效问卷较多，样本数量可以满足调查分析，这部分问题问卷可以暂不考虑统计，如果有效问卷数量不够，可以通过人工修正、补充、附缺省值等方式筛选出更多的有效问卷，或是决定是否需要进行补充调查，以达到问卷调查的需要和标准。

B.问卷整理

问卷整理一般包括分组和汇总两个阶段。分组就是按照一定标志，把调查的数字资料划分为不同的组成部分，从而反映各组失误的数量特征，考察总体内部各组事物的构成状况,研究总体各个组成部分的相互关系等。分组的方法一般是先选择分组标志，常用的分组标志有质量标志、数量标志、空间标志和时间标志等；然后确定分组界限，包括组数、组距、组限、组中值的确定和计算等工作；最后编制变量数列，即把各标志值（变量值）汇总归入适当的组中。资料分组能深刻揭示社会总体现象内部的结构、现象之间的差异和相互关系，从而为进一步的分析研究打下良好的基础。

汇总就是根据社会调查和统计分析的研究目的把分组后的数据汇集到有关表格中，并进行计算和加总，以集中、系统的形式反映调查对象总体的数量情况。根据研究的不同目的，汇总可以分为总体汇总和分组汇总两种类型。前者是为了了解总体情况和总体发展趋势，可以在对资料未进行分组以前进行；后者是为了了解总体内部的结构和差异，则必须在对资料进行分类与分组后才能进行。目前，汇总的方法一般已由手工汇总方式逐步转变为计算机汇总，计算机汇总可以带来的方便、快捷、准确等效果。

C. 统计分析

将问卷整理的汇总结果，通过计算机软件进行统计图表的制作，以直观、形象的显示统计数据的规律，达到问卷分析的目的。一般常用的计算机软件有 Microsoft Office Excel 和 SPSS 等。按照统计图的作用划分，可以将统计图区分为比较图、结构图、动态图、相关图、分配图等；按照统计图的制作形式，可以将统计图区分为柱形图、条形图、饼图、曲线图、网状图、象形图等。

（6）规划分析

在资料收集和整理的基础上，借助于若干方法的分析和辅助设计，通过综合分析、统筹协调，拟定出适合规划区域实际的、各部门通力合作的现代农业的规划方案。规划方案设计是建立在对区域现代农业发展深入分析和评价基础上的，一般采用的分析方法有 SWOT（即 strength、weakness、opportunity、threat）分析法、数理统计分析法、GIS 空间分析方法等。

（二）规划方案设计

在充分的规划调研、分析基础上，按照事先定义的大纲和设定的内容进行规划方案设计，根据调研分析发现的问题，依据相应的理论和规程，充分预见现代农业发展过程中的制约条件，参考类似地区成功经验，进行相应的规划设计和措施安排。

1. 一般方法

（1）解题法

即根据前期调研、规划分析的结果，找出现代农业发展存在的问题，梳理影响现代农业发展的制约条件，有的放矢地进行解决问题的规划方案设计。该方法比较简单，针对性强，能够抓住现代农业发展的主要问题。不足是不能从问题中跳出来，有些问题可能短时期内很难解决，如果不能换个角度思考，而是就问题论问题，比较难操作。

（2）比较法

比较法也称为借鉴法。即在深入了解本地情况后，根据国内外类似地区的成功经验，对本区域现代农业发展进行规划设计。这种方法不是一味地照搬别人的模式，而是借鉴其他区域好的思路、好的方法，根据自身的情况，找到适合自己发展的路子，同时可以避免其他区域走过的弯路。缺点是能否借鉴成功，具有可比性或相似的区域不多等。

（3）规程法

这是工程设计中最常用的方法，即参照国家或行业有关规程、标准进行规划设计。现代农业规划虽然没有形成自身的规程或标准，但在现代农业具体内容设计里可以参考其他相关的规程或标准，这样的规划方案有据可循，规范合理，缺点是循规蹈矩，创新性不强，另外，其他行业标准的适用性有待商榷。

（4）预测法

即根据过去和现在预测将来，通过研究农业发展的过去和现在，分析可能遇到的影响因素，对现代农业的发展做出规划。该方法对某些具有明显发展规律的因素较为适用，而且这种预测是必要的，虽然具有一定的局限性，但却为规划设计提供了前提和假设。

事实上，规划方案的设计还包括许多其他方法。在规划方案设计的过程中，应根据需要，同时采取多种不同的方法，这样才能保证规划的弹性，提出更多的思路和方案。

2.参与式方法

参与式发展规划指的是在参与式理念与方法论的框架指导下对发展的规划，是发展的利益相关群体不断地分析问题，并在实施发展活动过程中通过监测和评估界定新的问题、新的目标和新的活动等一系列持续不断的循环过程，它是一种以解决问题为导向的决策和行动过程。

我国传统的规划是"自上而下"的，西方发达国家规划中的"公众参与"

给我国规划的"自上而下"和"自下而上"相结合提供了借鉴。现代农业发展的主体是农民,目的是促进农民增收和农村社会全面、可持续发展,显然,如果没有农民参与或者得不到农民支持的规划一定是举步维艰、难以实施的。这就要求我们在规划设计的整个过程中,要充分考虑农民的意愿,鼓励并组织农民参与到规划的设计和实施上来,这种参与是全程的参与,而不是事后的强制参与。

目前,我国现代农业的发展正处于起步阶段,广大学者和规划工作人员对现代农业规划尚处于探索阶段,农民对规划的理解和认识更是有限,因而在利益的博弈面前往往是利己的,甚至是自私的。因此,在规划设计中,农民参与的限制条件较多。参与是全程的,但不是全部参与,可以在恰当的时候,选择合适的代表,采取适合的方式,将规划师的理论、技术和农民的经验、意愿结合起来,有选择地听取、采纳农民的意见;采用入户访谈、调查问卷、宣讲会、研讨会等形式,激发农民的积极性,最大限度地照顾广大农民群众的利益。

另外,参与的对象不仅仅局限于农民,还包括社会各界,尤其是当地涉农各行业、各领域专家、企业家、资深人士等,他们对当地各方面的发展情况比较了解,对某些问题的认识和看法甚至比规划设计人员更为深刻。因此,在方案设计时,有目的、有意识地听取他们的意见和建议,显得格外重要。

(三)征求意见

现代农业规划是由地方政府组织,规划设计单位起草,社会各界和公众参与的一项系统工程。某种程度上,规划师的设计理念、目标、方案与规划实施的主体,也就是委托方,不可避免地存在一定偏差,这种偏差是正常的、普遍的。这就需要在规划设计初稿结束后,必须要进行一项重要工作——征求意见。

征求意见一般采用普遍征求和重点征求两种方式,一般是先进行重点征求,即组织少数重点征求对象,进行深层次的研讨和交换意见,可采用研讨、函审、答辩、专家会等形式,将规划方案深度评估,把握设计方案主体方向和脉络,为规划的可行性奠定基础。这里要说明的是,重点征求要避免"长官意识"为主导。领导意见是我们规划设计重点考虑的，但绝不是唯一的，尤其是杜绝一些业绩工程、以牺牲环境代价求增长的、不顾操作性的思想。重点征求后，根据反馈意见和共识，有针对性地将规划方案修改、补充或重新设计，如有必要，可进行多轮的重点征求，直至得到大多数征求对象的认可或不存在严重分歧为止。

重点征求环节结束，主要问题修改完成后，可以进入普遍征求阶段，既然是普遍征求，就要征求社会各界的意见，相关的、不相关的都可以包括在内。目前普遍采取的是"人大听证"的形式，由组织方邀请人大代表及社会各界热心人士听证，由编制方作项目方案介绍，然后自由发言，提出各自的看法和意见。这种方式虽然往往被形式化，但却可以听到不同的声音，对规划设计是有利的，尤其是一些普遍关注和提出质疑的问题，应该得到规划人员的重视。

除听证会外，也可以采用其他普遍征求意见的方式，例如宣讲团形式，即成立多个宣讲团，有针对性地到农村基层进行规划方案的宣讲和展示，不仅可以使广大农民了解、认识规划，更重要的是参与和支持规划。问卷征求形式是将规划主要内容和方案以问卷的形式下达，获取反馈意见。这种形式的优势是操作简单，不足是缺乏沟通和解释，被调查者缺乏对规划的全面了解和认识，对规划方案理解能力差。网络参与形式，即有条件的地区可将规划方案通过网络形式进行公示，并设置留言、评价等版块，这种形式可以给予公众长期、直观的展示，随着农村信息化进程的加速，这种形式逐渐被接受和采用。PPGIS，即公众参与地理信息系统，它是集GIS、公众参与、网络为一体的新兴技术，是公众参与在Web GIS（网络地理信息系统）上的应用和体现。PPGIS在我国尚处于研究和起步阶段，目前利用PPGIS实现公众参与现代农业规划的决策尚不成熟，但这一形式为规划设计打开了新的发展空间，随着全球信息化、网络化、数字化的飞速发展，新兴的PPGIS技术发展潜力巨大。

（四）后期工作

1. 规划评估

规划评估一般包括两个环节，即方案评估和实施评估。方案评估是指在规划方案设计完成后，根据一定评价标准，对规划内容、目标、可行性等进行综合评判，目的是及时发现和调整方案中的漏洞和不足，确保规划顺利实施。实施评估是指在规划实施过程中和结束后，根据先前设计蓝图对规划项目完成情况进行评价，目的是监督反馈和总结经验，为后续项目落实和规划调整奠定基础。

评估一般采用专家投票法或专家打分法。通过对规划评估对象深入考察，依据一定的评估标准或指标体系，由多名专家打分，根据一定权重进行综合评判。一般依据综合效益、可持续性、可操作性等原则进行定量和定性相结合的综合评价。

2. 报批定案

规划设计结束后，需要将规划方案向上一级主管部门申报，以得到上级政府或主管部门的审批，重要的是使规划设计更具权威性和得到上级的全面支持，更重要的是审查有没有与其他规划方案或是上级行政区域的规划相冲突，为规划实施提供政策保障。目前，现代农业规划没有形成严格的法律报批制度，可以借鉴城市规划和国土规划的报批方式，上报上级农业主管部门或人民政府批准。

3. 反馈调整

现代农业发展规划编制完成后，政府部门或规划执行方应认真组织实施，并在实施过程中不断地监督、检查与总结，取得反馈信息，并根据实施进程和阶段效果，及时调整实施计划和步骤，以保证规划方案沿着预定目标进行。及时、准确地反馈规划实施过程中出现的新情况、新问题、新信息是非常必要的。反馈的目的是为了调节。现在的规划弹性很大，就是为了便于处理不可预见的问题，因此，在规划实施过程中，应建立健全的监测和反馈机制，及时调整工作思路和方法，确保规划目标顺利完成。

另外，规划方案一旦通过并备案，就具有一定的约束效力，不能随意更改。但是，在实际操作过程中，会遇到一些无法逾越的问题，如有些规划项目的前瞻性不够，3~5年即宣告落伍，需要不断地对规划进行调整或修订。抛却一些规划方案自身设计上的不足，规划本身就是一个循序渐进的过程，需要不断实践、规划，再实践、再规划……事实证明，越是经济发展速度快的地区，规划的适用性越强，约束力越大，规划设计的积极性也越高，规划调整也越频繁。这是一种良性循环，是人们对发展的探索和实践。

第二章　国内外现代农业发展规划经验借鉴及启示

农业是国民经济中提供主要生活必需品的物质生产部门，是经济社会发展的基础，各个国家对农业的发展都十分重视。农业的发展，在维护本国粮食安全的同时，有利于发挥第一产业的基础性作用，提高国际农产品竞争力，提升国家的综合国力和世界影响力。现代农业的发展建立在实践的基础之上，梳理国内外不同地区现代农业的发展历程、经营模式和规划特色，借鉴其有益经验对促进我国现代农业发展及其规划具有现实的指导意义。

一、国外现代农业发展规划经验借鉴

（一）日本

1. 日本现代农业发展成功经验

日本是一个岛国，地处位太平洋西岸，由四个大岛和其他许多个小岛组成，又有"千岛之国"之称。日本拥有1.24亿人口，是典型的人多地少国家。其现代农业发展的成功经验主要有以下几点。

（1）以法律法规为支撑

二战后的日本工业化速度加快，为此，日本政府出台了关于保护农业生产、保障农民权益的法律法规，鼓励农户将土地进行租佃，通过土地流转聚集分散的土地，破解了家庭农场发展的障碍。

20世纪60年代，日本农业开始了全面的现代化进程。但是日本农业现代化是以自耕农制度的建立为起点的。1946年日本国会通过了《农地调整法》，颁布了《建立自耕农特别措施法》，建立了自耕农制度。这一制度的建立，改变了原来的土地所有权，将原来属于地主阶级的土地转移到农民手中，使农民拥有九成左右耕地面积。为了更好地服务、组织农民进行农业生产经营，调动农民农业生产的积极性，1947年，日本政府颁布了《农业协同组合法》（以下简称《农协法》），使得农业合作组织具有了法律地位。《农协法》为日本农业合作组织的成立、壮大，"一村一品"经营模式的发展打下了良好的基础。为了使自耕农制度得到稳定发展，日本于1952年出台了《农地法》，以法律的手段保障了土地小规模家庭经营的合法地位，为家庭农场的发展奠定了基础，经营模式的转变为日本的农业发展带来了希望。

  1961年，日本《农业基本法》的颁布实施标志着日本农业进入了新时期，对日本农业现代经营模式的发展起到了保护作用，促进了"一村一品"农业经营模式的发展。《农业基本法》使高收入农民的收入得以维持发展，并且提高了低收入农民的收入水平，使农民的收入可以达到城市工薪阶层的收入水平。对于原本收入不低于城市工人收入的农户积极地提供保护，这些农户又被称作"自立经营农户"，因为这些农户在家庭成员正常工作的情况下，依靠农业的收入就可以达到城市工人的收入水平。对于一些低收入农户，一方面通过提供职业培训等公益性服务，积极地帮助他们寻求第二职业；另一方面，积极促进地方经济发展，为这些农户提供更多的就业机会。《农业基本法》把规模化生产经营、降低生产经营成本纳入法律范围，通过提高劳动生产效率促进农业发展、农民增收。为了提高《农业基本法》的法律效用，保障日本农业现代化的顺利发展，日本还制定了《农业近代化资金促进法》《农用土地改良法》。在1962—1980年间，先后三次对《农地法》《农协法》进行了修改。《农地法》的修改打破了耕地使用权、所有权对土地流转的束缚，规定了土地的产权方式、经营形式，有利于土地流转的顺利进行；《农协法》的修改，从法律上允许农业合作组织在土地转移过程中扮演中间人角色，促进了农村耕地流转。在1992—2015年间，《农协法》在此之后又经历了多次修改，使其适应日本农业发展的需要，并且得到了不断完善。

（2）充分发挥农协作用

农协是一个经济组织，在日本99%农户都加入了农协。日本由于资源禀赋不足而产生的小规模经营模式不利于农业的发展，1947年11月，《农协法》的出台化解了这一矛盾。产前由农协指导人员按照不同种养类别将农户组织起来，农协组织根据搜集到的市场信息结合各农户实际生产情况，指导农户对生产计划做出调整，由专业农协人员选取优良品种推广给农户，并为农户制定科学的耕作方式。产中指导农户合理使用化肥农药等生产资料。产后与农户签订委托协议，将农产品分级分类包装进行市场销售。农协组织的包办调动了农民生产的积极性，也提高了农民的收入。日本农协为管理小规模农户生产提供了方向。

二战后，为战时服务的"农业社"解散，其职能转给新成立的"农业合作社联合协会"，即农协，建立了农民互助合作组织。农协是半官半民性质的综合性服务组织，以维护农民利益为服务宗旨，农民自己选举负责人，具有完善的服务体系，包括农业经济组织、行政辅助机构和政府压力团体。日本农协具有三级组织结构，每级组织按不同的工作又分为两大系统：一是"农协联合会"，主要从事具体农业经济事务，包括经济联合会、信用联合会、开垦联合会、养蚕联合会等；二是"农协中央会"，主要提供指导性服务，对下一级农协进行组织、管理、监督指导，协调各农协之间的关系，以及向政府部门提供相关农业建议政策等。日本农协维护了农民在经济上、政治上的利益，提高了政府管理农业的效率。农协作为服务组织，积极服务农民、农业生产经营。以金融为主的信用、担保等服务为农民经营过程中提供资金支持；为了提高农业的科技水平，推广农技，成立专业服务组织，提供生产技术指导；为了降低农民农用物资采购成本，进行农资集中采购；为了提高农业附加值，提供农产品加工服务等。在农业保险方面，农协有自己的防风险金融体系和制度，能使会员在遇到自然灾害等风险时减少损失。日本农协为会员提供整个生产过程的全方位服务，很好地克服了分散的家庭经营的缺点，完成了"小生产"与"大市场"的有效结合，提高了农户参与的积极性，对促进日本农业发展贡献很大。

在日本，农协的资金预算40%由中央财政提供，通过财政补贴、政策性农业融资、农业低息贷款和以农协信用系统为渠道的优惠贷款等为"一村一品"提供必备的资金支持;通过财政支持成立农业技术中心等研究机构对特色农业的研发、生产、销售等提供技术支持。

(3) 注重科研和农业技术推广

日本政府已建立较为完善的科研、科教体系,为普及农业技术奠定了基础。各级农业推广机构职责明晰,分工明确。机构设置有农业技培中心、农业实验场所、农业技改所、调整部,主要负责培养人才以及研发和推广新品种、新技术。随着生活水平的日益提高,人们对农产品质量安全更加重视,日本建立了较完善的有机农产品认证制度。同时,日本的大学以及职业院校增设了农学专业,且广泛开展农业短期培训,培养出了许多专业过硬、技术过硬及素质过硬的经营管理人才。先进的生物技术、基因技术、化学技术以及研发的适合小规模生产的小型农业机械的广泛应用,对土地精耕细作,使土地产出率不断提高。

(4) 推动"一村一品"特色发展

日本山多坡大,规模化、机械化的现代农业生产模式难以实现。日本根据当地实际的资源禀赋情况,提出"特色村庄"发展模式,融合当地历史文化特色发展观光旅游业,带动一二三产业的融合发展。20世纪80年代,日本农村人口向城市的流动,导致了农村劳动力大幅下降,为保障国家粮食安全,日本政府开展了"造村运动"。该运动推动了"特色农庄"的发展以及"一村一品"的现代农业发展。政府给予政策支持以及财政补贴,每个村庄结合自己的实际情况推出适合自身发展的农业产业或者农村文化产业,地方政府给予财政或金融资金支持,并由政府培养有能力的农业带头人,形成专业化、规模化、机械化、品牌化的农业经营模式。

在日本农业现代化的发展初期,日本农业实行的是小农经济,分散经营为主导。日本可利用的耕地面积较少,并且相当分散,农业资源分布不均,地区差异严重。加上工业化的快速发展,使得日本城乡发展差距明显。为了促进农业的快速发展,缩小城乡差距,实现由小农分散经营向农业现代经营模式的转、由粗放型农业增长方式向集约型农业增长方式的转变,"一村一品"经营模式应运而生。"一村一品"经营模式扬长避短,因地制宜,为日本农业成功转型升级,实现现代化起到了很大的作用。

"一村一品"经营模式实行几十年来,取得了很大的成绩。一是"一村一品"的发展以地方农业特色为依托，充分发挥地方资源优势，实行专业化的生产，提高了农产品的附加值，提升了农产品竞争力，不仅使农产品满足了国内市场需求，在国内市场站稳了脚跟，更积极地开拓国外市场，将农产品推向世界，提升了农业的国际竞争力。二是"一村一品"的产业化、市场化的生产经营，在促进农、林、牧、水产等产品发展的同时，带动了相关工业、旅游业等二、三产业共同发展，实现产业融合，有利于区域的协调发展。"一村一品"不仅提高了地方的农业地位，并且促进了农民收入增加。

通过实行"一村一品"经营模式，既使土地资源得到了充分利用，发挥了区域优势，又弥补了日本农业发展与生俱来的不足；既实现了农产品专业化的生产，又满足了农产品多样化的要求，促进了农业快速发展，提高了农民收入，缩小了城乡经济差距。

（5）注重都市农业的发展

日本于20世纪六七十年代之后开始发展观光农业，其特色主要体现在两个方面——"食"和"绿"。"食"，就是给市民提供新鲜的农副产品，增加经济效益；"绿"，就是给市民创造绿色生态的生活环境，发挥生态效益。

目前，日本的都市农业的类型多种多样，主要有：市民农园、银发族农园、农业公园、民宿农庄、观光农业和体验农业，这些都是日本现阶段最流行的都市农业的经营业态。

2. 日本MOKUMOKU农场规划特色

（1）项目概况

日本的MOKUMOKU农场是国外比较有特色的案例之一，它是将三产融合做到极致的主题农场。它位于日本三重县伊贺市郊区，农场总面积1500亩，核心区面积200亩，是以"自然、农业、猪"为主题的产业农场。该农场以亲子教育为目的，从而吸引了大批家庭群体。农场的第一产业主要是啤酒研发和养殖种植业，第二产业主要是啤酒加工业、烟熏制品加工业和牛奶加工业，第三产业主要是产品的销售。农场主要分为四个功能分区，分别是餐饮区、住宿区、休闲娱乐区和购物区，休闲娱乐区主要提供观光游览、科普教育和产品展览等（如图2-1）。

图2-1 日本MOKUMOKU农场导览图

（2）规划特色

①农场入口处为商业购物区，里面销售的所有农产品都有相应的农户与之对应，使购物者能够买得放心，体现了农场生态健康的经营理念。②将加工产品销售点做成特色主题馆，馆内风格可爱、温馨，以此来吸引家庭群体的光顾。③首创小猪训练园，注重亲子活动体验，游客可以亲自喂养小猪。④对特殊人群有特殊照顾，设立了母乳喂养室，给母乳妈妈提供方便。

通过对日本MOKUMOKU农场的研究，我们可以看出，只有营造属于自己特色的农业园区才能在日益激烈的竞争环境下发展。该农场还给以后的农业园区发展提供了新思路，主要是通过园区三产融合形成的新型产业链，对田园综合体的产业发展有指导意义。

（二）以色列

以色列作为"最小的超级大国"，其国土面积小于中国任何一个省级行政区的面积，只相当于一个市。其土地可利用面积极其狭小，却在贫瘠的土地上建立起高度发达的现代农业，不但在粮食上自给自足，还成为出口国，为世界各地输送粮食。以色列农业所创造的"沙漠奇迹"，为资源匮乏地区的现代农业发展提供了宝贵经验。

1. 政府主导，降低经营风险

一是鼓励农业科技创新。农业科技创新不仅成本高而且风险大，为了引导投资创新者更多地将资金投向生物科学领域，以色列政府持大量资金参与其中，引导资金流向，吸引创投基金向生物科学领域流动；给予政策倾斜，在基金成立一年内，投资创新者可以按之前的协议，低价购买政府份额，采取政府与投资者合作的投资方式来规避投资者的投资风险，且在创新资金的运营和决策上政府不干涉。二是降低农产品的经营风险。由以色列政府向农业生产者提供低息贷款、补助以及农业保险，一方面保障农业生产过程中的资金支持，另一方面承担农业生产过程中自然灾害带来的风险。

2. 大力推广农业科技应用

以色列政府设立农业科研和教育推广机构，为农业技术创新提供服务，设立农技推广局，为农业科技成果快速转化应用以及广泛普及、推广服务。以色列地处沙漠地区，常年干旱，恶劣的自然条件对现代农业的发展非常不利。同时，以色列水资源短缺、农业用地少、人口密度高，因此，以色列选择"技术密集型"农业生产方式来发展现代农业。广泛使用先进的农业机械生产。面对极度缺水的现实问题，以色列政府除了出台用水政策外，还通过引进人才、投入大量资金、研发先进的滴灌系统，使大片沙漠变成了生机勃勃的绿洲，是世界上最先进的节水滴灌王国。

以色列政府提出通过经济组织低息贷款的方式，来助推节水农作物的种植以及新技术的使用。为了及时推广研发的农作物新品种，设立农业品种资源库，通过种子公司将新品种快速送到农民手中以便及时播种。利用高科技培育良种，种植高产优质，能防治病虫害的农作物品种，提高农作物的产出量，提高土地利用效率。通过以色列政府出台的各项惠农政策，以色列优质农产品不仅可以满足本国居民的需求，还可以大量出口到北美、欧洲甚至远东市场，这给以色列带来了大量外汇收入。

3. 以市场为导向，调整农业结构

以色列政府充分掌握市场行情，根据不同时期的市场需要制定与之相适应的农业生产政策。建国初期,为了解决国民的温饱问题,以色列政府引导农户以谷物种植为主,提高粮食供给能力,保障民生。在20世纪60年代,由于谷物经济效益较低且耗水量大,以色列政府通过调研了解国外市场需求动态,积极优化农业结构,引进国外多种经济作物,加大畜牧业生产规模,根据国外农产品的需求确定农作物的种植,缩减大田作物种植面积,增加出口高、需求量大的蔬菜和鲜花的种植面积。以色列仅用12.9%的耕地面积种植蔬菜,却占据了全国一半的农产品出口量,花卉出口量仅次于荷兰。

4.提升农民专业素质

以色列农业劳动人口虽然占比较低,但劳动力素质较高,近50%农民有大学以上文化水平。以色列的农业生产方式属于技术密集型,这就要求农业生产者掌握一定的技术,对农业生产者提出了更高的要求。因此,为了提升农民素质,农业科研机构和高等院校农研所的研究员与技术人员,在科研成果转化应用以及推广的同时与农民紧密联系,邀请农民积极参与农业技术创新的试验及应用全过程,这一举措使农民更精准地掌握创新技术成果,将其直接应用到农业生产中,比专家团开展实地培训的效率高。农民既是生产管理者还是农业技术创新的重要组成力量。以色列不断提升农民的专业素质,以较高的科技水平、较低的劳动参与率,来适应现代农业的发展需要。

（三）美国

1.美国的家庭农场经营模式

美国家庭农场经过多年的发展,取得了很大成功,使美国农产品在国际市场具有很强的竞争力。学习借鉴美国家庭农场经验、发展好家庭农场,对我国农业现代化建设十分重要。

从20世纪50年代起至今,美国基本80%以上农场以家庭经营模式存在,即使合伙制农场、公司农场,其建立也是以家庭经营为主。美国家庭农场是美国农场最主要的经营模式。在美国,农产品生产的产业化程度很高,规模较小的农场一般只生产一种产品,即使是大的家庭农场,只生产一种农产品的也很多,一般最多生产的农产品也不超过三种,大约一半的家庭农场只生产一种农产品。从20世纪50年代至20世纪末,美国家庭农场数量不断减少,但是规模不断扩大。进入21世纪,美国家庭农场又放慢了规模扩张的脚步,发展适度规模的家庭农场备受重视。

由于家庭农场的自我经营成本较高、风险较大、市场信息不及时,所以随着美国家庭农场的发展,出现了社区支持农业的社区农场经营模式。社区会员对农产品市场进行积极的调研,分析消费者偏好、联系市场、发展订单等,为社区农场提供相关服务,社区农场通过多种利益分配方式与社区会员利益共享。这种经营模式,拉近了社区农场与市场的距离,降低了农场的经营风险,提高了农场的质量,使农场主收益稳中有升,社区会员自身也实现了收益。

美国家庭农场的发展适应了美国农业发展的需求,并能够充分调动农场经营者的积极性,维护了农场主的利益。家庭农场的农业经营模式,使规模经济优势得到了发挥,对美国农业现代化发展意义重大。

2. 美国的农业合作组织

美国家庭农场的发展离不开美国农业合作社的发展。美国合作社发展于19世纪初期, 1810年在康涅狄格州由奶牛农场主成立的奶酪合作社是美国第一个有记载的合作社。合作社成立初期是为了解决农产品的市场供给问题。由于西部开发,耕地面积扩大,农产品供给增加,导致农产品供过于求,出现了农产品价格下降,以及运费高、资金利率大等高成本问题,为了应对这些问题,农场主自发成立了农业合作社。19世纪后期,为了改善农业生产条件,减少农产品进入市场的环节,保护农民利益,美国农业保护者协会——"格兰其"成立。"格兰其"的成立,加强了农场生产经营者与市场的联系,有利于供需信息的传播,提高了农场生产经营者的收益;通过农业合作化,还可以降低农场生产成本,例如降低耕作、喷药、灌溉等过程成本。因此,协会的规模也不断壮大。

美国农业合作社是由农场主组成的农业合作组织,农场主自愿参加,管理民主,实行"一人一票"制的选举形式管理协会事务;社员地位平等,社员享有参与权、表决权、利润分配权、接受教育培训等权利。这些权利的使用,不因入社时间、出资额度等不同而改变。在享有权利的同时,社员要保证尽好义务,例如,保证农产品质量、按时按要求提供农产品等。

合作社是非营利性的,其存在目的就是为社员提供服务,使社员在农产品生产销售中实现利益最大化。

美国合作社类型多样,按其职能可分为:(1)销售、加工合作社,负责农产品加工,尤其是深加工,并且实现农产品销售目标;(2)供应合作社,主要为家庭农场提供农产品相关的农用生产资料,例如种子、化肥、农技、农机以及其他生产资料;(3)服务合作社,主要为农产品提供运输、储藏、烘干等服务。

3. 美国相关法律体系

美国的法律体系健全,在美国农业发展过程中,有关政策的制定和实施大多都有相关的法律保护,美国家庭农场、农业协会的发展都离不开相关法律法规的保护。随着19世纪后期美国农业保护者协会的成立,农业合作组织不断涌出,美国农场合作社的发展对美国农场的发展发挥了很好的作用。为了加强对农场合作社的保护,应对大萧条时期带来的挑战,1926年,美国颁发了《合作营销法案》,拓宽了美国农业部对农场合作社的支持。为了进一步发挥农业合作社的作用,1933年美国政府颁发了《农场信贷法案》,根据该法建立了生产信贷协会,形成了一个为农业合作社提供服务的金融体系。该协会有权利向农场主提供生产贷款,完善了农场主资金链,缓解了家庭农场经营上的资金不足,为美国家庭农场的经营发展提供了积极帮助。

1938年,《农业调整法》颁布,为与政府合作的玉米、小麦和棉花生产者提供没有追索权的贷款[1],当这些农作物的供给超过一定数量的时候,只要这些农产品的生产者同意,可以对这些农产品实行限额销售;该法律通过财政补贴的形式保护农场主利益。1948年,《农产品信贷法》的颁布对维护农产品市场秩序起很好的作用。根据该法创办农产品信贷公司,通过对农产品的贷款、补贴,为农产品的经营提供资金支持,保障农场主收入稳定。这些法律的实施,促进了农产品稳定的生产经营,保障了农场主的利益,为家庭农场的稳定发展起到积极作用。1970年,美国颁布了《农业法》,制定了小麦计划、饲料谷物计划、棉花计划、牛奶计划,根据计

---

[1] 徐更生. 美国农业政策[M]. 北京:经济管理出版社,2007:287.

划限制农耕面积，对于休耕的农民给予经济补偿、政策扶持；限定农产品的价格。《农业法》的实施既保护了农产品生产者的利益，又维护了消费者的利益，促进农产品市场的可持续发展。1996年《联邦农业完善与修改法》取消主要农作物的休耕计划，实现农业更深层次市场化。

（四）法国

1. 法国节约型经营模式

法国农业现代化的实现落后于美国、日本，但是法国以先进技术为基础，实行规模化、专业化和机械化生产的节约型经营模式，适合了法国农业的发展。

法国现代农业从18世纪50年代法国农业革命起步，到20世纪60年代法国农业机械化，到70年代农业现代化全面实现，法国农业现代化经历了漫长历程。法国大革命后，法国的土地所有制性质的改变并没有改变法国农业经营模式，19世纪前期法国的农业生经营规模小，一家一户的分散经营，以传统耕种为主。这种经营模式使得法国农业经历了长期的缓慢发展。19世纪中期开始，法国农业从土地流转入手，出台多项政策推动土地集中生产经营，逐步实现规模化生产。随着土地不断的集中，专业化的农场开始出现，也标志着法国农业现代经营模式的开始。到20世纪中期，全国耕地总面积的四分之一实现了规模化经营，规模小的农场数量减少，规模较大（大于50公顷）的农场数量增加，农场主体规模基本小于美国，走适度规模发展路线。与此同时随着内燃机、拖拉机、收割机等农用机械技术的不断发展，法国农业开始了机械化生产，并且得到了迅速发展，小麦、玉米等主要农作物生产实现了全面机械化。随着电子信息技术与农业的不断融合，促进了农业高效、高质发展，法国农业正向智能化方向发展，同时，在农业技术推广体系下，逐步实现了现代农业生产的专业化和一体化，发展了规模化、集约化、机械化的节约型农业经营模式。

2. 法国农业合作组织

法国农业协会加强了农户与政府、企业、市场之间的联系，一方面，与政府、企业积极联系，传达政府的相关政策法规，企业情况，市场需求等相关信息；另一方面，积极与农户沟通，了解农户在生产经营中所需解决的困难以及需要的信息和诉求。法国农业协会还肩负着农技推广、农机技术更新的重任，为法国节约型经营模式的发展积极发挥作用。农业协会积极了解农技、农机技术的最新发展情况，并且用现代媒体平台，及时公布信息，积极向农户宣传，争取第一时间让农户了解相关情况，推进农业生产技术的不断革新。积极与农户沟通，将其需要的技术反馈给相关企业、部门等，根据农民的需求加大研发力度，以便及时解决农户的技术需求，更好地服务农业，提高农业的生产效率，节约生产成本。

随着法国农业规模化、集约化、机械化的发展，法国农业合作社不断壮大，至19世纪中期农业合作社数量达到了顶峰，之后，法国农业合作社开始转型，数量开始减少，规模不断扩大，营业收入也不断提高，服务向着综合服务的方向发展，包含农产品生产、加工、销售等各个环节，尤其是贸易领域，在提高农产品竞争力、农产品销售收入方面发挥了重要作用。法国农业合作社种类较多，功能完备，在农产品生产、流通领域、金融服务方面都有相关专业合作社，如生产合作化、农业信用合作社等。

3.法国相关法律体系

为了鼓励土地集中，实现农业规模化生产，1960年，法国颁布了《农业基本法》。依照《农业基本法》，建立了专门协会，促进乡村基础设施建设，加强农业治理工作，积极为农业发展提供服务。为了进一步促进农村土地的流转，形成农业生产规模经营，实现小农场向大农场规模经营过渡，1962年，法国颁布了《农业指导补充法》，依法建立了农业经济委员会，设立了调整农业结构行动基金。通过该法，鼓励农民自愿将手中的土地流转给其他少数经营者，并且对这些农民给予经济上的补贴，提供生活保障，提高农民退出土地经营的积极性。并且通过设置专门机构，监督管理农场买卖过程中可能出现的不法行为，促使农场土地流转合法、合规、合理。

为了进一步明确合作社的作用和地位，1967年，法国颁布了《合作社调整法》，从法律上约束了农业合作社的相关章程，规范了农业合作社在农村的相关经营活动，并且使其有了法律保护。该法要求农业合作社必须参加农工综合体，把农业生产经营过程中的各个环节统一起来，整合到企业，由企业提供全面的服务，建立了垂直一体化的综合经营体制。1999年国会通过的《农业指导法》的修订方案在原有基础上又深化了农业合作社的功能。这些法律在规范、完善农业合作社作用的同时，促进了法国农业经营模式的创新，发展了"公司+农户"的经营模式，促进了农业产业化发展。

法国的农业保险相关法律也实施较早，在20世纪初，法国政府颁布了《农业互助保险法》，促进了农业保险的发展。之后，农业保险相关法律得到了发展和完善，颁布了《农业保险法》《农业灾害救助法》等相关法律。法国通过农业相关法律法规的建设，建立结构完整的农业经济组织，以及系统的管理机制，为农业的现代经营以及农业合作组织的发展提供了保障。

（五）俄罗斯

1.俄罗斯未来的农业规划

按照俄罗斯2013年开始实施的《关于国家农业发展计划以及农产品、原材料和食品市场的监管》（实施期限2013—2025年），俄罗斯农业发展与改革不断向前推进，其中仍在进行、至2025完成的农业发展计划见表2-1。

表2-1　至2025年俄罗斯国家农业发展计划

发展重点方向	具体解决问题	具体实施内容
发展农工综合体的分支机构	1.发展农工综合体的分支机构，以加快进口替代农产品，原材料和食品的主要类型 2.刺激农工综合体的投资活动 3.农工综合体的技术现代化 4.提升农产品出口 5.建立农民支持体系和发展农村供销合作社	1.到2025年将农作物产量在2017年的水平上提高14.8% 2.2018—2025年创造至少36000亿卢布（每年至少4000亿卢布）的信贷资源吸引因条件 3.确保在2025年的基础上，考虑到国家支持，调整农业机械生产结构 4.到2024年底，通过创造新的商品数量（包括高附加值商品）。建立以出口为导向的商品分销基础设施，消除贸易壁垒（关税和非关税） 5.到2024年确保至少有12.6万人新参与农业的中小企业、农民农场、农村供销合作社
为农业工业联合体的发展提供条件	实施"农村可持续发展"计划	1.建造（购置）配备有各种设施的农村居民住房以确保在农村地区舒适的居住条件
		2.创造就业机会，激励农村居民参与社会重大项目
		3.至2025年农业人口每年增收10%
	实施"俄罗斯土壤改良"计划	1.通过重建，技术改造和俄罗斯联邦国家财产土壤改良系统的建设，防治乱用农业用地
		2.利用土壤改良领域研究项目成果的基础上，对土壤改良综合体进行创新发展
		3.保障2025年与2018年相比在酸性土壤上作物产量的增长
		4.采取防洪措施，防止农业用地洪水侵害
	为农工综合体的分支机构发展提供科学和技术支持	到2025年，俄罗斯收藏植物遗传资源的储存单位数量增加到43万单位

2. 中俄农业规划差异与共同点

中俄国家发展进度不同，在农业发展规划时间节点有差异，但在发展领域方面具有相似性及相融性，因此可以从横向发展领域、纵向发展深度上进行分析比较。

（1）农业发展领域

我国"十三五"涵盖领域与俄罗斯2013年至2020年农业规划已完成的阶段性项目基本一致。一是通过引入数字技术和平台解决方案来确保农业工业综合体的发展；二是国家项目中重点关注俄罗斯农业土壤改良；三是改善税收及土地合理利用以保障国家规划实施；四是通过预防减灾及国家灾害补偿保护农工综合体正常运转。其中实施"农村可持续发展"计划与中国实施乡村建设行动异曲同工。

在保障农业用地良性发展方面，中俄根据国情差异提出的治理方案有所差别。俄罗斯侧重于"土壤改良"及"防治洪水侵害耕地"；中国在已形成的农业用地体系化监管的基础上，提倡加强黑土地保护、健全耕地休耕轮作制度，以提升生态系统质量和稳定性。

（2）农业发展深度

中国在实现全面脱贫的基础上，引导农业、农村、农民向提高农业质量效益和竞争力方向延伸，应用科技成果强调优化农业生产机构，不断向"美丽乡村"进军，农民通过农村一二三产业融合提高收入。对于处于农业机械改良、创建和发展农业中小企业、农民农场、农村供销合作社等基础性建设的俄罗斯，在技术与经验方面具有借鉴意义。

3. 中俄农业区域性规划合作潜能

伴随中俄双方已建立"东北—远东"地方合作机制，激励中俄地方省州对进一步深化合作表现出极大兴趣。俄罗斯农产品和食品在华市场需求不断扩大，很大一部分销往中国东北地区。

俄罗斯政府批准《2024年前远东发展国家纲要及2035年远景目标》，作为指导至2035年远东未来发展的重要规划，其中涵盖农业领域经济发展的规划：计划汇总远东农业用地信息，推动荒地流转，发展投资项目；建立统一数据库，推动不同类型土地形成集群，方便实施大型农业项目；提高蔬菜自给率，加大国家扶持力度，强化建立温室大棚和仓储设施能力；

发展农业相关小企业，加大信贷扶持力度。

至2035年，俄罗斯远东区域规划与黑龙江省区域农业规划中都有推动农业智慧化建设、农业现代化设施建设及一二三产业融合的内容，展现出良好的合作空间。

二、国内现代农业发展规划经验借鉴

（一）梅州市和丽水市现代农业发展经验

1. 梅州市

梅州市位于广东省东北部，常用"八山一水一分田"形容其地貌特点；土特产有金柚、茶叶、脐橙等，区域品牌有"梅州柚""客都米""平远橙"等。

（1）组建协会，提升现代农业组织化水平

梅州市农业部门将企业、合作社、家庭农场等涉农经营主体按照产业类别组建了12个市级农业协会，其中包括金柚、慈橙、蔬菜、茶叶、稻米、水产等协会，并以协会为龙头建立起行业协会+龙头企业+合作社+家庭农场+种养大户+普通农户的产业体系。200多名高等院校及科研院所专家的加入为协会的发展注入了科技力量，他们在协会内主要负责科技指导及技术研发工作。协会成为我国最大的农业经营主体联合组织，破解了涉农经营主体缺人才、缺装备、缺技术、缺劳力的问题，实现了农业经营主体的资源整合、抱团发展。协会内部实现信息共享，打破市场行情、技术管理和品牌建设等的瓶颈都是靠自己摸索，充分整合资源。如果有企业订购的农产品数量较大，某一合作社或者家庭农场的产量不够，可以通过协会整合各家农产品资源，共同完成订单。通过协会，各类经营主体形成了"利益共同体"。

（2）制定标准，保障农产品量丰质优

随着人们生活水平的不断提高，农产品的供给向着高质量发展，一些企业不得不进行农业生产升级转型，使农产品朝着量丰质优方向发展。为此，梅州市印发了《梅州市农业标准化工作实施意见》，提出充分发挥协会、龙头企业作用，由其制定相关的农产品生产标准并提供技术指导、农产品收购等服务,引导农业生产经营主体以及小农户标准化生产,形成了产销一体化的服务模式,不仅解决了农产品质量参差不齐的问题,保障了农产品质量,又解决了农产品销路难的问题,保障了农民的收入。此外,梅州市农业局为企业、小农户等农业生产经营主体打造"五专"社会化服务模式,即专门的公司、专业的人员、专业的技术、专业的设备、专业的服务。这一模式,有效化解了"谁来种地"的困局,同时又保障了农产品量丰质优。特别是在特色农产品金柚的种植方面,协会制定了专门的产品分级标准,对农产品进行分选。协会对金柚收购时采取优质优价、低质低价的办法,使农户自觉高要求、高标准生产,这样就形成了协会制定标准、生产基地标准化生产、小农户也纳入标准生产的大趋势,对整个金柚产业质量和效益的提高有很大的促进作用。

(3) 开拓市场,农产品逐步商品化

梅州市充分发挥协会组织作用,构建市场商贸体系,即大宗供销+社区直供+超市专柜+电子商务的发展模式,以市场为导向,促进农产品走向市场形成商品化,在人口多、消费量大、生活水平高的珠三角地区建立梅州安全食品大宗供销通道,打通了涉及全国的产销平台,消除市场盲区;在珠三角大型社区创建梅州安全食品社区直供点,与"农超"对接,建立具有特色的农产品专柜;依托"互联网+"发展线下展销、线上远销的销售模式,实现农产品电商化销售。这种市场商贸体系的建立,充分解决了农产品"卖难"问题。

(4) 树立品牌,打造特色挖掘内涵

一是培育区域品牌,梅州市拥有较大的富硒土壤面积,占全市总面积的52.3%,具备开发富硒农产品的先天基础,依托丰富的富硒资源,打造"世界客都长寿硒谷"品牌,走出一条"企业品牌+区域品牌+长寿富硒品牌"为特色的农业品牌之路。二是打造特色产品,蕉岭南山寿农业公司,通过统一化发展模式打造富硒品牌,统一品种、统一管理,采取统一收购的方式统一把控品质标准,进行统一仓储和深加工,将农业发展定位为高端定制农业。三是塑造内涵,梅州市通过鼓励企业培养品牌个性与标签,挖掘品牌内涵。许多个体户及企业受到启发,其中,"驮娘柚"的迅速走红就是塑造品牌内涵的典型例子,以"买一对柚子,捐赠一元钱"为宣传口号,以做公益事业为出发点，打造"孝"为"驮娘柚"的品牌核心。"孝义"是客家人的传统，是"驮娘柚"的内涵。以塑造品牌内涵迅速占领市场。

（5）加强素质，提高农业科技创新能力

梅州市人民政府与省农科院签署了农业科技合作示范市的框架协议，由农科院负责组建金柚（含脐橙）、茶叶、稻米、蔬菜、水产5个专家小组，主要负责有关科技方面的服务，从选品、科学种植、农产品加工、标准化生产等提供全产业链的技术服务，双方协议每年建设5到10个农业科技园区，为农业生产经营主体提供农业科技创新成果，进行科技成果转化。支持开展3到5项技术项目攻关行动，共建共享检测技术、设备、数据等，成立2到3个市级技术研发中心，有效化解梅州市农业科技水平低的难题。同时，各级农业部门将农业技术推广员的培训工作作为重点推进工作，在农产品质量安全检测技术、果树科学施肥技术、金柚标准化栽培技术、广东省农业主导品种和主推技术等方面加强培训，使基层农技推广员更好地服务、指导农业经营主体，培养了一批懂技术、善经营的新型职业农民。

2.丽水市

丽水市位于浙江省西南方向，田地和水资源占比较少。丽水市农业的发展在地理资源环境上不占优势，多山地的地理条件在种植规模、机械使用、灌溉方面都受到限制，农业技术发展落后。丽水市为突破发展瓶颈，当地政府充分挖掘丽水市的山地价值，并以生态化的发展规划、标准化生产、品牌管理和电商化营销为主轴，勾勒出一个现代农业领地。当地政府探索出的山区现代农业发展模式，也为我国其他山区市农业发展提供了宝贵的经验。

（1）生态规划，明确目标方向

丽水90%的土地为山地，梯田层出不穷，规模化、机械化生产方式很难实现。尽管山区的地理特征限制了现代农业的发展，但丽水市转变发展思路，将劣势变优势，凭借纯净的生态环境、高质量的水资源和空气等，明确提出了"高效生态农业"的战略定位。为此，丽水市政府引发《丽水市生态精品现代农业发展规划（2013—2020）》，为当地农业的发展明确了方向，规划农产品定位，创新农产品品质，打造新农业的发展思路，将高品质农产品打入市场。独特的生态气候为丽水市发展特色优质农产品的奠定了基础，同时也稳定了丽水市在农产品行业的领先优势。

（2）标准化生产，确保产品安全

一是政府加大对农产品安全和质量的管理力度。为了保证农产品的食品安全和质量，丽水市政府发布了《丽水市化肥和农药控制行动计划》和《丽水市农业投入品管理措施》等政策文件。政府加大对农产品质量安全的把控力度，确定了"五个一"的生产模式，切实有效保证产品质量。二是建立农产品可追溯体系。丽水市依据农产品的生产地和生产时间等信息，建立农产品特有的身份证件，发布了建设农产品追溯体系的相关规定，引进私人资本建立农科检测公司，引进农产品质量安全追溯管理信息平台。启动"壹生态"精品农业信息服务系统，包括农产品质量安全追溯平台。每种农产品都有一个特殊的二维码，消费者只要扫一扫，就可以查询到农产品的生产状况、检测数据等，这对消费者来说是最好的保证。

（3）品牌化建设，提升市场竞争力

经过多年的发展，丽水市生态精品农业已形成了九大主导产业。许多产品出口到国外，尤其是"蒂芙尼早餐"和"丽水香茶""丽水香鱼"等特有的品牌，不仅营造了丽水农产品的品牌效应，更通过这些品牌影响创造了经济价值。丽水市为扩大品牌创建，还在原产地申报香菇、茶叶、毛竹等农产品品牌，通过打造品牌提升农产品市场竞争力。

（4）电商化营销，打开全国市场

丽水市生态精品农产品通过搭建网络营销平台、个体网店等网络销售方式，将丽水农产品与全国市场连接起来，并销售到全国。丽水加大线上推广力度，优质农产品得到了市场的认可，受到网友们的一致好评，不仅提高了农产品知名度还推广了丽水市生态精品的品牌。丽水市充分利用电商平台等自媒体方式，推动了农业产业销售方式的转变、营运规模的改革，大大提高了精品农产品的市场占有份额。

（二）国内有代表性的现代农业发展模式

1. 以温氏集团为代表的龙头企业带动型发展模式

1986年来，温氏集团是最早开始探索与农户合作的集团企业。"公司+农户"模式的好处是公司出资金、物种、技术，负责销售、运输、储存等商品化的工作,而农户可以以土地入股获取收益,同时还可以从事农业生产获取雇佣收益。这种模式逐步建立了农产品生产、经营和销售体系,确保了产品质量,提高了经济效益。在创新管理模式方面,以猪肉为例,温氏集团只要牢牢控制核心技术和重要环节,就可以确保自己公司的安全稳定发展以及猪肉制品的食品安全生产,同时让农民获得稳定的收入,实现长期合作和持续滚动扩张。在与农民合作的过程中,温氏集团总是把农民的利益摆在最重要的位置,农民信任集团,集团也可以获取社会效益和经济效益。当遇到市场风险时,用公司综合经营的收入来确保农民的利益不受损害;当市场物价不稳定时,主动平抑可能出现的购销倒挂所产生的亏损。与此同时,还开展多种经营,建立风险基金制度,最大限度地降低市场风险。由于成功地运用了"公司+农户"的经营方式,正确处理了公司和农户间的利益关系,使集团的经济持续稳定增长。

2. 以鄂尔多斯市为代表的农牧结合型发展模式

鄂尔多斯市的农牧结合型发展模式就是指在农牧经济为主的地区,将畜牧产业作为主导产业兼顾发展其他产业如工业、服务业、旅游业的发展。鄂尔多斯市之所以选择发展农牧结合模式,也是由其当地实际和历史农业发展所决定的。鄂尔多斯市地广人稀,植被条件好,适宜发展牲畜养殖业,也便于集中规模化管理。转变传统的农牧业布局,充分发挥农牧业生产的优势,将农牧业高度集中于区域空间,为现代农牧业的发展创造了有利条件。实现农牧户、基地、企业的良好对接,并依靠组建各类专业协会和中介组织,加强市场建设,完善社会化服务体系,从而全面提高农牧业生产标准化程度和科技含量,迅速形成高效农牧业产业化经营格局,实现农牧业跨越发展的运行模式。通过调整农牧业的产业结构,实现了种植业和养殖业结构的转变。通过实施"公司农户、基地农户、能人农户"的现代农业发展模式,农畜产品加工规模越来越大,成为农牧民稳定而强大的增收产业,逐步形成了生活改善、生产发展、生态恢复、人与自然和谐相处的态势。

3. 以江苏省无锡市为代表的城乡统筹型发展模式

无锡市的城乡统筹模式是在城乡一体化的进程中发展起来的现代农业发展模式。它以生态农业、高校农业为依托,充分发挥工商业资本的作用,利用优势产业集群吸收农村剩余劳动力务工就业增加收入,促进农村各个相关产业发展。这种模式有效地把农业和工业、农村和城市、农民和居民结合为一个有机整体，通盘考虑、综合协调、城乡互动、协调发展。近几年，无锡市立足区域实际，突出本地发展农业的优势条件，加快脚步建设现代农业发展的示范园区。通过招商引资项目，引进新型农业经营主体，并以此为契机，政府出台多项惠农政策鼓励现代农业发展。多种渠道筹集资金，通过增加投入为高效农业发展注入新的生机活力。积极引导工商资本投资农业，以工促农，以农反哺工商，相辅相成、共同发展。通过制定扶持政策，加大对农业基础设施的建设和农业科学技术的研发推广工作，建立健全农业服务体系。制定合理的农工商发展规划，促进了工业、商业和农业的协调发展，根据当地的特色农业集群，生产优质农产品，利用工业技术和商业手段，促进当地经济迅速发展。通过体制机制创新，优化了现代农业发展所需的环境，促进了农业产业链的延长和扩展。

（三）国内田园综合体景观规划设计典型案例——无锡阳山镇"田园东方"

1. 项目简介

作为中国首个田园综合体项目，"田园东方"在最初园区的区位选择上就进行了大量的研究，最终确定了无锡市阳山镇。因为阳山镇自然条件良好，加上其原有的特色产业——水蜜桃产业，所以在此区域建设田园综合体是最好的选择。该项目融合了农业、旅游和社区配套三大产业，使可持续发展的生态环保理念贯穿全园。

2. 规划理念

无锡阳山镇"田园东方"项目本着崇尚自然、顺应自然的理念，所以在对园区内过去的老房子、老村落改造时基本是在原有基础上改造的，通过对村落周边环境的整治、老房子外部粉刷、内部翻修，使得园区里的村民既能感受到家的温暖，又能享受优美的环境（如图2-2）。"田园东方"项目以自然风光为主，在园区内基本看不到人工雕琢的痕迹，还创新性地打造了农田景观，以农作物作为园区内的自然基底，使游客感受到乡野之趣，该项目将田园风光体现得淋漓尽致。

图2-2 拾房村改造前后对比图

3.规划布局

该项目的规划布局是:一主,两心,三生,四风。[①]"一主"是指该项目创新的开发模式,即新田园主义;"两心"是指该项目规划的两个手法,也是规划的两个核心,即环境的整治与产业的打造;"三生"是指园区内既能满足生产,又能满足游客与居民的生活,还能体现生态主义;"四风"分别指代园区内的自然环境、文化特产、民风民俗和乡村景观。

三、国内外现代农业发展规划的启示

1.发挥政府作用,奠定现代农业发展基础

农业具有生产周期长、受自然环境影响大、收益不稳定的风险,现代农业的发展需要较大的投资,包括土地、人力以及技术,农户、家庭农场乃至龙头企业离开政府的政策扶持都难以发展。在以上的典型案例中,日本针对土地的束缚,研发小型机械以适应精耕细作的农业发展模式。以色列在极度缺水的条件下,由政府牵头,组织科技人员研发适合当地使用的灌溉设备,发展水利设施建设,利用现代科学技术解决资源对现代农业发展的约束,对于设备以及基础设施的建设投入都是比较大的,个人或者某个企业很难独自完成。日本及梅州市的农协组织,也是由政府牵头建立的。因此,现代农业的发展离不开政府政策的扶持,包括基础设施建设、机械化应用、税收优惠、农业补贴、鼓励企业向农业投资、给予法律保护以及政策支持等多方面。

2.依据区位优势,培育特色产业

无论是日本、以色列、美国、法国、俄罗斯,还是梅州市、丽水市、

---

① 陈阜. 农业科技园区规划理论与实践[M]. 北京:化学工业出版社,2008:59.

无锡阳山"田园东方",都根据自然环境和资源禀赋情况,培育特色产业。日本打造"一村一品",以色列发展花卉产业,梅州市依托富硒资源发展金柚、茶叶、脐橙等产业,丽水市依托纯净的生态打造精品农业。以上国内外现代农业发展经验显示,都拥有特殊的自然资源及地理环境,然而这些并不利于现代农业的发展,但是这些国家及地区积极为农业发展找出路,变劣势为优势打破发展瓶颈,找到适合当地农业发展的路径,依托资源,培育特色产业。不同地区现代农业的发展水平及影响因素不同,应根据自身的农业特点、技术水平以及经济状况,结合市场需要,平衡生态效益、经济效益以及社会效益,探寻符合本地实际的现代农业的发展模式。

3. 发展经济合作组织,完善农业服务体系建设

日本的农协、以色列的多种经济组织形式、美国和法国的农业合作社的以及梅州市的协会组织,建立了较完善的农业服务体系,生产准备期间提供生产基础资料、生产过程中提供相应技术和设备支持,生产完成后负责宣传销售,还投入大量资金用于研发新品种,形成专业化、商品化的现代农业发展模式。通过农业服务体系的建立,对产前、产中、产后各环节有计划分工,农业服务实现手段现代化、组织社会化以及服务全程化,不但提高了农业生产效率,同时也为农产品生产标准化奠定了基础,保证了农产品质量。

4. 着力推进农业科技创新

无论是日本、以色列、美国、法国,还是梅州市、丽水市在现代农业发展过程中,都离不开科技的支撑。日本重视科研科教的推广;以色列通过政府政策支持鼓励科技创新以及成果的转化应用,并且重视提升农业劳动力的科技水平;丽水市利用科技打造农产品供应链标准化,建立农产品质量安全可追溯信息管理系统,保障农产品质量安全;梅州市重视科技成果转化。要实现农业高质量发展,需要依托科技创新来突破资源环境的日益约束、拓展农业发展的空间、提高农业发展质量及效益。

5. 相关法律的保驾护航

日本、美国、法国农业的成功,也都离不开相关法律的保驾护航,正是通过不断完善相关的法律法规,才使得耕地顺利流转,农业有序生产经营。所以,我国农业现代经营模式的进一步发展和壮大,要不断地完善相关的

法律法规，用法律法规保证相关政策得以实施，保证农产品市场有序进行，保障农民以及农业从业者的权益；不断提高农业合作组织的规模和素质，为农业现代经营模式的健康发展积极提供服务。农业现代经营模式的发展，不能"一刀切"。我国幅员辽阔，各个地区经营、环境差别很大，所以要因地制宜。

第三章　现代生态农业规划编制实践

我国的生态农业模式是自下而上的自发活动与自上而下的政府行为相结合。区域生态农业规划本着环境与经济协调发展的原则，遵循生态经济学原理，特别是遵循马世骏先生提出的"'整体、协调、循环、再生'生态工程的原理"[①]，运用系统工程的方法，在一定区域范围内，依据当地资源、环境条件及社会经济状况，制定生态农业规划，对一个行政管辖范围内的农业生态经济系统长期发展做出可持续发展的战略部署。虽然生态农业越来越多地为广大群众和领导层所接受，但生态农业规划理论建设显得相对落后。在实践中，生态农业规划编制多从相关学科，譬如生态学、农业生态学、生态经济学和系统工程理论中借鉴运用有关原理，并结合劳动群众的经验进行总结，因地制宜，指导各地生态农业建设。

本章从现代生态农业规划编制方法与典型案例分析两个方面展开论述。

一、现代生态农业规划编制方法

（一）我国生态农业规划方法研究

我国生态农业规划方法一般是运用相关学科和系统工程理论的知识与方法，综合考虑劳动群众的经验总结，从区域资源环境特点和社会经济条件出发，在系统分析的基础上识别农业可持续发展的有利条件与制约因素，提出生态农业建设方案，包括生态农业发展目标、生态农业建设分区、生态农业模式设计及配套工程技术建设。以下从生态农业规划的思维方法与研究手段两方面来分析。

---

① 戈峰，欧阳志云. 整体、协调、循环、自生——马世骏学术思想和贡献[M]. 生态学报，2015（24）：7927.

1. 思维方法——系统分析法

系统分析方法既是解决系统问题的科学方法论，又是系统描述、设计、优化的具体手段。系统分析方法常等价于系统工程，是用系统思想和系统方法结合有关专业知识，对各类具体系统分析、设计、组织、实施，以达到最佳效益的组织管理技术。

中国生态农业建设强调以生态经济原则指导农、林、牧、副、渔各业，并对整个农业乃至农村系统进行合理布局和设计，因而系统分析方法是生态农业规划的思维方式和工作方法，这也是中国生态农业有别于西方生态农业之处。

用系统分析的逻辑思维方法指导中国生态农业规划设计，目前仍处在实践探索阶段，而且大多数研究方法更加关注的是对系统的诊断，侧重于对能流、物流及价值流的分析。

2. 研究手段——技术方法

研究手段包括各种数学方法、经济学方法、科学管理方法、控制论方法以及计算机技术等技术手段。

中国生态农业具体规划设计主要是以各地劳动群众的经验总结为主的定性分析，主观性太强，缺乏定量研究，进而影响中国生态农业的推广应用。目前，学界综合系统工程方法，并应用先进的信息技术，如遥感、地理信息系统技术与全球定位系统技术，积极探索技术创新，为中国生态农业建设积累了宝贵的经验。例如，根据持续发展理论的要求，探讨了区域资源环境生态评价的理论与方法，即生态过程分析、景观格局、生态敏感性、生态风险以及土地质量及区位的生态学评价方法，并根据区域资源性能与自然环境特征，及其与区域发展的关系，建立了生态位适宜度模型；借助地理信息系统进行空间模拟，对定量分析区域资源与环境的生态适宜性进行了探索，为建立合理的区域资源开发与区域发展策略提供生态学基础。

（二）西方生态农业规划设计理念与我国生态农业建设比较分析

我国的"生态农业"同西方倡导的"生态农业"名称雷同完全是偶然巧合，两者之间并无任何内在联系。国外生态农业规划设计与我国生态农业建设截然不同。

西方生态农业是英国学者 M.凯利·沃辛顿（M.Kelly Worthington）于 20 世纪 80 年代初倡议的，其出发点在于追求小规模的、封闭式农业系统的生态循环合理性。这一学说对西方盛行的大规模、高投入农业模式具有强烈的针对性和批判性。1993 年沃辛顿对其倡导的生态农业按照可持续发展的理念做了部分修改。其正式的定义为：建立和维持一种生态上能自我支持、低投入；经济上有活力的小农经营系统，在不引起大规模和长期性环境变化，或者在不引起道德及人文社会方面不可接受的问题的前提下，最大限度地谋求增加净生产。因此，西方的生态农业一般只针对单个农户或小农场进行某种农作的生态设计，农产品生产的技术研究目前以农田生态系统为主，重点从群落、种群层次上进行理论研究和技术开发。虽然英、法、美和日本等发达国家由于良好的环境和气候条件，生态农业的单项技术已经接近成熟，但也面临着如何整合和集成、适应规模化生产要求等问题。而我国生态农业则强调以生态经济原则指导农、林、牧、副、渔各业，并对整个农业乃至农村及农村系统进行合理布局和设计，强调技术的系统组装，因而，它小则可以指导单个"生态农户"或"生态村"的建设，大则可以指导一个县域或者市、地区域的以农业为中心、涉及其他各业发展的建设，如"生态县""生态市"等生态区域。因而，它具有广泛的群众参与性，是西方生态农业根本无法比拟的。

（三）生态设计与传统设计的差异

传统设计与生态设计在本质上有着很大的区别，就休闲农业规划而言，传统设计以满足人的需求为基本准则，在设计中依靠经验，创新性较低，不考虑其对环境、对资源会造成一定的破坏。而生态设计是以环境因素作为基本要求，追求在满足人类需求的同时，降低对环境的污染，实现可持续发展（见表 3-1）。

表3-1 传统设计与生态设计的差异

设计方式	出发点	材料	污染程度	可持续性
传统设计	经济需求	所有材料	高	低
生态设计	环境可持续发展	生态材料	低	高

（四）生态设计对现代农业园区规划的影响

相较于传统设计，生态设计在设计过程中更多考虑的是其环境意义，在考虑满足景观营造基本需求的同时，加入环境需求，通过场地前期的规划定位到材料的选择、从加工方式的更新到材料使用阶段的维护成本。降低建设过程中对环境的影响程度。

近年来，农业园区在建设发展中逐渐暴露出环境问题。若是在规划设计阶段就利用生态设计的原理，考虑建设材料对环境的影响程度，选择适宜的规划方案和建设材料，就可以缓解农业资源被破坏的现状，为以后发展其他农业产业提供资源保障，从而致力于建成生态可持续的现代农业园区。

（五）现代农业规划中生态设计战略

笔者以 Z 市现代农业科技园区作为一个复合生态系统，从园区规划设计原则、生态战略、生态发展措施、项目布局和发展目标等方面复合应用生态系统设计方法，体现了现代农业园区规划的先进性、科学性、系统性和可操作性。Z 市现代农业科技园区的复合生态系统设计，有助于实现农业园区在经济、社会、生态等方面和谐共生发展。

1. 规划设计原则

（1）保护生态原则

现代农业规划设计应注意保护生态和自然资源。利用当地地形、植物和水系，实现自然生态保护，不仅可以促进景观可持续发展，而且还可以降低土地整理建设成本。

（2）保护生物多样性原则

生物多样性是保护农业园区生态环境的基础，如果生态系统中某一链条出现问题或不能发挥作用，就会被其他的生物所取代，从而继续保持生态环境的稳定和健康发展。因此，生物种群越多样化，生态系统稳定性就越强[1]。

（3）因地制宜原则

由于农业发展具有较强的地域性和周期性特征，因此，在规划设计时

---

[1] [美]费雷德里克·斯坦纳. 生命的景观：景观规划的生态学途径[M]. 周年兴，李小凌，俞孔坚，译. 北京：中国建筑工业出版社，2004：6.

需要遵循因地制宜的原则，合理改造灌溉水系、地形或耕地，防止对农业土地的地质结构和生态环境造成破坏。

（4）绿色、循环、可持续发展原则

农业作为一种与自然环境密切相关的产业，自然环境支撑着农业生产和农业生态旅游发展。因此，现代农业园区建设应严格把握循环、绿色、环保和可持续发展原则，建立良性发展的生态农业经济模式。比如，禁止毁林行为，尽量减少生活垃圾、化学用品对自然环境的影响等。

2. 生态设计战略

在农业规划中生态设计战略主要包括以下几个方面：确定生态意识、合理的规划定位、生态材料的应用。即根据对农业园区周边环境和场地内部条件的分析，确定正确的生态保护意识，制定合理的场地规划定位，并选用适宜的生态材料进行建设。

（1）确定生态意识

在场地规划前树立正确的生态观，正确处理人与自然之间的关系，认识自然规律，合理地利用自然资源，在不违背自然生态规律的前提下，对场地进行规划设计，利用生态的方法解决规划中遇到的相关问题。保护场地自然资源，尊重当地自然文化，建设生态的现代农业。

（2）合理的规划定位

在场地规划设计前，需要对场地周边的土地应用性质、区位状况、人文资源、历史文化、社会经济、景观资源等进行充分的调研，分析场地在规划过程中存在的机遇和挑战，制定出规划定位，针对场地存在的问题，提出合理的生态解决方法。

（3）生态材料的应用

在农业园区的建设过程中，材料需求面广、需求量多，适宜的建设材料可以保护乡村农业资源。因此，材料的选择要贯穿整个设计过程，并且要遵循因地制宜的原则，根据场地现有资源就地取材，减少资源的浪费。另外，设计人员不仅要考虑材料在使用过程中对环境的影响，还要考虑材料在生命周期结束后的处理方式。

①生态材料的选择

在生态设计中应用生态材料有利于实现园区规划的生态性，生态材料是符合国家相关行业标准，经测试合格，在生产和使用过程中对能源和物质的消耗低，对环境影响度较小的一类产品。根据其使用性质大致可分为以下几类。

A. 清洁环保材料

在材料市场中现有的材料种类繁多，因能源、资源的短缺，纯天然的材料非常少，早已无法满足人们的需求，大量利用化工手段合成的新型材料走入了市场。这些高分子材料在合成过程中不可避免地使用了大量的添加剂，如抗氧剂、润滑剂、发泡剂、荧光增白剂、阻燃剂等，这些材料难以降解，在降解过程中还会释放大量的有害物质，会对人体产生危害，因此，在设计中应尽量避免选择此类材料，应选择清洁环保的材料。

B. 原生态材料

原生态材料在这里主要指来自自然界，不需要加工或粗加工即可使用的天然材料，如植物、木材、石材等，这些由自然直接生产出来的材料都具有一定的自我循环能力，在自然界中可降解，对自然环境基本没有危害。同时，在生命周期结束后，可通过二次加工后继续使用。

C. 可循环利用材料

目前，可循环材料的使用已经覆盖了各个行业，一些国家还出台了相关的法律法规来指导和规范可循环材料的回收和再利用，废弃物的资源化利用已经成为一种时代趋势。废弃的金属、塑料、建筑材料等都可循环利用，比如用来制作景观小品、构筑物、道路垫层等，不仅创意新颖，还能缓解资源紧张问题。

D. 低能耗材料

低能耗是指在材料生产过程中消耗的能量少的一类材料，如：新型的钢材、玻璃、铝合金等。

E. 可降解材料

可降解材料的组成成分大多来自自然界中的动植物，如植物中的淀粉、纤维素和木质素，动物中的壳聚糖、聚氨基葡萄糖、动物胶等。这些原材料通过化学或物理手段合成新型的材料，如：以植物纤维和淀粉为主要原料，添加一定的辅助材料经发泡成型制备而成的生物质包装材料；以60%含量以上的淀粉的可降解塑料等。

②材料生命周期的评估

生命周期的评估作为一种环境评估手段,贯穿于生态设计的整个环节。它是指在原材料的选择、获取、使用、循环、回收的整个过程中进行的环境评价,判断其对环境所产生的影响,以期能够降低对环境的影响程度。其评价系统主要包括以下四个方面:目标与范围的确定、清单分析、环境影响的评估、结果的分析(如图3-1)。

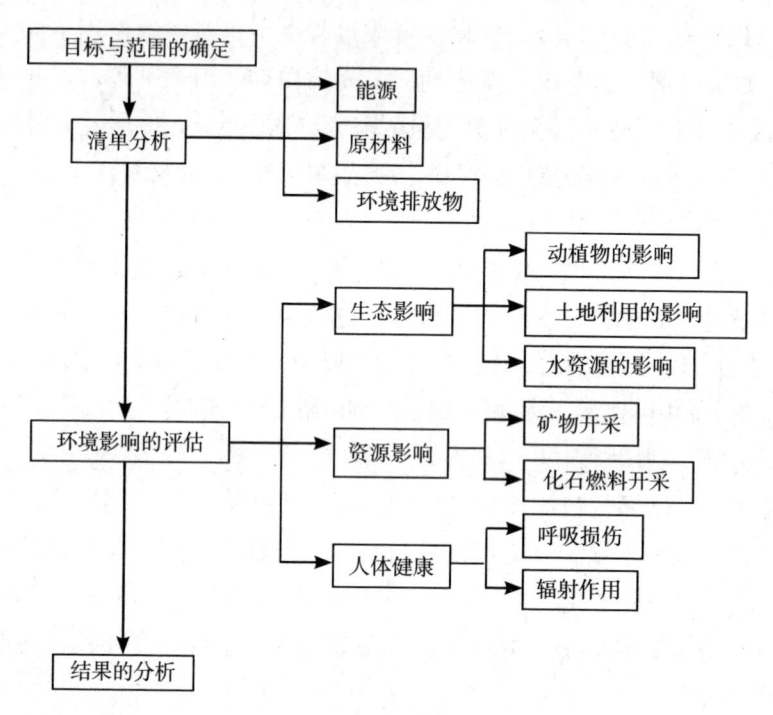

图3-1 材料生命周期的评估

③减少材料的使用

在规划设计中有时为了满足质量、形象等问题,在设计中故意增加材料的使用量和体积,这些过度的设计不符合生态原则,在满足安全性和一定需求的情况下,可以通过材料替代、优化设计等方式减少材料消耗。

④材料生命末端的优化

所有材料的使用都是有一定年限的,在完成初始生命周期后,就面临着如何处理的问题。对于一些原生材料我们可以使用回收再利用的方法,通过再次加工,赋予其新的生命周期。可循环再利用的材料则通过统一的回收、处理和循环实现再利用。对于一些既不可回收，又不可自然降解的材料需要交由专业机构进行处理，切不可随意丢弃，污染场地周边环境，造成资源浪费。

3. 复合生态系统设计方法在 Z 市现代农业科技园区规划中的应用

农业园区景观的形成是一个自然循环和人工创造等多种因素综合作用的过程，这种过程构成了一个繁杂的系统，系统中某一因素的改变都将影响到景观面貌的变化。农业高科技生态园区是现代科技与农业有机组合的产物，园区建设力求将景观元素与高科技农业生产相结合，集科研、教育、生产、示范、观光一体。园区可持续发展取决于在建立和谐、高效的人地关系的过程中，实现生产绿色的有机农产品、打造优美舒适的住区环境、示范推广现代农业科技和农业转型升级四大功能。因此，把农业园区建设成为一个集经济、社会、生态的稳定、高效、和谐、可持续的复合人工生态系统是农业园区建设的总体目标。为此，Z 市现代农业科技园区按照以下 4 个生态子系统进行园区的复合生态系统设计，具体见图 3-2 和图 3-3。

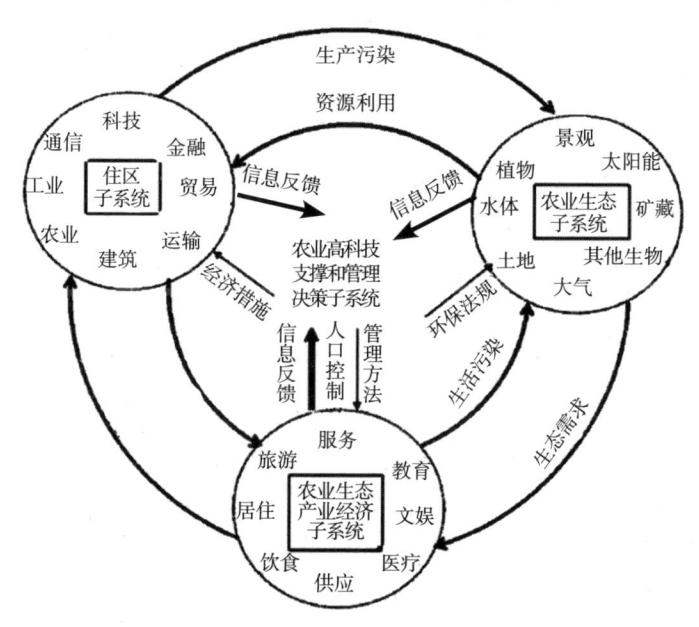

图 3-2　园区生态系统结构

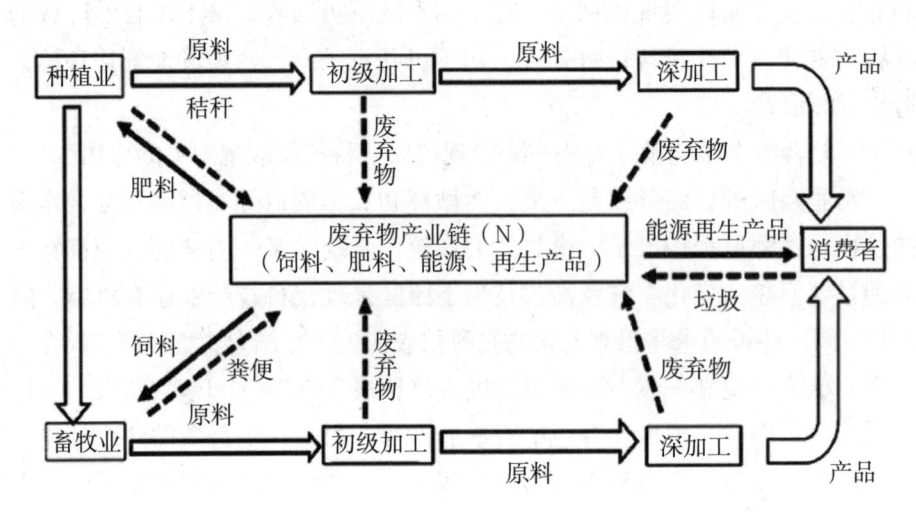

图3-3 循环产业链模式

（1）Z市现代农业科技园区概况

Z市现代农业科技园区位于Z市主城区西南，涉及Z市2个区、7个乡镇、52个行政村，总人口81 548人，总面积142平方公里，其中耕地面积0.787万公顷。

（2）农业生态环境资源子系统

生态环境系统是园区复合生态系统中最重要的基础系统。农业生态系统不仅可以为人们的生存直接提供各种原料或产品，而且具有调节气候、净化污染、涵养水源、保持水土、防风固沙、减轻灾害及保护生物多样性等功能。按照减量化、资源化、再利用的发展理念，充分运用循环农业理念，推进农业节本增效，保护生态环境。农业生态环境资源子系统的发展目标是安全、可持续，即环境质量安全可靠与生态资源可持续利用。

Z市现代农业园区的规划编制不仅仅就农业而论农业，而是从全市农业可持续发展的全局出发，注重农业发展与生态环境建设的关系，保护和改善农业生态环境，塑造了良好的乡村风貌，提高了农村自然环境质量和农民的生活质量。重点对农业园区进行生态建设，大力开展植树造林、土地整理和环境整治，基本形成了比较完整的园区生态环境系统。

（3）农业生态产业经济子系统

农业生态产业经济子系统发展目标为绿色、低碳、循环，即生产过程清洁、低碳以及经济系统可持续循环链接。

Z市现代农业科技园区转变农业生产方式，全力推进生态循环农业发展，推行"畜沼菜、畜沼果"循环农业发展模式（见图3-3）。以种定养，按果蔬+畜牧产业基地规模及消纳能力，分片区布局养殖业，配套畜禽粪污干湿分离、资源化利用设施设备及沼气工程，畜禽粪污综合利用全覆盖，农业环境突出问题得到了有效治理，实现了农业清洁生产。推广节水灌溉农业，开展肥料、农药零增长行动，绿色防控面积3.733万公顷以上；专业化病虫统防统治面积达0.567万公顷，统防统治覆盖率达45%，减少农药用量37t。推行秸秆、畜禽粪污、农膜综合利用，推广应用配套技术，秸秆、畜禽粪污综合利用率均在90%以上，农膜回收利用率提升了2%以上，农业废弃物资源化利用率达95%，农业面源污染得到有效控制，生态环境持续改善。

（4）人类住区生态子系统

人类住区生态子系统的发展目标为自然、生态、环境和谐，即栖居生态自然环境、人地关系和谐友好发展。

Z市现代农业科技园区规划乡村景观风貌区（展示绿色农产品、田园综合体、绿色乡村等）。依托七一水库，借助农居，重新整合自然景观和人文景观，建设乡村旅游农家乐集群，打造特色民宿和绿道，把乡村打造成一个"岛式圈层"结构的田园综合体，满足政府、企业、居民、乡村旅游者等多方需求。

（5）农业高科技支撑和管理决策子系统

农业高科技支撑和管理决策子系统的发展目标为现代、高效，即科学技术支持先进实用、管理高度信息化、决策高效务实。

Z市现代农业科技园区现代农业科技管理服务体系建设包括农业科技服务体系建设、农机服务体系建设、农业信息化服务体系建设、农产品质量安全体系建设和农业品牌体系建设、农业经营体系建设（着力培育农业龙头企业，大力发展农民合作组织、专业大户，大力培育新型农民）以及农业灾害风险管理体系建设。

（6）4个子系统之间的关系

人类住区生态子系统与农业生态产业经济子系统之间的双向流动是资

本和劳动力，人类住区子系统与农业生态环境资源子系统之间的双向流动是资源和废物，农业高科技支撑和管理决策子系统与其他子系统之间主要是信息流。整个复合人工生态系统与外部环境间则通过子系统完成能源、产品、资金和资源等流动。

二、现代生态农业规划编制典型案例分析

（一）矿区复垦经典案例

露天矿开采地表扰动大、耕作层破坏严重，采矿企业简单复垦绿化难以满足国家对耕地资源保护的要求，利用现代农业新技术在复垦区发展现代生态农业，对提高复垦区农地等级具有非常重要的意义。在进行露天矿复垦区现代农业规划设计时，首先根据矿区开采的特点和地域气候类型进行分析研究，本着"生态优先、因地制宜、优先选择，动态变化、统筹规划，产业融合"的原则，按照"心、带、区"的模式对项目区进行功能分区。露天矿开采最终形成的主要是大面积的排土场，设计方案应以排土场为主要设计场所。根据循环生态农业的特点，按照"排土场覆土工艺，土壤修复改良方案，沉降稳定年限，前期改良土壤种植技术，后期发展现代农业技术，采矿废旧设备综合利用，矿坑合理化设计"等因素的规划设计方法。依靠"产业链条构建，土壤改良，新品种繁育，规模化、安全化生产，产后处理加工，节水灌溉，产品质量检测和现代农业信息"等技术体系支撑现代农业的规划设计方案。

1. 英国"伊甸园"

（1）案例背景

项目位于英国的康沃尔郡，原址为废弃的陶锡矿坑，如果通过正常的地质过程进行土壤改良可能需要花费百年的时间，但是工作人员将矿区废弃的黏土与植物废弃物混合堆沤，生成了富含营养物质的肥料，在其上建立了全球最大的生态温室，容纳了数万种植物，被誉为"生命禁地的奇迹""人类通往植物世界的大门"。

（2）设计内容

"伊甸园"以围绕植物文化、融合高科技手段为主线，以人与植物和

谐共生为主题,是一座具有高科研性、高产业化和高旅游价值的植物景观性主题公园。园区由热带雨林植物馆、暖温带植物馆和凉爽气候馆组成,园区内建设有8座气泡温室(如图3-4),其中每4座连成一组,较大的一组为热带雨林植物馆,较小的一组为暖温带植物馆,两组温室中间的露天区域是凉爽气候馆。设计师在设计这8座温室的骨架时,为了在结构上尽可能地减少用钢量,同时留出尽可能多的建筑空间,便借鉴了肥皂泡和蜂巢的结构原理设计了双层圆球网壳结构:即上弦为六边形网格,下弦为三角形加六边形网格,骨架外覆盖轻型材料,使得潮湿热带馆的馆身比室内空气的总重量还轻。潮湿热带馆占地面积近1.6万平方米,高达55米、长约24米,内部没有任何支撑,所以游客可以坐在热气球上俯瞰温室内部的全景。

图3-4 "伊甸园"温室

园区内一些创意性的设计耐人寻味(如图3-5),如,在玉米种植地前安放自动爆米花售货机,待玉米成熟时,工作人员会组织游客参与爆米花的制作并品尝自己的劳动成果,通过亲身体验来了解植物加工的过程;在咖啡树底下放置装满咖啡豆的麻袋,以视觉传达的方式让游客看到咖啡豆联想到所喝的咖啡就是来自这种植物;为了让游客更好地闻到从香草区传来的花香,在香草种植区的旁边放置一个特制的管子,花香聚集于管内香气更加浓郁,管子还可以作为一个有创意的园林小品。设计师通过创意的展示方式,让游客直观地了解植物的种类及其相对应的用途和植物在人们日常生活中所起到的重要作用,意识到植物对人的重要性、生活环境对人的重要性。同时,游客还可以欣赏体验各种艺术秀、话剧、园艺论坛、儿童专题节目等,园区每年还会聘请大量的导游、教师和演讲者来为游客提供服务。

图3-5 "伊甸园"温室的室内景观

（3）案例评价

通过将植物废弃物堆沤转化成有机肥料，来改善因开采陶锡而被破坏的土壤，这种方法不仅使土壤肥力提高，还加快了土壤改良的时间。设计师在尊重自然的前提下，以可持续发展为理念，运用生态学原理和先进的科学技术，在矿山废弃地上建造了一个模拟自然的生态系统，"伊甸园"的各项设施也都是顺应植物的生长而设计的。同一片土地，前期因开采陶锡，生态环境被破坏；后期人们通过土壤改良、建立先进的生态温室和营造稳定的生态系统，让这片矿区废弃地的生态环境得到改善，还使其成为科普教育、旅游观光的场所，参观者们在这里能深切感受到自然和植物对人类的重要性。

2.山西省冠裕煤矿休闲农业园休闲农业园

（1）项目区基本概况

冠裕煤矿位于阳泉市平定县冠山镇的宋家庄村，东西相邻阳泉煤业集团五矿矿区，交通十分便利。矿区属于暖温带半湿润的大陆性季风气候，其气候特点为：春秋短，冬夏长，早晚温差较大。该地段地形复杂多样。项目区整体上南高北低，作业区较平缓，矿区周围植物丰富。土地破坏现状分为两种：直接破坏和间接破坏，主要表现形式有地表沉陷、煤矸石山、植被破坏、土壤贫瘠等。矿区内遗留有大量煤矿遗迹、工业设备、构筑物和建筑设施等。

（2）设计理念与原则

①设计理念

矿区内因煤炭开采，环境和土地被破坏、污染，所以，必须先将污染源清除，对土壤进行生态修复，最后再以农业复垦为理念对矿区进行景观设计，建立一个多功能的休闲农业生态观光园。

②设计原则

生态为先、回归自然，打造都市氧吧；农业为主、合理改造，引进先进种植技术种植作物和果树；红色文化、持续发展，以当地地域特色带动农业园的发展；综合利用、因地制宜，综合考虑周围因素、游客源和园区容量，在原有基础条件上合理开发，使产业优势最大化。

（3）矿区废弃地生态恢复模式

①轻度变形的地表裂缝、塌陷地修复

由于对生态环境基本无影响，所以适当整平、整修即可恢复土地使用功能，让植被在自然的情况下自我恢复就可以达标。

②中度变形的地表裂缝、塌陷地修复

中度变形的地表裂缝、塌陷地影响耕种，使农田减产，植被生长受影响。所以，对于中度变形，需要填充补平，裂缝可采用矸石填充，整平后才能恢复植被生长的需求。

③重度变形的地表裂缝、塌陷地修复

土地和植被破坏严重，生态环境影响严重，所以以绿化为主，并采用泥浆灌注的方式恢复土地功能。

④对矿区废弃地的遗留垃圾处理

如工业垃圾、建筑垃圾、生活垃圾等，应加入环保设施，针对不同类型的垃圾采用不同的处理方式，并临时加设污水处理站。只有提高环境质量，才能进行一系列的规划设计。

（4）冠裕休闲农业园规划方案

总体规划：矿区农业生态园总占地面积约10公顷，依据各项基础现状，如自然条件、交通走向、结构分布、产业分布等，并结合政府、煤矿企业和当地群众的实际需求，将园区分为"一心七区"，其中"一心"为康体养生中心，"七区"分别是管理服务区、煤矿遗迹展示广场、生态农业种植区、果树苗木种植区、土庙文化景观区、红色文化展示区和天然氧吧体验区。由管理服务区进入园区，其他7个部分都有秩序地分散于主路两侧，随着由低到高的地势，自然景观和人文景观相互融合，各景点依次呈现在人们眼前。

①康体养生区

位于该园区的中心,此处地势高且较为平坦,以"园艺疗法"的理念为游客提供一个工作、学习之余的度假胜地。为配合周边的红色文化展示区的农家小院、窑洞和服务管理用房,特意修建了一个水上活动中心,将对面的职工澡堂改造成健身房,这样,景观丰富了,娱乐项目也多了。

②煤矿遗迹展示广场(如图3-6)

位于煤矿地势较低的位置,占地面积约2.5公顷。此前由于常年停放煤车和大型设备、堆积煤炭,造成土壤相对密实度高、干燥板结、缺乏营养,且土壤表层覆盖较厚的煤尘,污染严重。鉴于此,在规划时,设计师首先清理了场地的煤尘,保留了矿区的原有风貌,决定不予拆除矿区有代表性的构筑物和建筑物,并对其加固和美化。由于在板结的土地上植物种植比较困难,在设置树池、客土覆盖后才进行植物的栽培。还设计了矿山科普园地,游客进入此区域参观时,会感受到煤矿开采的光辉历史。

图3-6 煤矿遗迹展示

③管理服务区

在园区的入口处,充分利用保存完好的办公室,再以木质结构对外立面重新改造。清洁院内中央的小型水池,并种植水生植物,设计假山石,营造自然景象。将主建筑楼分为三个部分:科技信息中心、农产品展销厅(如图3-7)和园区人员办公室。科技信息中心主要进行新技术、新品种和新工艺的推广,农产品展销厅则利用先进的电子信息技术和手段宣传地方特色农产品。购票、咨询、接待和医疗等服务则在主体建筑一侧的附属

图3-7 农产品展销厅

建筑内，主体建筑的另一侧设计了生态停车场。服务区院内种植乔木、灌木和花卉，植物的点缀让院内的环境充满生机和活力。

④果树苗木种植区

靠近园区的次入口，次入口附近提供相关服务的管理用房，还有为贵宾准备的几个生态停车位。果树苗木区主要种植当地的特色果品，在设计时考虑到不同类型果树之间的相互影响，采取分片种植的方式。并在果树盛花期举行摄影节，果品成熟时举行果品采摘节（如图3-8）。依据当地气相条件，果树苗木种植区栽培的果品种类主要有：苹果、白梨、桃、葡萄、山楂、杏、枣和核桃等。果品种类多，花朵的颜色自然也多，每逢开花时节，参观的游客众多。

图3-8 果品采摘节

⑤生态农业种植区

位于园区内地势较低的位置，主要以当地特色农耕业为主，由设施园艺区、生态景观区和市民农园三部分组成。区域内栽培的蔬菜主要有：西红柿、黄瓜、白菜、玉米、土豆、南瓜、地瓜、辣椒、香葱等。为了实现这些蔬菜果品的一年四季供应，在设施园艺区内设置了大棚、日光温室和智能化温室。不仅如此，设施园艺区还引进了高品质的蔬菜品种和花卉品种，同时还利用现代化的农业机械和科学的管理模式，提高了生产效率和农作物的质量。生态景观区利用葡萄、丝瓜、紫藤等植物种植成景观树并设置生态长廊，东边还建设了生态餐厅（如图3-9），为园区的游客提供生态菜品。市民农园以露天菜地为主题，为游客设计了开心农场（如图3-10）。

图3-9 生态餐厅　　　　　　　图3-10 开心农场

⑥红色文化展示区（如图3-11）

农业园南边靠近山体的一侧有年限已久的靠山窑洞和砖石窑洞，保存较为完好。本着保留窑洞的原始特色的原则，适当融入现代建筑风格，将部分窑洞改造成窑洞宾馆，摆放革命时期的桌椅、发报机、电话机、照片等物品，展示红色文化，还原革命历史，传承老一辈革命家优良传统，具有一定的教育意义。

图3-11 红色记忆图

⑦土庙文化展示景观区（如图3-12）

土庙规模较小，主要用来为农民农业丰收、矿区安全生产祈福，农业园在建设过程中注意了对寺庙文化的保护，对古朴的寺庙建筑进行修缮，对周边及建筑内部环境清洁整理，把寺庙的住宿间改造成纪念品商店，出售寺庙特色文化产品、园区农产品和以矿业文化为主题的纪念品，并把每年阴历七月七的宋家庙会发展壮大，拓展庙会的文化、经济和社会功能。寺庙民俗文化、农业耕作、矿区生产有机结合在一起，成为该园区的特色。

3-12 土庙

⑧天然氧吧体验区

农业园北边区域由于靠山地形变化较大，整体西高东低，由于此区域的破坏不大，尚有大量植被覆盖，因而，设计师在原有基础上，又引入少量果树、彩叶树和竹子等，增加景观效果。在地形较高处，修建观景平台和小型园林建筑，此处视野极佳，可将园区景色尽收眼底。

（6）案例评价

项目区原有状况是采矿引起的山体裂缝、煤尘堆积、矸石山压占土地等因素严重破坏了矿区的生态环境，窑洞、古庙外形陈旧，周边环境脏乱，且服务设施落后等。针对上述情况，设计师先对煤矿的废弃地进行调查并分类，针对不同程度的塌陷、裂缝的废弃地采取不同的修复措施，从根本上治理环境，后续的规划工作才是有意义的。在改造时，设计师更是本着节约人力、物力的原则，因地制宜地利用现有资源进行设计，比如保留土庙、窑洞、矿山开采遗迹等，在此基础上融入现代元素适度翻新，成为园区的特色景点。同时借鉴中国古典园林的设计手法，依据高低起伏的地形，合理布置台阶、植物、景观小品和园林建筑，使景观多样化，让游客步移景异。该矿区废弃地修复后主要进行农产品的销售和农业观光，迎合了市场的需求，并为当地群众提供了一定的就业机会。不足之处是：农业观光旅游具有季节性，农产品销售有区域限制，应该适度增加产业模式，如进行农产品的专业化、集约化生产，提高农产品的质量，并开发农产品的深加工，发展区域配送果蔬和网上销售的模式，大力宣传生态餐厅等，来增加园区观光旅游淡季的收入。

（二）现代休闲农业规划中生态设计应用的案例分析

1. 典型案例分析

笔者将依次分析梅县雁南飞茶田度假村、台湾清境农场和成都五朵金花休闲观光农业区三个典型休闲农业规划项目。这三个规划项目虽然在风格、设计主题和规划思路上存在不同，但都有一个相同点，那就是在规划设计过程中注重场地与周边环境的相互融合，将环境因素纳入规划设计中，大量使用对环境影响度低、清洁、可再生的材料，这与生态设计的原理不谋而合，为生态设计在休闲农业规划中应用提供参考和佐证。

（1）案例一：梅县雁南飞茶田度假村

①项目概况

梅县雁南飞茶田度假村，位于广东省梅州市梅县区雁洋镇，背靠阴那山省级风景名胜区，总体规划面积约为450公顷，从1997年建成开放至今，广获好评，目前已被国家评为5A级景区，先后荣获全国农业旅游示范点、全国三高农业标准化示范区、全国青年文明号等荣誉，是我国休闲农业建设的典型代表。

该项目集茶园文化、客家文化、农业文化为一体，提供休闲娱乐、园林绿化、文化宣传、教育科普、旅游观光等活动。由自然山峦、生态林区、标准化茶田、果园、人文景观、旅游度假设施等六大部分组成，其中标准化茶田是整个度假村的核心景观，项目依托场地优越的自然环境和丘陵地貌种植乌龙茶，建立了属于自己的茶文化品牌"雁南飞"。并且围绕着茶田文化建设相应的配套设施，风景秀丽的自然环境和古典优雅的园林艺术相互搭配，为游客提供了寄情山水的文化休闲之旅。

②规划建设

该度假村在规划建设中以建设"茶田风光，旅游胜地"为目标，立足于生态发展，并将生态、农业与旅游相融合。借助农业产业优势发展休闲农业。该项目场地在建设前为贫穷落后的山区农村，基础条件差，缺少景观资源，荒山裸露房屋破旧，基础设施基本没有。建设方与当地村委达成协议，联手共同发展休闲农业，建设生态景观。在规划建设过程中，设计方充分考虑当地自然环境和生态因素，结合场地丘陵地貌，建设大面积高标准茶田，不仅保护场地原有的农业资源，同时带动了全村人民共同发展，学习种植乌龙茶，形成自主品牌。

在规划中，始终以生态发展作为重中之重，高标准茶田建设中，并没有破坏原有的农田资源，而是在荒山上通过生态改造种植茶叶，并建成"茶叶标准化种植示范基地"（如图3-13），实现经济与生态共同发展。除建设高标准茶田来保护当地农业资源外，通过划分和调整来完善乡村景观，对场地内裸露的荒山进行园林复绿，断崖处利用立体绿化技术种植植物，充分利用场地土地资源，改善当地原有的自然环境，形成稳定的生态系统，减少人工干预，对现有资源进行合理的利用和保护。同时建设配套的服务设施，对生活污水和垃圾进行统一的管理和回收，防止二次污染，破坏生态环境。

图3-13　茶叶标准化种植示范基地

（2）案例二：台湾清境农场（如图3-14）

①项目概况

该项目位于台湾南投县仁爱乡的清境农场，始建于1961年，总体占地面积约为700公顷，环境优美，气候宜人，是台湾最优质的高山度假胜地。作为台湾休闲农业发展的典型代表，清境农庄依靠其独特的山地景观资源和丰富草场资源，将场地打造为具有独特的山地田园风情的休闲农场，每年吸引大量的国内外游客前往。在经营模式上，清境农场前期仅依托场地自然景观打造的各具特色的观光景点，供游客观光旅游，经营模式单一。后期在规划中对场地进行文化植入，将当地摆夷族文化引入场地规划中，打造特色文化产业，并在经营过程中不断开拓新的旅游项目，提高综合服务水平，并根据不同季节开展丰富多彩的主题花园展，给游客以不同的感受。同时，不断提高自身的服务水平，建设游客服务中心和住宿场所，满足不同游客的需求。

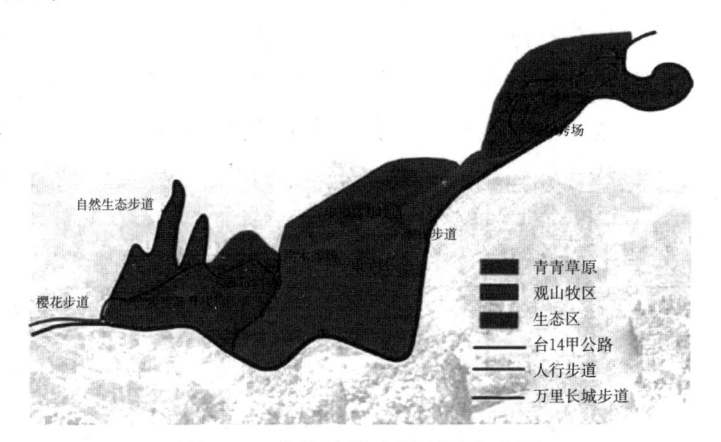

图3-14　台湾清境农场项目分布图

②规划建设

该农场在规划建设过程中,充分考虑当地自然环境,保留场地原有的草场资源和山地景观资源,而非进行大面积的景观改造,依托现有的山势,将景点散布于场地中,通过交通串联景区,从"线"到"点"再到"面",形成统一的格局。场地内依托不同的景观资源打造各具特色的景观节点和休闲娱乐场所,茶园、花园、果园、牧场、草场等节点散布在场地内,通过车行道和游步道将各个景点串联起来,形成整体。同时,农场根据不同的景观环境开辟了六条特色观景步道。有以植物为主题的玛格丽特步道、柳杉步道,也有以自然环境为主题的观山步道、落日步道等。多样化的设计满足不同人群的需求。

在植物规划中,为尽量减少对当地自然环境的破坏,保留了场地原有的植物和草场资源,并结合市场的需求,种植温带蔬果和培育高山花卉。再根据季节的不同,对部分植物进行更新。

在场地建设中,在保留场地原有风貌的基础上,进行少量的人工干预,建设材料整体风格朴素,偏向欧式田园风,大量使用木质、石质、竹质等原生态材料,园区内别具一格的小品和构筑物由锈钢板和旧木材等制成,在使用过程中与周边相互协调共存,可循环利用,以减少对场地环境的破坏与污染。

(3)案例三:成都"五朵金花"休闲观光农业区

①项目概况

成都"五朵金花"休闲观光农业园位于成都市东郊,地理位置优越,以丘陵和平原为主,周边交通便利,紧邻绕城高速。整个休闲观光农业园是由成都市锦江区三圣乡的五个村子共同组成的(如图3-15)。这五个村子根据不同的自然环境和规划原理,分别建设成不同主题的休闲农业园,形成"一村一品一业"的产业布局。包括"花乡农居"的红砂村、"幸福梅林"的幸福村、"江家菜地"的江家堰村、"东篱菊园"的驸马村、"荷塘月色"的万福村。总体规划面积约为12万平方公里,现已成为我国著名旅游景区,每年吸引上千万游客前来观光旅游。一条形似中国结的旅游主环线贯穿整场地,全长约为24公里。

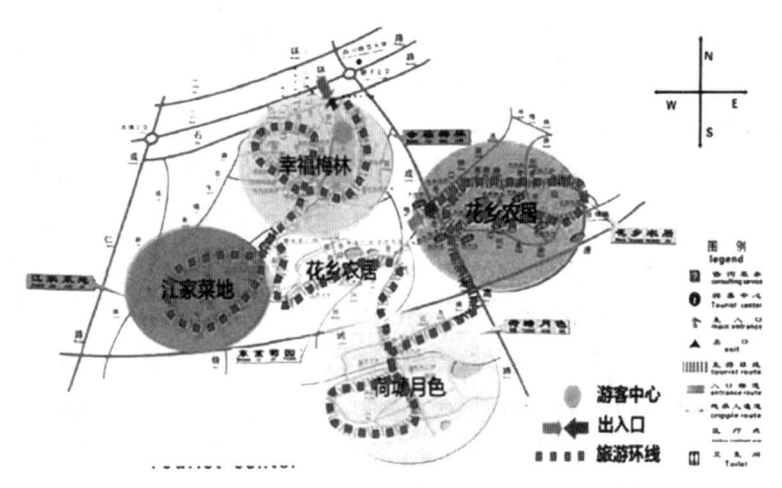

图3-15 成都"五朵金花"休闲观光农业区分区

②规划建设

"五朵金花"休闲观光农业区在规划初期遵循"景观生态化"的准则，在规划中政府积极发挥管理职能，遵循规划准则，以生态的标准建设农业区，最大程度地保留了乡村原有风貌，改善农村环境，建设配套基础设施，减少对环境的影响度。

五个村子在规划建设过程中，充分考虑当地的自然条件和农业资源，建设成拥有不同主导产业的五个景区。该农业区中五个小村子地理位置相互靠近，通过统一规划和布局，使其形成一个整体，拥有完整的休闲农业产业链。这种错位式发展，避免了建设过程中的重复和发展中的恶性竞争，减少了资源的浪费。其中幸福村、驸马村和万福村的经营主题分别围绕着"梅""菊""荷"来展开，种植梅花、菊花和荷花，同时，这些花材也可以为红砂村的盆景和鲜花产业提供原材料支持。除了观赏功能内外，为了满足人们多样化的需求，江家堰村根据现有的农田资源，开展市民农田活动、生产无公害蔬菜，使游客能够亲身体验耕种的乐趣。这五个村子在功能上相辅相成，共同打造了具有田园风的休闲农业区。

规划中充分考虑当地环境，并没有破坏原生资源，只是对原有资源进行重新整合和规划，改善农村人居环境，并在此基础上保留了原有的土地资源和分散布局的村民宅基地，不改变用地形式。改造前，场地原有建筑质量参差不齐，外观破旧，在规划中按"川西民居"的风格对其进行统一的整改，建筑外立面采用民族与现代相结合的形式，利用节能环保材料对其风貌进行重新改造，同时利用手绘装饰墙面，不仅节约了建设材料，也减少了对周边环境的影响。

在水系规划中，充分考虑当地的自然环境、水资源的保护以及对周边环境影响，规划利用现有的两条水渠、滨水路和田埂等形成基本的生态网络骨架，保持其水网的活性，整治打造注入新的功能（如排水、景观、灌溉等），形成水系生态网。水边驳岸建设以生态性驳岸为主，利用植物、木桩、石块等天然材料加固驳岸，在保留乡村景观原有风貌的同时，对乡村水资源和土地资源进行保护，减少水土流失，为水生动植物提供栖息场所。

植物规划中，大量使用乡土树种，增加植物品种和层次，修复生态系统，促进自然循环。在植物布局中利用"点、线、面"相结合的形式，在水系和道路周边布置"线"状绿化，观光区布置"点"状绿化，再结合农业生态用地的"面"状绿化，形成一个完整的植物布局，修复场地原有植被系统，增加景观观赏性。

2.案例分析总结

休闲农业在规划设计中追求美观、实用、观赏等原则的同时，设计师开始注重休闲农业发展的生态性，在规划设计中充分考虑场地周边环境因素，减少环境污染，保护乡村农业资源，使用生态环保的建设材料已经成为一种趋势。通过对场地前期的环境评估，再结合合理的规划设计可以减少场地资源消耗。这些行为都符合生态设计的概念。到目前为止，虽然这个概念并未在休闲农业景观规划设计的相关文献和书籍中出现，但在实际的规划设计中已经开始应用，并取得一定的生态和经济效益。

生态设计在休闲农业中的应用主要在集中在以下几个方面，体现休闲农业的生态性，应当从以下几点着手。

第一，明确休闲农业建设的目标，在打造新型生态型农业产业的同时，保护现有农业资源，减少对周边环境的影响。如成都"五朵金花"休闲观光农业区在建设中保留原有农业资源、对原生资源进行整合后利用。

第二，遵循生态设计的原理，在规划设计前对场地周边环境进行充分的调研和分析，结合当地的气候条件、水资源状况、地形地貌、用地规划等，明确在设计中应注意的环境因素问题，并在整个规划设计和建设过程中充分考虑场地建设对环境所造成的影响。

第三，选择适宜的建设用材，以生态材料为首要选择。

第四，建设配套的生活污水和垃圾处理设施。

第五，在造景要素中利用生态设计的原理。如：植物设计中使用乡土树种，保留原有场地植物资源，增加植物的立体层次，完善生态结构；道路设计中可利用废旧建筑垃圾作为道路垫层，铺面材料使用透水性佳的材料，使雨水可以通过下渗直接回归大自然等。

第四章　现代特色农业规划编制实践

现代农业示范区的建设是推动农业现代化进程的有效途径，是促进农业产业发展、推动农业供给侧结构性改革、提高农民收入、实现乡村振兴战略和脱贫攻坚的重要手段之一。本章以乡村振兴战略理论为指导，在产业兴旺的视角下对现代特色农业示范区的规划设计和发展实践进行分析，对今后开展现代特色农业示范区的建设和研究，均有一定的参考价值。

一、现代特色农业规划编制方法

（一）相关概念界定

1.特色农业

"特色农业起源于20世纪50年代的发达国家，如荷兰的设施农业、美国的生物农场以及以色列的节水农业等都是当时比较具有代表性的特色农业发展模式。"[①]20世纪90年代，中国的特色农业也开始起步，一般认为"特色农业是指充分利用经济区域各种区位优势，在全国经济地理分工的基础上形成的面向市场的有区域特色的农业"[②]。

本书认为，特色农业以特有的自然资源和独特的生产方式为基础，以生产优质农产品为前提，引进新品种、新技术，适度规模化生产，进行产业化的经营，在市场上具有良好的竞争力，获得了较高的经济效益；并在保护生态环境的基础上对区域内的自然资源进行合理开发利用，实现了农

[①] 武彦含. 高原特色农业规划研究——以云南省红河哈尼族彝族自治州为例[J]. 云南农业科技，2016（04）：57.

[②] 李永前，路遥，普雁翔. 如何打造云南高原特色农业发展之路[J]. 农业开发与装备，2013（06）：13.

业的可持续发展。

2. 现代农业示范区

现代农业示范区是依托于先进的科学技术和装备设施，采用现代化的管理模式，实行规模化、集约化、市场化以及参与主体多元化的农业生产模式，具有生产、加工、销售、服务等功能，推动农村一、二、三产业融合发展；代表一定区域内农业现代化的最高水平，对区域内农业增效和农民增收具有一定的示范带动作用。[①]

3. 现代特色农业示范区

现代特色农业示范区与现代农业示范区本质是一样的，只是现代特色农业示范区是地方政府在全面深化农村改革和加快农业现代化建设的重要决策的基础上，在农业现代化建设过程中，结合自然条件、资源优势和产业基础，将"特色"作为农业现代化的主攻方向，启动的现代特色农业（核心）示范区创建工作。从本质上讲，现代特色农业示范区与现代农业示范区并无差异，只是在内容上突出了地方特色。例如，广西按照市场主导、政府引导、多元投入、特色兴区的总体原则开展现代农业示范区建设，重点突出"五化"建设，即经营组织化、装备设施化、生产标准化、要素集成化和特色产业化。同时，广西现代特色农业示范区的建设还与广西"10+3"特色产业提升行动、脱贫攻坚、"美丽广西"乡村建设活动相结合。"10+3"特色产业是指粮食、糖料蔗、水果、蔬菜、茶叶、蚕桑、食用菌、渔业、优质家畜、优质家禽十大种养产业和富硒农业、有机循环农业、休闲农业三大新兴产业。

广西现代特色农业示范区根据创建标准的不同可以分为三个等级，即自治区级、县级、乡级现代特色农业示范区（园）。其中，在自治区级现代特色农业示范区的监督管理过程中实行星级管理制度，即将示范区分为五星级、四星级、三星级，星级越高代表示范区发展水平越高。

综上，现代特色农业示范区是按照经营组织化、装备设施化、生产标准化、要素集成化、特色产业化的总体要求，促进政策、资金、人才、土地、设施、技术等生产要素聚集，结合地方特色产业提升行动、脱贫攻坚、

[①] 陈吉聪. 南宁市自治区级现代特色农业示范区发展研究[D]. 南宁：广西大学，2020：14.

美丽乡村建设活动而创建的现代农业发展和新农村建设的先行区或样板区。

（二）现代特色农业战略规划

1. 现代特色农业战略规划的规划原则

现代特色农业战略规划遵循特色农业四大原则，建立以"四因""三生"为基础的规划原则。

（1）特色农业的四大原则

特色农业在发挥其生产功能，即提供特色产品的同时，关注人与生态系统的相互作用以及环境、自然资源的可持续管理。特色农业基于健康的原则、生态的原则、公平的原则和关爱的原则。

①健康的原则

健康的原则贯穿于特色产品的生产、加工、流通和消费等各个领域，以维持和促进生态系统和生物的健康。特色农业中的有机农业尤其致力于生产高品质、富营养的食物，以服务于人类健康和动物保护。

②生态的原则

特色农业应基于活的生态系统和物质循环，与自然和谐共处，效仿自然并维护自然。特色农业采取适应当地条件、生态、文化和规模的生产方式，通过回收、循环使用和有效的资源和能源管理，降低外部投入品的使用，以维持和改善环境质量，保护自然资源。

③公平的原则

特色农业倡导建立开放、机会均等的生产、流通和贸易体系，以符合社会公正和生态公正的方式管理自然和环境资源，在所有层次上，对所有团体、农民、工人、加工者、销售商、贸易商和消费者，以公平的方式处理相互关系。

④关爱的原则

特色农业，尤其是有机农业应以一种预防和负责任的方式管理，以保护当代和后人以及环境的健康和福利。特色农业有责任保护人类和环境的健康，并防止后人的健康受到损害。

（2）"四因"原则

"四因"即因地制宜、因人成事、因势利导与因难见巧。

因地制宜是节约投资和运营成本，体现经济效益、社会效益和生态效益的基本思路。规划将尽可能地尊重利用项目区现有水系和土壤条件，采取相应的措施，使土地资源和其他公共资源物尽其用，同时遵循比较效益择优原理，实现资源的优化配置。

因人成事就是要紧紧依靠当地的力量，确保规划项目的产权结构明晰、组织架构有效、执行主体有力、分配制度合理，确保农民利益和集体利益得到保障、农业生产环境和农村生活环境得到改善、农业产业链有效延伸、农民收入大幅度增长。

因势利导就是最大程度地顺应规划区原有的自然环境并人为地主动利用，达到人与自然和谐相处，促进生态、社会、经济共同发展。

因难见巧是指一个成功的园区规划成果，应该能为解决项目区的发展难题提供一个可行的方案。此原则要求规划团队站在更高的角度，设计园区的目标和功能，分析项目区的发展难题和主要矛盾，通过项目区的规划得以解决，使其成为地方经济的增长点。

（3）"三生"原则

"三生"即生产、生活、生态。

生产包括创业与创新，决定着城乡的动力源泉，体现了城镇的核心竞争力。

生活包括物质生活与精神生活，决定着城乡的生活品质，直接影响着居民的幸福指数。

生态包括自然生态与社会生态，决定着城乡的层次品味，是居民"诗意栖居"的基本保证。

"三生"有利于实现生产发展、生活美好和生态优越的三位一体发展。特色农业的规划要以"三生"原则为基础，本着可持续发展理念规划生产、创新产品；以提供优质产品和服务为基准提高消费者满意度，进而提升消费者的生活品质与幸福指数；尊重大自然的规律，避免对自然资源毁坏，在保障自然资源的前提之下对特色农业示范区进行设计。

2.战略分析法

战略分析法包括SWOT分析法、竞争态势分析法、波士顿矩阵法等，在区域性农业战略规划中，常用的是SWOT分析法。此方法又称优劣势分析法，是一种通过识别自身的优劣势，分析所处的内外部环境，着重比较规划区域的优势、劣势、机会和威胁四方面要素，来制定应对策略的访求。在农业规划中，利用SWOT分析法，能够明确规划区域的自身发展的优劣势和外部环境的机会、威胁，及早制定应对策略，为农业规划提供重要的理论依据。在分析法中，S代表优势，W代表劣势，O代表机会，T代表威胁。

在规划区域中，主要分析以下方面：优势主要是分析规划区域内社会、经济、自然的条件、规模、数量等方面的优势，此部分最主要的是分析农业资源方面的优势，包括水土气、动植物资源、区位交通、人口等多个方面。劣势主要分析规划区域内进行农业发展的限制条件，如自然灾害、农业水利设施不完善等多方面。机会主要是分析规划区域内发展面临的政策、国内外环境、重大项目等机遇。威胁主要是分析规划区域外部的自然、社会、经济对区域发展的潜在危险性或挑战性，如环境污染、市场同质竞争、发展空间不足等多方面。

对规划区域进行SWOT分析后，得出分析结果，依据分析结果对规划区域各方面的内容制定战略，如SO战略、WO战略、ST战略、WT战略等。

3.特色农业战略规划编制依据

（1）与农业相关的法律法规、规章和标准

①与农业相关的法律法规

A.《中华人民共和国农业法》

B.《中华人民共和国农村土地承包法》

C.《中华人民共和国土地管理法》

D.《中华人民共和国农产品质量安全法》

②与农业相关的标准

A.《畜禽养殖业污染物排放标准》（GB18596-2018）

B.《农田灌溉水质标准》（GB5084-2022）

C.《有机产品》（GB/T19630-2019）

D.《土壤环境质量标准》（GB15168-2018）

（2）与规划相关的法律法规、规章和标准

①与规划相关的法律法规

A．《中华人民共和国城乡规划法》

②与规划相关的标准

A．《城市用地分类与规划建设用地标准》（GB50137-2011）

B．《城市规划制图标准》（CJJ/T97-2003）

C．《城市道路交通规划设计规范》（GB50220-95）

D．《村镇规划标准》（GB50118-2007）

（3）其他的法律法规、规章和标准

①法律法规

A．《中华人民共和国环境保护法》

B．《中华人民共和国清洁生产促进法》

C．《中华人民共和国森林法》

D．《中华人民共和国水土保持法》

E．《中华人民共和国食品安全法》

F．《中华人民共和国产品质量法》

G．《中华人民共和国标准化法》

②标准

A．《地表水环境质量标准》（GB3838-2002）

B．《环境空气质量标准》（GB3095-2012）

C．《生活饮用水卫生标准》（GB5749-2022）

4．《食品企业通用卫生规范》（GB14881-2022）

③规章

A．《关于国家有制产品认证标志印制和发放有关问题的通知》

B．《中华人民共和国认证认可条例》

C．《认证机构管理办法》

D．《中华人民共和国食品安全法实施条例》

E．《关于进一步加强国家有机产品认证标志管理的通知》

F．《有机产品认证目录》

G．《有机产品认证实施规则》

H. 《认证证书与认证标志管理办法》

I. 《关于开展"有机产品认证示范区"创建活动的通知》

J. 《国家有机食品生产基地考核管理规定》

K. 《国家认监委关于开展国家良好农业规范认证示范区（县）创建活动的通知》

4.特色农业战略规划的一般程序

特色农业战略规划的一般程序包括三个阶段，即准备阶段、规划编制阶段和规划优化阶段。

（1）准备阶段

准备阶段主要包括意图交流、团队组建、规划调研、数据整理等工作。

首先，进行规划的意图交流，规划单位与委托方就规划的目的、意图进行充分的沟通。其次，是组建团队，对规划区域进行规划调研，收集资料，分析规划区域的自然环境、人工环境、社会结构及经济结构等，对规划区域作出综合评价。最后，对规划区域的水体和土壤进行采样，带回实验室检测，看是否符合相关标准规定，如有机产品中关于规划区域产地环境的土壤环境质量需达到《土壤环境质量标准》中的二级标准，农田灌溉用水水质需符合《农田灌溉水质标准》的规定。根据检测结果来确定规划区域适宜进行特色农业生产的区域。

（2）规划编制阶段

规划编制阶段主要包括战略方向制定、产业链发展规划的制定、支撑体系和实施方案的制定。并对规划文本进行修改，形成一稿、二稿。

①战略方向制定阶段

主要包括案例分析、消费者研究、产品市场定位等几项工作。通过研究国内外特色农业发展情况，以及国内外代表性企业的战略和业务模式，结合消费者调研，通过数据库、案头研究、专家访谈以及第三方消费者调研获得原始信息和数据，对数据进行分析并形成战略愿景和发展目标。

②产业链发展规划的制定

主要包括制定种植养殖战略、农资战略、食品加工战略、废弃物资源化利用战略、仓储物流战略、渠道战略、品牌战略等内容。结合规划区域自身情况（资源和能力），明确产业链各环节的发展战略、实现路径以及具体规划。

③支撑体系和实施方案的制定

主要是制定内生/外生增长战略、进度要求制定等内容。根据发展战略，分析规划区域能力缺口，提供补足建议，并对主要职能模块提出战略要求，发展路径图和实施进度要求。

④对规划文本进行修改，形成一稿、二稿

（3）规划优化阶段

规划优化阶段是规划送审稿修改、形成规划评审稿和定稿阶段。

初步规划方案完成后，邀请相关方面专家对其评审，听取并讨论修改意见。规划方案根据评审会的意见修改后，形成规划定稿。通过评审，规划进入实施阶段，且必须经过政府部门审批，若不通过，则需按政府部门意见，做进一步修改。

5.特色农业战略规划的主要内容

（1）项目基础

此部分内容主要包括规划背景阐述、现状分析、上位规划解读与衔接。

在制定特色农业战略规划过程中，需对规划区域进行全面、深入、细致的调查研究，对规划区域的现状包括区位条件、交通条件、自然条件、社会经济概况、生态环境等内容进行深入了解与分析并作出综合评价。生态环境分析主要通过实验室对项目区环境指标的监测数据计算与分析，来评价项目区的水质和土壤环境质量。

（2）规划总则

此部分内容主要包括项目的愿景和目标、商业模式定位、项目的指导思想、规划依据、规划范围与规划期限。

规划要明确项目的愿景和目标。规划应先制定出总体目标，由此制定出规划各个发展阶段的分目标以及特色农业的分类发展目标。项目需要进行一系列的战略选择，才能明确业务模式，主要包括业务导向、产业链定位和一系列的竞争策略，明确规划指导思想、原则。

规划依据一般分为三类：一为项目区所在地的社会经济发展规划、农业发展规划、生态环境保护规划、地方志及统计年鉴；二为法律依据；三为特色农业相关标准，如有机农业及有机产品的国家标准。

(3)产业链发展战略规划

此部分内容主要包括种植养殖战略、生产基地布局、销售和渠道战略、采购与合约生产战略、农资战略、加工物流战略、品牌战略和其他支撑战略等。

例如,对于有机农业来说,在种植养殖战略中,需确定转换期并制订转换期计划,转换包括土地的转换、产品(作物、动物)的转换及管理体系的转换。在规划区域进行有机种植和养殖时,还应设置缓冲带,使园区和外界隔离、有机生产区域与常规生产区域隔离。在规划有机生产区域时,应充分地利用天然的缓冲带。

销售和渠道战略主要是解决门店的选择、选址以及不同品类、不同类型产品的销售额和销售量等问题。

(4)补足战略规划

此部分主要包括废弃物资源化利用战略规划、管理体系及其产品认证、信息化平台管理战略规划、投资概算与效益分析等方面。

废弃物资源化利用战略规划主要是将种植、养殖、加工产生的废弃物进行资源化利用,减少废弃物对环境的污染,保护生态环境,提高经济效益。

例如,有机管理体系在有机农业中是必须有的,应规划有机生产、加工、经营的管理体系,建立操作规程和系统记录等文件。对种植、养殖的品种应制订有机产品认证计划,安排合理的申请认证和再认证的时间。有机食品销售不畅有很大一部分原因是社会对有机食品的不信任,而对申请的有机食品进行认证是解决不信任问题的主要手段。然而对于有机认证,也存在着一些不信任问题。对于消费者和生产者来说,农副产品的可追溯体系在有机农业中有着非常重要的作用。信息化平台管理战略规划建立田间档案系统和质量控制跟踪体系,有利于保证农副产品的食品安全,使消费者通过实时的监控和可追溯的体系等方式,加强对有机农业的信任。

投资概算与效益分析包括分期投资实施方案和效益分析等一系列的方案。比如,分期投资实施方案和效益分析主要包括投资估算、资金筹备、效益分析等方面的内容。

(5)专项研究规划

特色农业发展需要解决的两大问题,一是市场问题,二是技术问题。

特色农业发展的技术瓶颈制约着特色农业的发展,针对特色农业方面的技术问题制定规划,有利于特色农业的发展,专项研究主要是针对规划中的一些具体问题进行分析,比如有机蔬菜轮作和生态防治实施、有机肥加工厂实施、产业链分析报告及实施方案、科技支撑体系实施方案等方面。

(6)附录、附图、附件

此部分是对规划文本的补充,使规划文本更加的完整。附带是收录在规划正文后面的有关文章或参考资料。附件是随同规划文本发出的有关材料。附图是战略规划文本中涉及的图,常以专题图的形式出现。

二、现代特色农业规划编制典型案例分析

(一)高原特色农业规划编制典型案例[①]

云南省是典型的高原山区省,云南省94%的国土面积是山区,83%的耕地资源分布在山区。高原山区农业发展是云南农村发展的关键。本章以云南省红河哈尼族彝族自治州(以下简称"红河州")为例,探讨云南高原特色农业规划。

1. 高原特色农业的内涵

针对云南高原特色农业而言,如图4-1所示,其内涵就是要依托云南独特的自然条件和优势,打出丰富多样、生态环保、安全优质、四季飘香四张名片。通过运用广泛的现代科学技术、先进的管理经验和现代生产经营组织方式,做好品牌建设,发挥产业效应,增强农业竞争力,促进农民增收,最终实现云南高原特色农业现代化。同时,云南高原特色农业具有高原独特的资源条件、特殊的商品品质与风味、明显的区域特征、特定的消费市场与消费群体四大典型特征,主要从高原粮仓、特色经作、山地牧业、淡水渔业、高效林业、开放农业这六大重点内容的建设来进一步促进高原特色农业的发展。在此基础上,通过对云烟、云糖、云茶、云胶、云菜、云花、云薯、云果、云药、云畜、云鱼、云林十二大品牌的打造,加快形成高关联度、强带动力、影响深远的云南高原特色农业产业和品牌。

---

① 武彦含. 高原特色农业规划研究——以云南省红河哈尼族彝族自治州为例[J]. 云南农业科技, 2016(04):57-60.

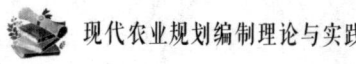

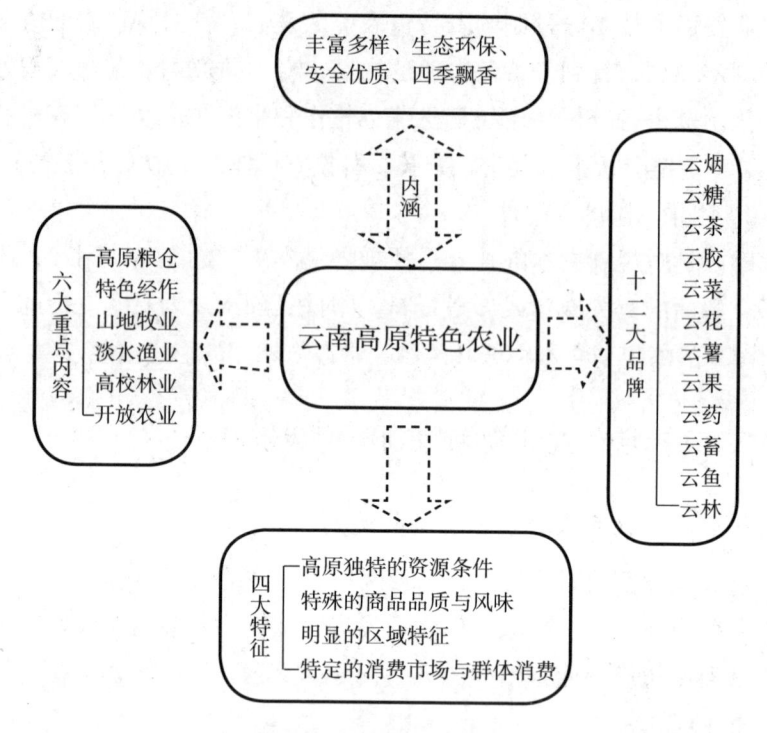

```
                  ┌─────────────────┐
                  │丰富多样、生态环保、│
                  │安全优质、四季飘香 │
                  └─────────────────┘
                          ↕ 内涵
┌──────────┐      ┌──────────┐      ┌──────────┐
│六 高原粮仓│      │          │      │  云烟    │
│大 特色经作│      │云南高原  │      │十 云糖   │
│重 山地牧业│ ───→ │特色农业  │ ───→ │二 云茶   │
│点 淡水渔业│      │          │      │大 云胶   │
│内 高校林业│      │          │      │品 云菜   │
│容 开放农业│      └──────────┘      │牌 云花   │
└──────────┘            │            │  云薯   │
                        ↓            │  云果   │
                  ┌──────────────┐   │  云药   │
                  │四 高原独特的资源条件│  │  云畜   │
                  │大 特殊的商品品质与风味│ │  云鱼   │
                  │特 明显的区域特征   │  │  云林   │
                  │征 特定的消费市场与群体消费│└──────────┘
                  └──────────────┘
```

图4-2 云南高原特色农业

2.红河州高原特色农业发展概况

红河州是云南省重要的农产品供应保障基地，主要农产品产量位居云南省前列，其中粮食产量位居云南省第三，水果种植面积和产量位居云南省第一，蔬菜产量位居云南省第三，水产品产量位居云南省第二。

目前，红河州已基本形成了以粮食为基础，以特色农产品发展为主线、农林牧渔全面发展的高原特色农业新格局。高原特色农业已成为带动红河州农业持续增产、农民稳步增收的制动器，有力地推动了农村经济结构和产业结构的合理调整。

3.红河州高原特色农业SWOT分析

结合红河州的资源现状，以发展红河州高原特色农业为目的，对其进行相关的SWOT分析。

（1）发展优势

①区位交通优势进一步凸显

红河州是滇南中心城市，全州正全力推进公路、铁路、机场和红河国际航运等交通基础设施建设，交通基础设施状况明显改进和改善，"国际大通道"雏形基本显现。公路方面，"四纵四横"骨干路网已形成，全州基本实现了骨架路网高速化、国省干线高等级化、农村公路通畅化；铁路方面，"三纵两横"干线建设完成；航空方面，2013年2月23日，红河蒙自机场动工，经过7年的兴建，2020年11朋17日红河蒙自机场正式开通。随着"新丝绸之路经济带"倡议的推进和云南省加快建设面向南亚东南亚辐射中心，红河州内联外引的区位交通优势将更加显著。为红河州发展高原特色农业奠定了区位优势。

②自然条件优势

自然环境独特、生态条件良好，这为生产优质农产品提供了独特的条件。地处低纬高原，光照充足，气温年较差小但日较差大，有利于农产品干物质的积累，提高了农产品产量和品质；地形复杂，多种气候并存，有利于农产品周年上市；生态良好，空气质量优良，森林覆盖率高，水质良好，为红河州生产绿色有机农产品创造了良好条件。

③特色农产品品质优良

得益于得天独厚的自然条件，红河州特色农产品种类丰富，已基本形成红烟、红酒、红果、红菜、红木、红米、红药、红糖、红畜等九大"红系"特色农业产业体系。酸（甜）石榴、大枇杷、鲜食葡萄等水果，红河哈尼梯田红米系列产品，菜心、洋葱、西兰花等优质特色蔬菜，三七粉、铁皮石斛等生物制药系列产品品质优良，具有较高的区域知名度，并且已打入北京等大中城市市场。在居民消费更加追求品质和多样化的背景下，红河特色农产品将具备更加巨大的市场需求。

④现代农业发展基础良好

经多年发展，红河州现代农业发展具备了良好基础。现代农业产业体系初具雏形，全州已基本形成了粮食、蔬菜、水果、畜牧等主导产业。农业生态保持良好，国家级自然保护区数量位居全省首位。畜牧业发展水平高，国家、省级畜禽标准化示范场占全省的近1/3。良好的农业基础，为示范区发展提供良好的条件。

⑤工业反哺农业实力较强

红河州工业实力较强，是中国重要的锡、锰生产基地，锡产量居世界第一。全州初步形成了以能源、电力、有色金属、化工、烟草为主的工业体系。强大的工业实力，为工业反哺农业创造了有利条件。

（2）发展机遇

①宏观环境更加有利

党和国家高度重视"三农"工作。21世纪以来，"中央一号"文件连续聚焦三农，不断加大强农惠农政策支持力度和财政投入力度，全党全社会关心支持"三农"的氛围更加浓厚，现代农业发展迎来了黄金期。云南省2012年就作出了《中共云南省委云南省人民政府关于加快高原特色农业发展的决定》，提出走一条具有云南高原特色的农业现代化道路。同时，工业化、城镇化对现代农业的引领推动更加有力，当前云南已进入工业化阶段中期，为现代农业发展提供人才、技术、装备和资金等先进生产要素的能力不断提高，为农业规模化、专业化发展创造有利条件。

②消费升级带来了新的市场空间

居民收入水平的提高，将带动农产品消费升级换代。农产品的消费结构升级，传统的温饱型农产品需求放缓，而优质的畜产品、水产品、果品等改善型农产品需求将快速增加；农产品的消费品质升级，对安全、优质、生态、多样化农产品的需求将增加；消费方式升级，网络消费、休闲观光、认领农业等新型的消费方式在农产品消费中的比重将提高。农产品消费的升级换代，为红河州发展优质、精品农业，提高农产品价值创造了条件，同时，也为红河州发展休闲农业和乡村旅游、拓展农业功能提供了空间。

③新兴业态兴起为农业发展提供了新的动力

至今，"双创"已成为经济社会发展的主题词之一。"双创"的提出有助于激发家庭农场、专业大户、农民合作社和龙头企业等新型农业经营主体的活力和积极性，为更多农村劳动力创造就业渠道。"互联网＋农业"蓬勃兴起，以物联网、大数据、云计算和电子商务等为代表的新一轮科技革命，为现代农业插上"翅膀"，促进精准农业的发展，提升经营主体决策的准确性，促进产销有效衔接。

（3）存在的劣势

①物质装备制约依然明显

红河州农业设施装备水平依然较低。如蓄水设施和灌排设施配套不完善，全州呈现资源型缺水与工程性缺水并存的局面，山区缺水问题尤其严重；农业机械化水平依然不高；养殖基础设施薄弱。基础设施的不足和机械化水平不高，导致农业生产效率不高，抵御旱灾能力严重不足。

②资源环境约束日益加剧

农业投入品使用量大、利用率低；农业废弃物量大且无害化、资源化利用水平低；病死禽畜采用化制、发酵、碳化法无害化处理比重不高。随着生态文明建设的深入推进，绿色发展、循环发展、低碳发展成为农业发展的新要求，传统的依靠资源消耗、拼农资投入、拼生态环境的粗放经营难以为继，亟待转型升级。

③产业结构有待进一步优化

粮经饲结构不合理；种养业结合不紧，循环不畅，地力下降与养殖业粪污未能有效利用并存。一方面，用养失衡、产出承载量加重、大水大肥等粗放的生产方式，导致部分耕地土壤板结化，耕层变浅，盐渍化，荒漠化程度加重；另一方面，全州年禽畜养殖粪尿排放量大，规模禽畜养殖场配套建设粪污处理设施的比例较低。

④产业融合发展相对滞后

生产、加工、流通、消费存在脱节。农业产业化龙头企业相对较少，产业集中度低，农产品产后处理发展不足。休闲农业与乡村旅游发展滞后，其建设总体规模较小、同质化严重、服务档次不高等问题突出。

⑤新型农业经营主体亟待培养

农业规模化发展滞后，新型经营主体有待进一步培养。家庭农场刚刚起步，总体数量少、规模小，合作社规范化程度不高，形式单一，对农户带动能力不足。社会化服务组织小弱散问题突出，从事农业社会化服务的合作组织较少，农机合作社、专业化统防统治组织总体上作业规模小、覆盖面窄。

（4）面临的挑战

①自然风险的挑战

由于季风进退的迟早和强度变化不一，红河州降水和气温的年际变化差异较大，时空分布不均，导致气象灾害常有发生；植物病虫害、动物疫情成高发频发态势，防控难度较大，农业因灾损失年际波动明显。自然风险长期制约着农业的稳定发展，红河州农业"靠天吃饭"难以从根本上解决。

②市场竞争的挑战

红河州由于地处滇南地区，与邻近的文山、普洱等地区的资源状况、产业状况、主导产品具有极大的相似性。近年来，周边地区加快了现代农业发展步伐，纷纷根据自身资源状况和市场需求状况调整产业机构，将特色、优质、高效农业作为重要产业，在很大程度上加大了红河州农产品的市场竞争。

③劳动力结构性短缺的挑战

红河州农业劳动力呈现总量过剩与高素质劳动力短缺的结构性矛盾。随着工业化、城镇化的加速发展，大量农业劳动力已转移到二三产业部门。从事农业生产的劳动力呈现老龄化与低素质化，无法满足现代农业发展对高素质劳动力的需求。

④经济发展新常态的挑战

中国经济社会发展已进入新常态，与此同时，红河州也进入了加快改造传统农业、建设现代农业的关键时期。在新常态下，如何转换现代农业的发展动力，进一步促进农业转方式、调结构，尽快实现农业转型升级，不仅是农业主管部门面临的新课题，也是广大农业经营主体面临的新挑战[①]。

4.红河哈尼族彝族自治州高原特色农业规划设计

（1）规划定位

利用红河州高原特色农业 SWOT 分析中的优势与机遇，以建设特色主导产业带动型国家现代农业示范区为总体定位。示范区将立足其区位、生态、科技、产业等优势，围绕创建特色型、效益型、生态型以及服务型的现代农业示范区。同时，如图 4-2 所示，示范区的建设要体现出特色精品生产、生态保护、观光休闲、示范引领和就业增收五大功能。

---

① 李学林,武卫,罗雁.加快高原特色农业发展的几点建议[N].云南经济日报,2012-08-03(A02).

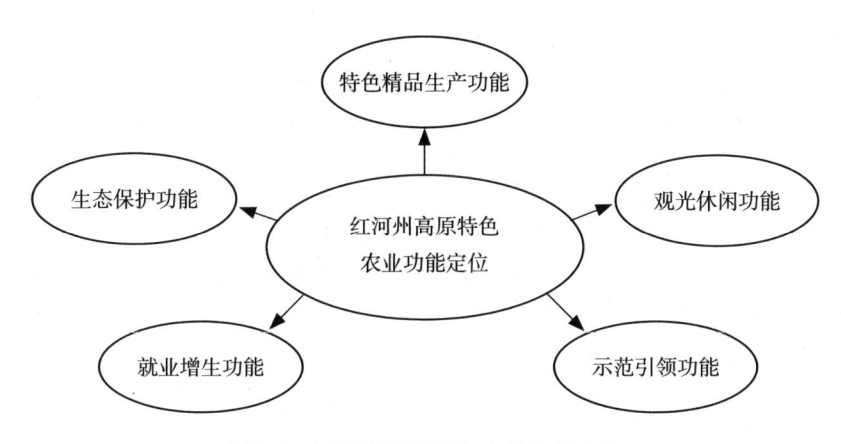

图4-2 红河州高原特色农业功能定位

（2）规划目标

结合红河州自然资源的特点，将红河州北部农业发达地区集中打造为国家级6.7万公顷现代农业示范区，按创建国家现代农业示范区的要求，将云南省红河州6.7万公顷现代高原特色农业示范区建设成为"红河特色、云南样板、全国示范"的国家现代农业示范区。2020年，通过示范区的建设，农业综合生产能力与农产品质量稳步提升、农业物质技术装备与组织化水平明显增强、农业产业结构与功能不断优化、生态环境与农村人居环境建设取得进展和使农业科技支撑能力得到显著提高。充分展现示范区带动农民发展现代农业、带动农民持续增收的"两个带动"作用。

（3）规划布局

构建以红河国家现代农业示范区的1个大区，以蒙自、开远、弥勒、泸西、建水和石屏的6个核心区以及13个片区的空间布局。建立起以优质粮、特色水果、反季蔬菜、畜牧业为4大主导产业，以农产品加工业、农业物流业、休闲旅游观光业为3大重点关联产业的产业布局。

构建核心示范区及生产基地。分别将蒙自、开远、弥勒、泸西、建水和石屏6个核心区建成核心示范区，2020年，示范区打造形成了13个现代农业核心示范片区，带动全州形成以点连线，以线连片的标准化、规模化、集约化、品牌化的现代农业园区多达130个以上。

构建物流与加工区。将蒙自、开远、弥勒、建水建成4个大型高原特色农产品市场流通中心；根据现代农产品市场的发展需要，建立以优质稻、

89

蔬菜、水果、农副产品、花卉产品为主的农产品批发市场体系；形成与农产品批发市场有机衔接，遍布城乡、辐射周边省份的农产品流通配送网络体系；大力推进区域性农产品加工业发展，在示范区做强粮油、果蔬、水产等农产品专业加工中心。

构建科技创新转化区。加强农业科技创新体系和长效机制建设，积极推进基层农技推广体系建设，扶持和引导农技推广单位、龙头企业、专业合作社创建农业技术示范推广网络，加强农业产业技术集成、示范推广和技术服务，提高农业科技贡献率。

构建休闲观光区。把红河现代农业示范区建设、特色乡村建设与发展乡村旅游相结合，大力发展生态农业旅游项目、高科技农业示范园旅游项目和设施农业旅游项目，做大做强休闲观光农业带。同时，在鸡石—鸡弥—鸡沪公路沿线打造杨梅、石榴、葡萄、花卉等农业庄园带，通过产权制度改革和土地流转等方式，以"特色产业＋乡村酒店＋星级农家乐＋乡村特色旅游"的模式推动第三产业发展，同时带动庄园农业、体验农业、现代农业、设施农业、特色农业等产业的发展。

（二）苏北现代农业示范园区规划实践[①]

江苏省东台市 2012 年被农业部认定为第二批国家现代农业示范区之一。《东台市国家现代农业示范区规划》以示范区产业现状分析为基础，通过应用农业区位理论、农业产业链理论等相关规划理论，确定了示范区的发展原则、功能分区与用地规划，提出了重点建设项目，确立了符合苏北区域现代农业发展的模式，实现了空间的有效布局。

1. 农业区位理论在规划中的应用

东台地处中东部沿海平原地区，自然资源、社会经济、交通方面优势明显。依据农业区划理论，东台市利用区位、资源和交通等优势，面向长三角一体化中心圈，以科技创新为动力，依托域内的沿海高速、新 204 国道和 352 省道，集聚生产要素，优化资源配置，加快发展优质粮油等特色主导产业。功能分区与产业布局确定为"532"，即"五区""三带""二

[①] 王泉，邵运川. 苏北现代农业示范园区规划理论与实践[J]. 农村经济与科技，2017（15）：168-170.

园",功能与分区见表4-1。

表4-1　东台市国家现代农业示范区"532"功能与产业布局

	功能分区	产业布局
五区	优质粮油产业区	分优质粮食产区、粮饲兼用玉米和特色玉米产区和优质粮油产区
	设施农业产业区	规模设施果蔬种植园区、特色花卉苗木园区、特经园艺作物园区
	特色禽畜产业区	按照不同养殖品种分设生猪;家禽,山羊,奶牛等六大产业集中区
	水产养殖产业区	突出重点品种,分设中华绒螯蟹、斑点叉尾鮰、南美白对虾、脊尾白虾、鳗鱼、紫菜、贝类等十大特色水产养殖片区
	优质茧丝绸产业区	集中于富安和梁垛两镇,沿新204国道两侧
三带	沿海高速现代农业示范带	3个333.33公顷高效农业园、6666.67公顷桑蚕生产基地、3333.33hm²蔬菜种植生产基地、农产品信息集散地
	352省道现代农业示范带	建设3333.33公顷设施蔬菜示范基地、畜禽养殖基地、5333.33公顷设施西瓜、青椒生产基地
	新204国道代农业示范带	建设万亩时鲜蔬菜生产基地、时鲜蔬菜、西甜瓜为主要品种的万亩设施蔬菜基地;万亩桑蚕基地;万亩绿化苗木基地
二园	加工物流示范园 研发推广培训示范园	加工物流园为综合性的农产品精深加工与物流交易,包括农产品加工中心和农副产品物流中心两部分内容

2.农业产业链理论在规划中的应用

(1)特色主导产业选择

东台市地处江苏省中东部沿海平原地区,地形比较平坦,温和湿润、雨水充沛、日照充足,土壤有机质含量较高,保水保肥能力强,适宜种植水稻、麦子等农作物。在自然条件的基础上形成了西瓜、蚕茧、甜叶菊、禽蛋、乳猪等种植、养殖特色产业。鉴于以上地形地貌、气候水文、河流水系,结合已有资源优势和产业发展现状,该市因地制宜地选择了精制粮油、茧丝绸、禽蛋制品等八大特色主导产业。

(2)特色主导产业链设计

依据特色主导产业选择结果,拓展产业内涵和外延,形成了茧丝绸、甜菊糖、海产制品、瓜菜、精粮制品、食用保健品、禽蛋品等产业链。以茧丝绸产业为例,东台市是国内主要优质原料茧生产基地,茧丝绸是东台支柱产业之一,已建成"国家级蚕桑标准化示范区",被命名为"中国茧丝绸基地"。东台茧丝绸合作组织全国领先,入社蚕农6.6万户,入社率高达99.7%。由于具有较强的优势，东台的茧丝绸产业采用了完整产业链模式，涵盖了茧丝绸产品的产前、产中、产后的各个环节，在区内实现产业闭环。该市发挥富安茧丝绸公司（国家重点农业龙头企业）、民星茧丝绸公司（江苏省重点农业龙头企业）等企业的引领作用，建设富安茧丝绸镇级特色加工园区，创新蚕业合作社的组织形式，实现了产业环节的有效链接，实现农业、工业、合作社组织的资源共享，产业效益合理分配给链上参与者，构建了贸工农一体的茧丝绸产业链。在已开发的示范园的基础上，该市结合现有农业用地性质与地形、水网条件，因地制宜，合理布局，建成了集旅游、观光、休闲、生态、高效于一体的现代蚕业体系，延长蚕业产业链条，实现茧丝绸产业蚕农、龙头企业、蚕业合作社多方生产效益的最大化。

（3）农业技术孵化与创新理论在规划中的应用

科技推广水平在国家监测评价指标体系中占有16%的比例，包括农业科技服务能力（5%）、农业劳动力素质（5%）、农业信息化基础支撑水平（6%）。东台市依托仙湖现代农业示范园和沿海国际农产品交易中心，建设研发推广培训示范园，以增强园区的技术孵化与创新功能，对周边地区起辐射带动作用。研发推广培训示范园依托江苏在科技研发与人才等方面的资源优势，重点建设农业科技开发中心，构建农业新品种、新技术、新设施的研发平台；通过建设博士后工作站、联办研究院，吸引国内外农业专家、科技与管理人才，组建现代农业科技推广、培训与咨询团队，开展农业科技合作和新产品、新技术开发，做到科研、生产、技术、市场同步；建设现代农业技术培训中心、农产品信息服务中心培育科技团队和新型职业农民为科技项目的推广和孵化做好配套服务与保障。园区通过建设研究—培训—服务等一体化的现代农业科技开发与推广体系，为园区建设和产业发展提供技术支撑。

3. 东台示范区建设成效分析

（1）合理的园区空间布局带动区域农业现代化

东台市"五区""三带""二园"，的功能分区和布局合理，通过交通干线"串点成线"，实现了区域内"点""线""面"的结合。设施农业升级工程、龙头企业培植工程等重点建设工程保证了茧丝绸、优质瓜菜等特色产业在核心功能区聚集。因地制宜地布局相关产业，实现了规模化种养，聚散结合。围绕生态旅游建设的黄海森林公园以及集科研培训、试验示范、展示展销、旅游观光于一体的仙湖示范园、中粮生猪养殖等特色专业园区窗口示范功能进一步增强。园区的高效设施农业规模加快扩张，区域内设施农业示范基地实现了大范围的连片经营，建成高标准农田9.11万公顷，农作物耕种收综合机械化水平达89%，土地规模经营比重达到87.4%。

（2）完整产业链模式提升了农业产业化水平

通过仙湖示范园、中粮标准化生猪养殖示范区、富安茧丝绸产业园等现代农业十大园区建设推动了产业链上游的生产现代化。根据优势特色产业布局建设的江苏沿海农产品交易中心、安丰山羊、三仓瓜菜等镇级特色农产品批发市场以及拓宽网络销售模式，实现了上下游产品的生产、加工在园区内闭环，构建了完整的产业链模式。东台市的产业链构建成效明显，分值高于苏北的建湖县和苏中的泰州市以及全国平均值，略低于苏南的太仓市。

东台市的畜禽规模化养殖比重、水产标准化健康养殖比重分别达到了82.9%、55.0%。该市围绕茧丝绸、甜菊糖、海产制品、瓜菜等特色主导产业，培育中粮肉制品深加工、翠源食品、海天水产品等农产品加工龙头企业与专业合作社实现了区域类产业链的上下游衔接，农业龙头企业的发展加快了初级农产品加工转化。园区农产品加工业产值与农业总产值比值达到2.1，"三品"认证农产品产量比重达到33.0%，农业专业合作社实现基本覆盖，参加农民专业合作社的农户比重达到了93.9%，远高于全国55.2%的平均水平。

（3）推进农业科技创新及转化提升了传统农业。

东台示范区通过与国家及省级科研院所联合设置科研院所、院士工作站等方式开展技术攻关，探索更多"东台创造"的农业新技术，深入开展盐土农业、种苗繁殖等关键技术研究，推动种植、养殖业的转型升级，利用项目指导、专业科技服务以及新型职业农民的培育强化科技成果的转化效率。示范区大力推广农业作业新机具，探索创新农机与农技、农艺融合的新模式，农作物耕种收综合机械化水平达到了89%，而全国示范区平均值为78%。

第五章　农旅融合创意休闲农业规划编制实践

继我国的社会主义新农村建设、美丽乡村建设和基于脱贫攻坚的小康社会全面建成的步伐，乡村振兴已吹响了前进的号角。完成乡村振兴的艰巨任务有赖于在发展生产的基础上，改善乡村风貌，增强乡村魅力，吸引社会各界关注和支持乡村发展。因此，进行农旅融合视角下的现代农业发展和规划研究具有十分重要的理论和现实意义。本章主要探讨农旅融合创意休闲农业规划编制方法及其典型案例分析。

一、农旅融合创意休闲农业规划编制方法

（一）农旅融合的理论研究

1. 农旅融合的内涵

农旅融合属于产业融合的一种类型。农旅融合是指在农业现代化和旅游需求多样化的背景下，利用农业、农村的自然风光和文化景观吸引游客，农业和旅游业相互交叉产生新业态的过程。农旅融合通过资源整合形成的新业态有乡村旅游、农业旅游、观光农业、创意农业等。农旅融合将农业资源作为旅游资源，既改变了传统农业产业结构、提高了农业经济效益，又拓展了旅游市场的发展空间。农旅融合是促进农村经济发展，实现乡村振兴的重要措施。

2. 农旅融合的模式探析

在乡村旅游发展与建设中，学界对农旅融合模式有较高的关注度。

吴兆娟等在重庆农旅融合典型模式研究中提出了三种模式[①]，主要包括：①"一产"基础延伸型。该模式主要是基于农业的观光、采摘等自身属性功能，通过农田景观营造、体验项目设计、产业文化挖掘，建设休闲观光采摘园。②"三产"倒逼拉动型。主要是依托景区景点带来的游客资源，拉动农业旅游。围绕优势特色农业资源发展休闲观光农业，为旅游景区提供吃、住、游、购相关旅游产品，促进农旅深度融合。③特色资源开发型。主要以山、水、林、泉等资源以及民俗文化等特色资源为载体，通过资源开发建设康体、养生、避暑等功能的乡村旅游。廖杭萍等提出了乡村振兴背景下农旅融合的四种模式，分别为旅游+农业科技型、旅游+生态观光型、旅游+乡村文化型、旅游+农事体验型。[②] 不论是三种模式，还是四种模式，都是基于特定区域的资源及产业状况做出的总结。笔者认为，农旅融合是一个涉及乡村、产业、民俗、文化、科技等资源的系统工程，也与开发者的定位与市场认知有一定关系，应该从更为系统的角度去解读，具体思路如下。

（1）村落游憩拉动模式

我国有巨大的乡村村落资源，而且伴随着大批农村青壮年流入城市，农村的空心化现象日益突出，如何盘活目前的乡村宅基地资源，增强乡村的吸引力和增加留守家乡创业的人口比例，已经成为地方政府面临的重大社会问题，关乎乡村振兴战役的成败。

我国近年来实施的"一村一品"工程建设，以及最近出现的乡村休闲民宿村及民宿旅游开发，都是村落游憩拉动农业旅游的有益尝试。村落休闲旅游吸引了大批城市居民深入乡村感受闲逸的乡村慢生活，也增加了参与农业体验、采摘、田园漫游的可能性，为进一步重点农旅项目的开发提供了市场保证。

村落游憩产业的开发，有赖于农村基础设施的改善和乡村风貌的提升。基础设施改善使游客在乡村也能感受到城市居民拥有的现代文明；以乡土民居建筑、民俗景观、乡村文化景观为主要内容的乡村风貌提升，会赋予村落特有的内涵和美丽，激发城市居民回归自然、亲近田园的积极性。

---

① 吴兆娟，等. 乡村振兴背景下重庆农旅融合典型模式构建与优化[J]. 农业展望，2020（06）：63-69.
② 廖杭萍，孟铁鑫. 乡村振兴背景下农旅融合发展的模式[J]. 福建茶叶，2019（08）：104.

(2) 旅游景点拉动模式

中国有五千年的发展历史和众多的名山大川，在广大农村分布有大量古村落、文化古迹、自然风景等旅游资源和景点。在陕西，党家村、乾陵、法门寺、铜川的香山、照金红色旅游基地等旅游景区及景点比比皆是，后来开发的礼泉县袁家村、马嵬驿、周至水街等都是目前比较热的旅游景点。基于相关旅游景区及景点，围绕支柱性产业或特色农业生产内容，适当开发景点辅助性质的农旅融合项目，必然有一定的游客资源优势和发展生命力。在陕西乡村依然有一些旅游资源尚未开发，如隋文帝陵、农业始祖后稷文化、王村镇的青石殿等。随着社会经济的发展，各地政府对于文化旅游资源的开发将逐步列入议事日程，那么，在旅游开发的过程中，能够把旅游景点或景区与农业相结合，对于激发乡村活力具有重要的现实意义。

(3) 特色产业农旅模式

在我国多年来的农业产业结构调整过程中，各地都形成了一定的支柱产业或特色产业，围绕这些产业拓展农旅融合项目，不失为低成本和低影响开发的有效途径。如新疆吐鲁番的葡萄节、陕西汉中市的油菜花节、陕西礼泉县的桃花节都是比较成功的案例。

围绕特色产业开发农旅融合项目除了以上特定田园景观和产业文化外，综合性农业主题公园、特色农庄项目近年来在多地付诸了具体实践，如陕西周至的猕猴桃主题公园、陕西白水县的中哈友谊苹果主题公园、宁夏的葡萄酒庄园等。这些主题公园把具有植物园特色的种植资源圃、现代农业科技与育种成就、田园风光、农业产品等内容旅游化打造，形成围绕特定产业的多元化农旅融合项目，形成"三产"联动的共赢格局。

(4) 观光农园农旅模式

观光农业园多年来一直是关注度比较高的农旅形式之一。其类型有：①单一产业依托型的观光园。如樱桃观光园、李子观光园。②综合性农业观光园，如把果树、草莓和甜瓜等草本瓜果、特色蔬菜、特色薯类等种植相结合的综合性农业观光园，多样的种植类别及形式保证了不同季节的看点和参与点，也有利于开合变化的田园空间的营造。③田园综合体。田园综合体是近年来较为新潮的观光农业模式。集现代农业、休闲旅游、田园社区等多元要素，以乡村综合发展为目的，促进"三产"融合，通过旅游助力农业发展，是一种可持续性的模式。地貌多样地区的农田，还可以开发慢行田园游览空间。

（5）科技示范农旅模式

现代农业科技往往有出神入化的新奇生产设施、生产过程或生产环境，具有科普、观赏和示范价值，具有开发为农旅项目的可能和潜力。如无土栽培、设施栽培、自动化及智能化生产管理设施、机械化生产过程、节水工程等。对于生活在城市的人们来说，依然有通过现代农业科技感受现代文明的需求，尤其是家长愿意让孩子接受农业科技与科普的熏陶，更为全面地成长。

（6）趣味农业农旅模式

农业生产中存在一些趣味的生产过程、生产环境，合理地进行开发，将在一定程度上丰富农旅活动内容，如狗放羊、剪羊毛以及植物迷宫、插花、养花等园艺体验等。有些园区的植物根系发育剖面观测、植物拱土出苗时的声音传感等都是颇有趣味的农业体验过程。

（7）康养康体农旅模式

农业康养及康体活动有别于山林中的康养和运动场馆的体育锻炼。特定的农业种植环境同样能够营造富氧、轻松的康养环境，园区外围环路引入田园马拉松、田园自行车赛以及特定生产环境引入素质拓展项目，都是田园康体的有效途径。

（二）创意休闲农业理论综述

1. 创意休闲农业的内涵

创意休闲农业是属于农业范畴的，它是现代社会经由创意、休闲、农业、旅游四者相交融的新型产物，是现代农业不断发展的一个标志。创意休闲农业是休闲农业的升级状态，是旅游农业的魅力提升，是创意农业更符合休闲需求的结晶。创意休闲农业综合了这几个产业的优点、特点，看准了新时代人们对新奇、刺激的事物的需求，通过创意手段融合了多个产业并进行合作发展，带给这个时代一个具备科学与智慧、灵感与想象的新型产业。

2. 创意休闲农业的功能与特征
（1）创意休闲农业的功能
从创意休闲农业的内涵可见，创意休闲农业是休闲农业、创意农业、旅游农业在融合发展后的更高级产物，是通过景观、科技、文化、生态等多样创意元素融入农业产业当中的新型模式。因而，创意休闲农业应当具备以下六种功能。

①经济功能

创意休闲农业的经济功能在于其具有的生产功能，这种功能既照顾了人们日益增长的物质需求，亦满足了对人们对精神文化的追求。创意休闲农业以创意的手段，使本来仅具基础功能的农业资源变得更有经济价值，同时带动与之相关的产业发展。

围绕提高农业产业层次和劳动生产率，加快创意休闲农业技术的研究和推广，使创意农业作为一项新产业能够迅速兴起，在整个创意闲农业产业体系中，一二三产业互融互动，传统产业和现代产业有效嫁接，文化与科技紧密融合，传统农业及其单一食用功能的农产品成为现代时尚创意产品的载体，发挥引领新型消费潮流的多功能，让人们充分享受创意农业价值创新的成果。

②社会功能

创意休闲农业一方面使得原本单一的传统农业有更多元化的发展，这个过程惠及了广大农民和多个产业，有效提升了乡村生活品质。另一方面也为社会提供了更多的就业岗位，对社会的进一步发展起到促进作用。

③生态功能

创意休闲农业必须在生态的基础上发展，它不能因设计的需要而破坏生态，反而应利用农业本来固有的绿化和美化功能，通过创意的手段、科技的支撑来改善生态环境，提高环境质量。另外，通过对传统农业的升级改造，也会大大降低农业污染现象，生产的农产品也更安全、更绿色、更健康。

④休闲功能

创意休闲农业园区的规划为人们带来了更多可休闲娱乐的场地选择，其创意特质为人们提供了大量新奇有趣的景观与活动，游客通过创意休闲农业园区的观光和体验活动，达到休闲娱乐的目的。

⑤文化功能

新时代，随着物质生活的极大丰富，人们对于精神文化的需求也逐步提升，创意休闲农业可以保护和传承传统乡村文化。首先，唤醒传统乡村文化。自我们的祖先刀耕火种开始，文化就在农业生产中不断产生、累积和发展。可是，随着城市化、工业化的推进，传统乡村文化越来越被人忽视和淡忘，农村成了文化的"荒漠"，农民成了缺乏文化归属的"边缘"群体。乡村文化是创意休闲农业文化元素彰显的重要来源，通过发掘地方传统文化资源，植入创意休闲农业的生产全过程，可以使传统乡村文化重新活跃起来。其次，传承乡村文化精髓。创意休闲农业按照农村自然和人文条件，培育发展具有区域优势的特色产品，实现"一村一品"，为传承传统文化提供了实物载体；通过对具有地方特色和文化价值的地面景观进行有效保护，最大程度地发掘农村人文资源，对代代相传的农耕文化、民俗文化、饮食文化等优秀的非物质文化进行继承发扬，传承了乡村文化的精髓。再次，激发乡村文化创新。乡村文化通过植入创意休闲农业，一方面促进了乡村文化的利用方式和应用范围的扩展，另一方面，创意休闲农业与乡村文化在融合过程中，可以有效地促进乡村文化在适应农业发展与时代变更的条件下不断创新与突破。最后，促进乡村文化艺术人才培育。创意休闲农业与乡村文化的融合发展，有助于发现和培养乡土文化艺术能人、民族民间文化传承人，特别是非物质文化遗产项目代表性传承人，并为这类文化艺术人才提供发挥作用的舞台，对人才的培育、传承和使用起到极大的促进作用。

⑥教育功能

创意休闲农业通过创意的手段对游客进行各方面的科普教育。教育的形式不甚相同，有体验式的、有展示式的，但无论是哪种形式，其最终目的是希望游客可以学习和了解农业、农村、科技、文化等相关的知识。

（2）创意休闲农业的特征

创意休闲农业是创意产业与农业产业融合发展后的更高级产物，因而，创意休闲农业应当同时具备这两种产业的特征。

①农业主导

创意休闲农业并没有脱离农业的范畴，它以创意的手段围绕农业这个核心进行发展，使本来仅具基础功能的农业资源变得更有经济价值，同时也带动与之相关的产业发展。创意休闲农业通过提升农业的档次和品位，创造与传统农业不一样的形象和品牌定位，能促进旅游业与农业的深度融合发展。创意休闲农业明显改变了传统农业脏、乱、差的形象，通过创意而赋予农业美丽的形象，让农业成为美丽的产业。

②附加值高

创意休闲农业通过不同的创意渠道挖掘了传统农业产品更多的价值，创意休闲农业有了创意产业的引导，开发出了更多的含有高科技、人文元素、艺术表现等的农业产品，也拓宽了传统农产品销售的市场，从而大大增加了经济效益。发展创意休闲农业，以特色农产品和农业园区为核心，形成包括核心产业、支持产业、配套产业和衍生产业为一体的创意产业集群，通过把传统农业精耕细作的精华与现代科学技术融为一体，把农、林、牧、渔、游融为一体，把植物、动物、微生物融为一体，把经济效益、社会效益、生态效益融为一体，把生物技术、农艺技术与工程技术融为一体，使创意农业的产业价值产生乘数效应，从而拓展现代农业新价值空间。

③具创新性

极具创新性是创意休闲农业能实际区别于传统休闲农业的特征之一。创意休闲农业产业应具有足够的特色性、创意性、新颖性、休闲性等元素，它能准确地使用创意手段把农业相关资源充分利用起来，最后转换为更具市场竞争价值的产品。

创意休闲农业通过特色农业开发、农业景观设计、农业休闲旅游、农村基础设施建设等一系列创新，提高农业的效益、增加农民的收入、提升农民的文化水平、改善农村环境、创造农民"居家就业"的新型就业形式，并最终实现农村地区的经济形态、生活形态的结构变迁，改变农村的生产力布局和城乡生活格局，促进城乡经济社会统筹发展。

④综合发展性

基于创意休闲农业的内涵本质，它的发展可带动其他多个产业的联合发展，如旅游业、加工业、休闲娱乐业、食品业、设计业、文化业乃至动漫业、美容养生业等多个方向不同、跨度不同的产业。创意休闲农业的产业模式是"一产"（农业基本资源）、"二产"（加工业等行业）、"三产"（服务性行业）三者融合的结果，因其综合性性质，未来亦将会向"四产"（信息等业）、"五产"（文化业）到"六产"（旅游业）多元发展方向不断创新、提升。

创意休闲农业可以成为促进农业产业转型升级的助推器。创意休闲农业是创意理念、新兴科技和现代农业的深度结合，可以推动新的农业革命。它既代表着农业科技创新的方向，也代表着现代农业发展的方向，充分发挥创意休闲农业的整合、渗透、提升功能，通过"接二连三进四"，创意休闲农业可以有效推动农业转型升级。

（三）农旅融合创意休闲农业规划设计

1. 农旅融合创意休闲农业发展的原则

（1）生态性原则

在发展创意休闲农业时，应重视生态建设，以改善乡村生态环境为目标，以维护乡村生态环境为准则，倡导绿色、生态、低碳、循环的可持续发展理念；在产业规划过程中，充分考虑人类活动可能对环境造成的破坏，通过规划设计将这种可能性降到最低。

（2）整体性原则

创意休闲农业的规划应注意设计的整体性，项目所在地域的整体性（如景观风貌、文化渊源等）、项目内部功能划分的整体性、项目活动策划的整体性以及服务的整体性等。从宏观到微观，要彼此联系。

（3）特色性原则

创意休闲农业的发展要围绕特色景观、特色文化、特色产业作为规划的主题，以特色为核心，用创意的手法凸显特色，着力把农耕文化、乡土文化等地域文化融入创意休闲农业产业的每一个环节。

（4）产业联动原则

创意休闲农业要以农业资源作为根本，发展创意产业、休闲产业、旅游产业等更多不同类型的产业，提高农产品的附加值，从而促进创意休闲农业产业的不断发展、跨越式发展。

（5）体验互动原则

体验互动的设计是创意休闲农业在开发过程中的规划重点，体验互动活动要有主题,要让游客印象深刻,在规划设计时,设计者要顾及游客的观、嗅、味、触、听等感观体验。

3.创意休闲农业规划设计内容

(1)项目园区的规划设计

第一,创意休闲农业园区规划需要处理好园区总体定位、产业特色、功能设置、园区景观环境营造等重要问题,因此,做好园区规划首先要精准定位创意休闲农业园的目标和发展战略。目标定位是通过对园区的现状分析,结合创意休闲农业园发展的现状和趋势,确定规划目标,以目标为导向进行规划;确定园区的性质与规模、主要功能与发展方向、园区的发展阶段与每个阶段的发展目标等,并在规划过程中对目标进行讨论,精准提炼。发展战略要在调查、分析、综合评价的基础上,对各级客源市场的前景进行分析与预测,对园区自身的特点做出正确的评估后,提出园区发展战略、特色产业选择、关键技术应用、项目实施方案、收入规划及效益评估,确定实现园区发展目标的途径,挖掘出休闲农业园的市场潜力。

第二,园区的功能定位与产业规划。创意休闲农业园的功能定位至关重要,它能左右今后园区运营的主导方向。园区的主要功能包括生产加工功能、技术创新与科技成果转化功能、科技示范功能、科技培训功能、生态旅游观光功能、教育示范功能等。以产业生产、科技示范推广为主要功能的园区,产业定位主要以第一产业和第二产业为主;以旅游观光功能为主的园区,产业定位主要以第三产业为主。产业规划要结合农业产业理论、可持续发展理论和产业生态学理论,使传统的农业扩展为立体休闲农业产业。产业规划应选择具有特色、生产潜力大、具有价值的项目,如种植业中的有机蔬菜、有机瓜果、观赏花卉等,养殖业中的渔业养殖、珍稀家禽养殖、观赏性动物养殖等,加工业中的果蔬加工、肉蛋加工等,旅游业中的餐饮类、度假休闲类、疗养类等。

第三,园区总体布局。园区总体布局核心是空间布局和用地规模控制。空间布局要按照规划思想、目标与功能定位,结合资源属性、景观特征及其场地条件,在考虑保持原有的自然地形和生态完整性的基础上,结合农业生产、旅游服务要求,对园区进行总体布局。创意休闲农业园的功能区包括生产示范区、观光旅游区、休闲娱乐区和管理服务区。用地规模控制,要科学划分各产业在园区的发展空间及规模,对不同土地类型的各个地块做出适宜性评价,达到农业土地的合理化利用,取得最大的经济效益。

第四,园区景观与生态环境建设规划。景观系统规划设计,要强调对园区土地利用的叠加和综合,通过对物质环境的布局,规划园区的景观空间结构,包括园艺种植景观、绿化植物景观、道路景观、建筑与设施景观、重要节点景观等内容。休闲农业园区建设,一方面要将当地的生态优势作为吸引游客的手段,另一方面要致力于生态环境的治理。园内的垃圾、人畜粪便、植物秸秆、污水等废弃物处理应形成完整的生态系统,力争做到低耗能、零污染,促进休闲农业、生态农业、绿色农业和有机农业的发展。

(2)体验活动的规划设计

体验活动对于规划设计创意休闲农业园区来说是十分重要的。如果园区内不设置体验活动,游客仅能走马观花式的观赏,哪怕风景再秀丽、生态再自然、文化再深厚、产品再吸引人,游客也不会在园区内逗留过长时间,就不会给游客留下深刻印象,这必然会影响园区的发展。

设计具有创意的体验活动,要求设计者必须懂得善用园内农业资源,以增加其额外价值,提高经济收益。体验创意不仅仅是基本的采摘蔬果体验。创意休闲农业园的体验创意设计,首先要根据园区内的农业资源确定体验主题,其次是根据功能划分来进行体验项目的程序设计,再次是对体验场地的设计,最后是体验活动的策划。体验活动的策划应与园区产品相结合。

创意休闲农业园区的体验活动设计要以人为本,就是从人的感官体验出发,通过创意景观打动游客的视觉;以听风、听雨、听水、听鸟鸣来带动游客的听觉;通过闻花香、闻草香、闻泥土香触动游客的嗅觉;以品尝蔬果饮品刺激游客的味觉;通过参与采摘、参与活动、参与制作等活动引发游客的触觉体验。

(3)园区产品设计与开发

创意休闲农业园的产品主要是指围绕农业这个核心资源,通过创意规划设计产出的特色农产品及服务。产品了综合旅游、休闲、文化、知识等特性,使游客亲身感受到现代农业的发展,体验到乡村文化与生活,满足游客的消费需求。创意休闲农业园区的产品主要有:园区生产的农业产品、特色农业产品、旅游纪念产品、休闲娱乐产品、养身美容产品、旅游度假产品、教育培训产品、特色风味产品等以及无形的农业风光和体验参与活动。

（4）市场定位

园区的市场定位，一言以蔽之，就是寻找园区在市场中的位置。创意休闲农业园区的定位步骤如下。

第一，发现竞争优势。

区位优势：所处位置与消费群体的交通距离是首先要考虑的，其次是所处地区的特性，如名胜古迹、自然胜景、开发程度、商业配套等。将这些条件与竞争对手进行对比，发现自己的优势所在。

交通优势：与竞争对手比较交通是否便利，与消费者习惯比较是否便利。

气候优势：大气候与局部小气候是否便于消费者观光体验，与竞争对手比较是否有优势。

园区优势：园区服务项目相对于消费群体的需求是否足够，相对于竞争对手是否有优势，园区环境和软件是否有优势。

价格优势：服务价格相对于消费群体承受力是否有利，相对于竞争对手是否有竞争力。

服务优势：服务品质是否能满足消费群体的更高要求，相对于竞争对手是否有优势。

第二，发现竞争劣势。

主观劣势：园区环境、设施、项目、服务等，哪方面相对于消费者需求不足，哪方面相对于竞争对手为劣势。

客观劣势：园区位置、交通、气候、周边环境等，哪方面相对于消费者需求不足，哪方面相对于竞争对手为劣势。

第三，提炼核心竞争力。

将竞争优势提炼为独特的、填补消费者需求空白或提高消费者满意度的、竞争对手难以模仿的突出优势，或者将优势组合。

第四，修补竞争劣势。

相对于核心竞争力，找到那些不利于竞争的明显劣势，并通过硬件建设和营销手段予以弥补。

第五，有效传递。

将园区的市场定位有效传递给政府的有关部门、园区的每一位员工、每一个合作伙伴和目标消费群体。

二、农旅融合创意休闲农业规划编制典型案例分析

我国的创意休闲农业虽然整体还处于初级发展阶段，仅在个别的大城市有较为明显的进步。由于创意休闲农业的概念提出相对甚晚，因此以创意休闲农业为名的项目较为之少。根据其相关业态分析，本书选择了6个较为符合创意休闲农业发展理念又具代表性的案例，包括花都香草世界、百万葵园主题公园、杨陵五泉镇农业特色小镇、杨陵马家底乡村旅游民宿村、成都多利农庄、宝桑园新生态农业示范基地。在这6个不同案例当中，无论是在创意理念上还是规划设计上都能为其他创意休闲农业园区的发展起到一定的指导与参考作用。

（一）花都香草世界

1. 案例概况

花都香草世界位落于广州市花都区花山镇，占地七百余亩，是国内第一家以香草种植为特色的创意休闲农业园区，园内香草包罗万象。从香草育苗、大片栽种到香草加工食用，花都香草世界都可称得上是一处极佳的集旅游观光和科普教育为一体的创意生态农业园区。花都香草世界更是一个在主题策划、功能布局、创意理念、娱乐休养等方面都十分突出的休闲农业旅游基地。

2. 案例主要特色

（1）景观创意特色

香草世界以香草为主题，以香草而闻名。园区内有来自世界各地著名的香草，如香罗勒、迷迭香、百里香、鼠尾草、薰衣草、柠檬香茅、洋甘菊等，各种香草大片种植，或黄或红，或白或紫，色彩斑斓，游客在缤纷的花田里拍照留念，游乐嬉玩。在花田观光区，香草世界恰到好处地在花海中央布置了一些景观小品，样式有爱心造型、罗马柱、时尚动漫、纯白花架、木制栈道、可爱动物等，惟妙惟肖。这里绝美而浪漫的景致还是拍摄婚纱

照的理想之地，一花一草，一景一物都给新人们留下了美好的回忆。

除了香草景观以外，园内还有其他较具创意特色的景点，如充满荷兰风情的婚庆街、象征爱情的婚礼教堂以及彩色浪漫大风车等人工景观让游客兴味盎然，流连忘返。香草世界内还设有儿童乐园和香草乐园。

景区内的花卉景色会根据季节变换布置，以弥补花卉的凋零期。香草世界的花卉并不仅限于观赏，部分花卉可用于提炼精油、加工食品和制作手工艺品等，提高了花卉产品的附加值。

（2）配套设施完备

园内建有花海别墅、特色酒店、青年旅舍、香草主题餐厅、购物商店、手信店、户外拓展基地等配套设施。

（3）创意体验活动

园区内会经常举办一些体验性的活动来吸引游客，如亲子农业生态体验、插秧种树种花体验、抓鸡捞鱼捕虾体验、户外拓展训练等室外体验活动，而在室内，游客则可在手工坊亲手制作香草手工皂和微型植物盆景。香草世界还曾举办老人团婚礼活动，老人团白天在阿姆斯特丹婚庆街拍摄婚纱照，晚上在香草殿堂举办婚礼。

3.案例启示

花都香草世界主要以花卉造景作为观光特色，传递浪漫、温馨、友爱等情感，创意点较受旅客欢迎。但正是因为园内多以单一的观花模式为创意点，而这种模式受天气、温度等自然因素影响较大，需要花费较多资金投入来维持园区运营，在旅游淡季甚至出现无花可观或花景单一的现象。另外，虽然香草园里有部分花卉能够加工成副产品出售，但并未把握好这个商机，开发者对此并没有作创意宣传或创意销售。

2.百万葵园主题公园

（1）案例概况

百万葵园自2002年开园以来，在广州乃至华南地区一直都赫赫有名，从仅以向日葵为主要观赏景点到今天斥资十亿元建环球花海酒店，百万葵园一直在与时俱进，突破创新。在园内可以观赏到来自世界各地的鲜花花海、参观原汁原味的动漫珍藏馆、品尝特色美味佳肴，吸引了世界各地游客前来感受这兼具休闲娱乐与理性感性的游园地。

（2）案例主要特色

百万葵园是一家大型的花卉主题公园，曾以百万葵花齐开放之景而得名。自开发以来，百万葵园创新不断，集花卉文化、农业文化、美食文化、动漫文化于一体。

由不同品种的花卉布置而成的展园是葵园的鲜明主题特色，凭借其四季如春的花卉视觉体验，葵园在同类型竞争市场中始终处于领先地位。主要的观光景点有向日葵花田、彩虹鲜花港、薰衣草伊甸园、英伦玫瑰园、四季彩虹以及爱琴灯海。

百万葵园除了花卉创意景观以外，中西结合的建筑外观、刺激好玩的游乐设施、新奇有趣的景观小品、体贴入微的配套设施乃至每一件品牌产品都别具心裁。自入口进园，首先吸引我们的是奇趣天地乐园，有机动游戏与水上游戏，游戏项目以康体设施为主，考验人们的运动意志和大脑思维。在乐园旁设有体验馆，在馆内可以体验星际航行、侏罗纪世界主题的VR内容。

在游园过程中，人们随处可见"景观+动漫元素"的设计手法，葵园自2008年开始引入动漫元素后，准确地抓住了动漫行业的商机，景观设计多处运用了动漫元素。在葵园的中部还有一个动漫展馆，馆内珍藏了成千上万的动漫模型，并吸引了大批的动漫迷前来鉴赏，在2015年葵园举办了首届动漫节，获了外界的一致好评。

近几年里，葵园增设了四个小型动物园来吸引游客，分别有彩虹松鼠谷、小猪逗趣园、博美小狗乐园和白鸽广场。游客可以近距离接触这些小动物或者在场外欣赏它们的表演。

（3）配套设施

百万葵园配套设施完备，五星级酒店、鲜花餐厅、拓展基地、旅客服务中心、购物商店、DIY创意作坊、医务室、授乳室、洗手间等一应俱全。在葵园里，女性洗手间达到了男性洗手间数量的三倍之多，这一贴心的细节是很多旅游场所不曾考虑到的。

（4）完善的产业链

百万葵园的创意理念迎合了各个层次人群的口味，把花卉与创意相互融合，呈现出一种新型的产业融合形态。百万葵园的产业链已基本形成，从花卉主题旅游、五星级城堡酒店、鲜花餐厅、副产品销售到婚庆服务业、工作人员制服、品牌标志、品牌吉祥物等各个环节的工作和服务都相当完善。葵园自主开发的"品牌葵花鸡"和"葵花鸡蛋"更是驰名广东，并且仅向广州市内 4 家五星级大酒店限量提供。

（5）案例启示

百万葵园的发展一直在求变创新，从开始的单一向日葵花海到现今多元化花海景观，其中经历了多次的创意革命。园区内观赏—游玩—体验—购物—住宿产业链完善，品牌形象深入人心，创意元素新颖时尚，营销策略丰富多样，在众多的同类园中可谓别俱特色。但不足的是，百万葵园中的花卉大部分用于观赏，待花谢后便换上新的花卉作补替，没有挖掘花卉的更多用途，没有充分利用花卉文化的优势、对花卉废弃物也没有适当处理利用。这些都会造成建设资金浪费，亦不利于园区生态规划。

（三）杨陵五泉镇农业特色小镇[①]

五泉镇位于陕西省杨凌农业高新技术示范区西北部，总面积 32.3 平方公里。五泉镇以高科技为依托，进行农村产业结构调整，大力发展高效农业、特色农业和科技产业，以"南菜、北果、中工商"的总体格局为基础，突出"名、优、新、特"的产业特色，形成了现代农业科技生产与示范的特色小镇。

五泉镇在现代农业发展过程中，针对镇域缺乏主打种植养殖业特色的现实情况，以农业新科技为切入点，突出新品种、新技术、新模式，形成具有市场竞争力的农业生产优势布局，实现了设施农业、苗木花卉、经济林果、养殖和食用菌产业全面发展的格局。已建成设施大棚 8 000 亩、小麦良种基地 2.2 万亩、经济林果和苗木基地 1.3 万亩。在经营方面，共组建专业合作社及科技服务组织 63 个，注册家庭农场 14 个，在建的二三产项目有杨凌副食产品加工村、杨凌特色农产品加村和农业文化产品村 3 个特色产业村。

当地政府为促进农旅融合发展，开发了农业文化产品村——与隋文帝的隋泰陵毗邻的王上村。王上村的开发立足现有村落的基础环境，充分挖

---

① 余茜，李冬梅. 农业特色小镇发展模式比较研究——以浙江省余杭市春风长乐小镇和陕西省杨凌区五泉镇为例[J]. 世界农业，2018（02）：53-59.

掘农耕文化、关中民俗文化、历史文化等文化资源，提升村容村貌，打造特色乡村民宿及餐饮，树立"美丽五泉"新形象。其开发的重点是利用村落周转出的集中宅基用地，打造农村星级民宿品牌，其中有落式、星光房、集装箱式等特色民宿。

五泉镇农业特色小镇是一个高新农业科技引领+农旅的典型案例，其启示如下。

第一，现代农业发展必须强化科技引领，彰显新品种、新技术、新的生产方式、新的经营模式等方面的优势，并科学规划，保持市场预判和经济效益的前瞻性以及项目的落地性。

第二，现代农业发展离不开高校及科研院所的技术依托、地方技术服务组织的适时保障和生产经营主体技术人员的贯彻落实以及三级技术队伍的密切协作。

第三，现代农业发展的竞争力有赖于产品的标准化生产和高品质保障。

第四，农旅融合，提升乡村风貌，有利于激发现代农业发展的活力。该活力主要表现在广告宣传效应和环境对人才及投资者的吸引力。

（四）杨陵马家底乡村旅游民宿村

马家底村位于陕西杨陵北坡半山腰，是杨凌示范区较为偏远的一个小村庄。马家底村依山傍水，植被丰茂。过去，村民仅靠农作物生产，收入甚微，大多数青年人外出务工。近年来，在政府的引导下，马家底村依托渭河廊道生态优势，发展乡村旅游，打造以民宿体验为主，集田园观光、乡村度假、康体休闲、亲子研学为一体的产业新业态，实现了旅游富民、旅游强农的转变，达到企业、社会、贫困户"三赢"。

马家底村依托农村宅基地所有权、资格权、使用权"三权分置"政策，助力乡村振兴。杨陵区按照市场化运作的原则，积极引入社会资本，通过"国有企业+村集体+社会资本"的合作模式，建立了农民和政府之间的利益联结体，共同推动项目。其具体做法是：杨凌区文投公司与村集体联合成立杨凌渭水乡邻开发有限公司实施项目的开发运作，集中运作愿意流转的宅基地。愿意流转的住户根据对其宅基地及院落的评估，和杨村乡的宅基地置换回迁房，原有宅基地归集体所有，用于开发。文投公司补偿住户的补偿款部分归住户，部分交由集体做开发入股资金，与文投公司的注入资金一并投入项目开发。开发采取集中与分散相结合的策略，对核心区的5户集中连片开发成由公司经营的民宿综合体，其余向社会招租，用于社会资金开发建设。分散开发的住户采取自愿的方式，愿意开发的住户搬迁并转交宅基地所有权和资格权，由联合公司向外承租，不愿意流转的住户维持原有归属权，或自己开发，或与公司联合开发。

马家底村开发的第一户是地处村西北角的"时光小院"，由社会自由人对两院宅基地长期承租，租期20年。投资者对其中的一院住宅改造为特色餐饮农家乐，另一院拆掉重建，打造成富有文化气息的民宿酒店，二者互为补充。民宿酒店为顾客提供住宿、休闲娱乐、文化创作等不同的空间，颇具吸引力。"时光小院"自2020年开业以来生意兴隆，对整个村落的开发具有极大的示范带动效应。"时光小院"风格古朴别致，门前柱子上镌刻着"栖息心灵乡村民宿听风雨，细品岁月时光小院话酒茶"的楹联，水缸、算盘、耕犁等老物件变废为宝，一派恬静悠闲的田园景象，带给人们别样的乡村记忆。

杨陵马家底乡村旅游民宿村是一个盘活宅基地资产的典型案例，不失为我国农村宅基地改革的成功典范，其启示如下。

第一，农旅融合是一项复杂多元的系统工程，不应拘泥于传统的风景资源与文化资源为基础的开发层面，应该根据乡村现有资源，因地制宜，合理开发，重在盘活现有资源。其形式和内容随着资产盘活的创新推进将更加丰富。这对于像王村镇这样旅游资源和风景资源有限的广大农村来说，意义重大。

第二，以宅基地为切入点的农村村落资源的旅游开发潜力巨大，空心化现象严重、闲置宅基地较多的广大乡村为农旅开发提供了广阔舞台。

第三，乡村村落农旅开发，有利于从根本上提升村容村貌，改善农村基础设施和生活条件，增强乡村魅力和吸引力，为农民工返乡创业提供了良机，也有利于宣传和吸引投资，实现城乡互惠发展。

（五）成都多利农庄

1. 项目概况

成都多利农庄位于四川省成都市郫都区，距成都市30千米，总规划面积7 106平方千米，由红光街道白云村和三道堰街道的青塔村、秦家庙村三村连片规划建设的，依托当地有名的豆瓣酱产业与三道堰水乡文化，打造集农业休闲康养于一体、生产生活生态相融合、六次产业全链条增值的田园综合体和都市有机农业小镇。

2. 功能组织

如表5-1所示，项目计划划分为五个区域，分别为有机生态农业区、农旅融合产业区、有机生活体验区、水生活田园社区以及农村新型社区。

表5-1 成都多利农庄功能组织表

功能分区	内容	功能
有机农业生态区	标准生产温室、蔬菜加工件、有机蔬果温室	加工农业、畜牧业产品
农旅融合产业区	生物湿地、农业双创中心、有机生活体验农庄	住宿、企业孵化、文旅休闲
有机生活体验区	平衡车公园、有机洪培坊、农夫集市、秋千园	餐饮游乐体验
水生活田园社区	五感菜园、精品民宿、自然疗愈中心、秘密花园	康养养生、采摘体验
农村新型社区	村民居住区、幼儿园、农贸市场、卫生站	村民安置

有机生活体验区建有农业双创中心、温室大棚、生物湿地、有机生活体验农庄、桃源牧场与儿童公园等。

3. 交通规则

成都多利农庄主要是步行游览，道路等级划分为三级，分别是主路、次级路、小路。主路为环形，道路设置较为通直，采用灰色混凝土铺装。次级路与小路则较为曲折，通往园内多个景点，铺装方式以木质与石质为主。木质铺装材质主要是防腐木，主要用于贯穿草坪或农田的小路。石质铺装以花岗岩与条石为主。花岗岩为米黄色，主要用于次级路，条石则主要用于汀步。

停车场集中布置在园区的入口附近，与园区大门以道路相连；铺装以混凝土为主，硬化面积较大，中间没有布置绿化隔离带。停车场周围种植了黄杨、女贞、海桐等灌木，既弥补了乡野情趣的不足，又软化了停车空间。

4. 农旅融合机制

成都多利农庄在农业生产的基础上，利用现代农业景观发展研学科普游、亲子活动游等旅游产品，并引入餐饮与住宿等配套设施，实现了产业协同发展。采用以农业为基础，与加工业、旅游业相结合的手段，引入三步价值阶梯，导入农业发展要素。

农业方面，首先通过技术实现质量兴农，提升农地生产价值。建立智能连栋温室，可生产多种农作物，并配套分拣包装系统与冷链配送，可通过电商平台将农产品对外销售。以郫县豆瓣酱为特色产业，建设郫县豆瓣川菜研发中心与川菜文化饮食部落，塑造和推广郫都区域的农产品品牌，实现农业与加工业共赢，将农业价值转化为商业价值和品牌价值。

旅游方面，完善旅游产业生态，提升乡村生活价值。基于当地的农业基底，向游客介绍智能连栋温室内高新农业生产景观与"稻鱼共生"的循环生产景观，提高游客对现代农业的认识。对外示范推广前沿农业科技，借助农田水利工程、精准喷灌系统、有机生产大棚等优化农业基础设施，发展高端有机农业和规模化替代基础农业，从而提升农业生产效率，提高农地生产价值。建设桃源牧场与儿童活动公园，打造丰富多彩的儿童体验活动，吸引亲子家庭前往。

5. 景观营造

（1）聚落景观

聚落景观体现在有机生活体验农庄，位于有机生活体验区东部，以成都地区农家院落和周边自然环境有机融合形成的农村居住环境形态为模型，分为公共区域和庭院区域两部分。

公共区域结合建筑分布，以村落形式依照行进动线分为"村口""村尾""巷道"三部分；"村口"作为形象展示空间兼具居民活动、聚集功能；"村尾"作为道路的尽头，是景观节点和居民休憩、交流的场地；"巷道"则为行进道路，承接各个庭院的入口空间。植物设计以构树等大乔木为主，结合棕竹、桂花等自然形态灌木，搭配海桐等剪型植物，塑造形态变化、层次丰富的植物景观。

庭院区域被分为庭、院、园、田4级体系。庭是入户花园，院是四面围合的公共庭院，院外是园，最外围布置农田。庭院区域通过曲廊、小道等将若干功能空间连接在一起，借助月亮门、八角门、宝瓶门、海棠门等不同形制的洞门，使分隔的空间发生渗透，沟通园内各个空间，使视线通透。屋顶以柱为支撑，柱上有梁、坊，再加以斗拱咬合以减震、抗震。屋檐沿袭了传统建筑的飞檐，扩大采光面，且有利于排泄雨水，为建筑增添向上的动感。屋顶瓦片采用无光黑色琉璃瓦，烧制时施以特制的釉，下雨时不会在瓦片上留下水渍，确保了建筑的美观。为避免影响建筑光照，庭院区域选择的植物相对低矮，以灌-草结构为主，灌木包括南天竹、夜香树、大叶黄杨等，草本包括八角金盘、麦冬吉祥草等。

（2）生产性景观

生产性景观包括温室大棚、生物湿地与桃源牧场等。温室大棚位于有机生活体验区西北部，占地约12 000平方米，可生产紫茄子、土豆、秋葵、青江菜、紫甘蓝、水果黄瓜、小番茄、草莓等多种农作物，通过高新农业的生产景观吸引游客，向游客科普农业生产技术知识。

生物湿地位于有机生活体验区中部，将湿地景观与"稻鱼共生"的生产方式结合，种养了水稻、泥鳅、鳝鱼等。"稻鱼共生"系统中，农作物为鱼类提供庇荫和有机食物，鱼类可以发挥耕田除草、松土增肥、提供氧气、吞食害虫等功能，减少系统对化肥的依赖，增加了系统的生物多样性。桃源牧场位于有机生活体验区东南部，主要以畜牧业养殖为主，在草坪上设置了农舍与栅栏，采用圈养的方式饲养了羊、猪等小动物，并为儿童设计诸如喂食、触摸、赛跑等活动，丰富了儿童的游览体验。

（3）自然景观

成都多利农庄依据原址的地势条件，在入口设计了湖泊。湖泊整体形态偏圆形，面积较小，池水碧绿，清澈见底，倒映了周围的树影。驳岸采用自然式，将大小不一的卵石结合草坪，凸显了乡野人家风情。

采用的植物多为乡土树种，以香樟为主的乔木，结合金叶女贞、琴丝竹、南天竹、美人蕉等自然形态下多种叶型的小灌木，以及混播草皮的地被，构建了乔—灌—草置方式的植物组团景观，丰富了视觉效果。

成都多利山庄在功能组织方面较为成功，具备了生产加工、休闲旅游、餐饮住宿等多种功能，布局较为完善，但在选址、交通规划与景观营造方面还有欠缺。选址方面，游客可通过自驾或乘坐公交车到达，但公交车发车间距时间较长,可达性一般。交通规划方面,主路与次级路区别明显,铺装形式多样丰富。停车场绿化较少,破坏了景观氛围。景观营造方面,没有体现当地的特色,聚落景观完全为新建,建筑风格与江南地区相似,失去了川渝的地域特色。生产性景观以温室生产为主,农产品没有突出当地的豆瓣特色。

(六)宝桑园新生态农业示范基地

1.项目概况

宝桑园新生态农业示范基地位于广州市花都区花山镇,是一个新型蚕桑农业科研示范基地,同时也是一个集科研、农业生产、休闲体验、科学普及为一体的生态旅游景区。宝桑园占地面积800亩,原以种植桑树、发展桑基鱼塘和养蚕为主,在逐步开发中开始种植其他有机瓜果蔬菜和生态养殖禽畜。园内设施齐全,饮食住宿、休闲养生、游戏娱乐、运动健身皆有。在广东省农科院的技术支持下,宝桑园更是打出了"无农药""无化肥""无激素"等口号。

2.主要特色

宝桑园里种植了数十万棵不同品种的桑树,有本土品种,也有从外国引进的优良品种。每到桑果成熟的季节,园区内都会举办桑果节,香甜多汁的桑果是园内的特色果品,是增加游客量的保证。人们可以在园内任意采摘和品尝新鲜桑果。在非桑果成熟季节,会以其他时令水果或蔬菜补替,如葡萄、荔枝、龙眼、草莓、香瓜、冬瓜、南瓜等,游客一年四季都可以享采摘农作物的乐趣。

宝桑园里还有一项具有珠三角地方特色的工程——桑基鱼塘。塘梗种桑,桑叶作为蚕的食物,蚕粪喂鱼,鱼粪肥沃了塘泥,塘泥最后又成为桑树的肥料,由此而形成了一个有效的生态循环系统。桑基鱼塘的良性生态循环理念对于现今社会的生态需求具有十分重要的研究意义。

我国在很早便已经开始养蚕种桑,蚕丝贸易曾是我国的一大重要支柱产业,具有深厚的历史文化意义。借此,宝桑园内建有蚕桑科普馆和蚕宝宝体验区,游客可以在这里通过阅读资料、观看实物、动手喂蚕、领养宝宝等活动,从对实物的视觉和触觉中加深对我国蚕桑文化的认识。

3.园区创意产业链

宝桑园依托种植桑树和养蚕,从供游客采摘桑果到桑果加工,再到桑叶、桑枝、蚕蛹、蚕蛾等副产品的加工,贯穿了蚕桑产业发展的整个链条。宝桑园已具备了自身的品牌产品,依托创新技术的支持研发了一系列的保健养生食品,且均利用的是自身农业资源。为了充分开拓产品市场,宝桑园同时开通了互联网销售的电商模式,打造宝桑园网络市场。宝桑园是第一、第二、第三产业高度融合的成功案例,做好"三产融合"的创意理念是创意休闲农业开发的一个重要手段。

宝桑园区内的散养鸡名为灵芝鸡,因园区利用桑枝、灵芝粉、桑叶粉等作为饲料原料进行喂食而得名,其蛋称为灵芝鸡蛋。宝桑园时常会以游园优惠活动的形式销售产鸡、产蛋,备受游客欢迎。对于鸡的排泄物,宝桑园经过处理后合理地用作菜地或果园肥料,促进了园区经济可持续发展和园区生态的良性循环。

4.案例启示

宝桑园的生态良性循环意识很强,游客进入游园如同走进了一个自然百科世界,处处能学习到生态环保知识,处处可以了解桑蚕文化这一古老的中华传统文化。另外,宝桑园拥有丰富的农业产品供游客进行采摘、品尝体验。宝桑园对于产业链的构建也十分重视,以创新理念推动运营,充分挖掘农业资本资源,经过种植、研发、管理、挑选、加工、包装、销售等一系列的过程,形成宝桑园特有的经营模式。

宝桑园作为一个农业生态园,可以说是成功的,但作为一个休闲观光景点,却有些美中不足。园内可供观赏性的景点几乎没有,不利于吸引游客驻足赏玩;因园内大面积单一种植桑果,而采摘桑果的最好时节多集中于春季,在其他季节虽有其他时令果种替补,但往往较为冷清。

第六章　现代高效农业规划编制实践

现代高效农业是相对于传统农业、反映当代农业发展水平的农业形态，是现代化的农业生产经营，实现了规模化、专业化、集约化、社会化的大生产，大幅度提高了农业劳动生产率。没有农业现代化就没有国家现代化，发展现代高效农业已成为促进农业增效、农民增收的一条重要途径。编制观念新、起点高、质量严、可实施，具有一定指导性、综合性和前瞻性的高标准规划，用以指导各地农业生产实践，是促进现代农业可持续良性发展的重要前提，也是政府干预市场经济的重要手段，是鼓励企业以工促农、反哺农业的重要依据，也是各地、各部门开展工作的重要参考。

一、现代高效农业规划编制方法

（一）制定现代高效农业规划的意义

1. 推动现代农业建设，促进社会、经济、生态的和谐发展

农业是弱势产业，只有发展现代高效农业才能大幅提高农业综合效益，因此，制定具有可操作性的现代高效农业规划就成了关键。例如在江苏省，为推动具有江苏特点的现代农业快速发展，自2010年开始，江苏省建设了一批产业特色鲜明、科技含量较高、物质装备先进、运行机制灵活、综合效益显著的现代农业产业园区，政府要求在每个县（市、区）认定并扶持一个省级现代农业产业园区。因此，无论是各级政府还是涉农企业，纷纷邀请各路专家团队编制某地现代农业发展规划或农业科技园区建设规划，其中规划的精髓都深刻体现了现代农业的内涵，用现代物质条件装备农业，用现代科学技术改造农业，用现代产业体系提升农业，用现代经营形式推进农业，用现代发展理念引领农业，培养新型农民发展农业，不断引进和

集成组装农业科技新成果，探索现代农业发展新的模式，通过建设现代高效农业示范基地引导各地现代高效农业的发展，促进各地社会经济的和谐发展，实现农业又好又快发展。

2. 为城乡居民提供优质安全的农副产品

农产品的安全生产是现代农业的主要目标之一，也是现代农业规划制定的主要目标之一。依靠科技优势，规划建设优质农产品生产基地，发展绿色和有机农产品，实现农业从数量型向质量型转变。开展农产品加工，延长农业产业链条，提高农产品的综合利用和转化增值水平，同时吸纳农村富余劳动力就业，增加农民收入。通过输出先进生产技术、标准和品牌，带动本地区优质安全农产品的生产，进一步满足人们对优质安全农副产品的需求。

3. 引导工业反哺农业，推动农业经济发展

农业企业要想获得长久稳定的发展，应建设高效、优质的原料生产基地。例如，江苏悦达·家乐福（建湖）现代农业示范区是江苏悦达集团和法国家乐福两家联合，在江苏省建湖县建设的现代化农业示范区，该示范区是家乐福超市的后备优质农产品供应基地，是江苏悦达集团为回报社会、致富农民、推进盐城经济社会发展，与建湖县人民政府联合创建的生态农业、农业产业化与新农村建设相结合的现代农业示范基地，旨在实现农村发展、农业增效和农民增收，营造农民、企业和社会共赢局面。

4. 促进乡村振兴战略的实施

2017年党的十九大报告中首次提出"乡村振兴战略"，习近平总书记提出"产业振兴、生态宜居、乡风文明、治理有效、生活富裕"[①]的总要求，也一并指出："农业农村农民问题是关系国计民生的根本性问题，必须始终把解决好'三农'问题作为全党工作重中之重。"[②] "乡村振兴"的提出是党治国理政又一理论创新和理论贡献，同时更是中国特色社会主义伟大实践不断推进的成果。现代高效农业规划的"乡村振兴"，都明确要求各

---

① 中共中央党史和文献研究院编. 习近平关于"三农"工作论述摘编[M]. 北京：中央文献出版社，2019：21.
② 中共中央党史和文献研究院编. 习近平关于"三农"工作论述摘编[M]. 北京：中央文献出版社，2019：5.

地按照"产业振兴、生态宜居、乡风文明、治理有效、生活富裕"的总要求，本着质量兴农、绿色兴农的乡村产业发展理念，注重在夯实乡村生产能力的同时，兼顾一、二、三产业的融合发展，实现乡村经济的多元化发展。同时以更加开放包容的心态，培育适合乡村发展的新型产业，实现乡村产业发展的一体化。发展生态农业产业和生态旅游等相关服务业，实现乡村产业升级换代。繁荣兴盛乡村文化，不断提高乡村社会的文明程度。扎实推进乡村党组织建设，充分发挥基层党组织的战斗堡垒作用，还要达到自治、法治、德治的完美结合，实现乡村的活力、有序、平安、和谐。从教育、医疗、卫生、基础设施、社会保障体系、人居环境等多方着手来提升乡村的民生保障水平，让广大农民群众享有更多的幸福感、获得感。

统筹城乡发展，以产业化提升农业、城市化带动农村、多元化致富农民，紧扣农村经济发展核心，全面推进农村经济建设、政治建设、文化建设，把农村建设成为产业兴旺发达、农民生活富裕、乡风文明进步、环境优美宜人、生活和谐美好的社会主义新农村。

（二）现代高效农业规划理念

现代高效农业规划的灵魂所在即功能定位。在制定不同地区现代农业发展规划时，就要综合考虑各地所处地理位置和发展重点等的差异，将自然资源和社会条件，以及各地政府、企业等的发展思路合理概括。总体来讲，现代高效农业要实现三个方面的现代化，即生产条件、生产技术和生产方式的现代化。从生产条件来看，主要包括农业机械化、农业水利化、农业化学化和农业电气化四个方面。生产技术、生产方式的现代化，主要体现在新优品种、高效栽培技术、经营模式、经营规模等方面，采用新技术培育新品种，拓展现代农业经营模式，发展现代高效规模农业。因此，现代高效农业规划要充分体现现代农业的内涵和特点，在现代农业园区里要处处体现现代特色，并依据市场、生态、休闲、效益四个因素来共同决定现代高效农业规划主体的规划布局。归根到底，现代高效农业理念是要实现农业生产、生活、生态功能的共赢，即为城乡居民提供各类优质、安全的农副产品和加工产品的生产功能；提供接触自然、体验农业以及休闲、教育、度假、观光、旅游与游憩的场所和机会的生活功能；提供清新、宁静、优美生活环境的生态功能。

（三）现代高效农业规划技术路线

现代高效农业规划从立项到实施，需要经过调研、座谈、大纲编制、起草初稿、送审、专家评审等一系列过程，可涵盖的内容如图6-1所示。

从图6-1可知，规划大纲在编制过程中占据非常重要的位置，大纲编制要充分领会当地的发展重点和发展趋势，因地制宜，还要与当地主导产业发展规划、城市发展规划、土地利用规划等衔接，要与当地相关部门座谈、讨论，并请专家指导，广泛听取不同意见，总结完善后，确定规划大纲。根据大纲编制规划初稿，请当地相关人员及专家参加座谈，讨论规划初稿。如果座谈通过，就修改完善制定评审稿，并请专家评审；如果没有通过，就要回到起点，在大纲基础上再次调研、座谈、收集资料。最后邀请多位经验丰富的农业领域的专家评审，征求各位专家的意见后，定稿实施。

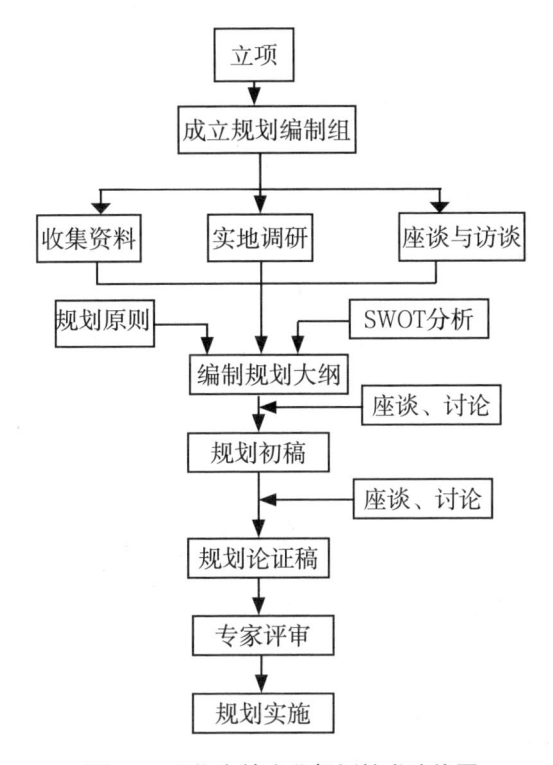

图6-1 现代高效农业规划技术路线图

（四）推动现代高效农业规划的措施

1. 政策扶持

为保证现代高效农业规划的顺利实施，要将该规划主体项目纳入该地发展的年度计划，出台相关政策，在土地利用、税收优惠等方面改善相关企事业单位的投资环境，鼓励对农业多功能领域的拓展和探索，带动农民致富，进而辐射带动周边地区农业的可持续发展，创造良好的社会效益。

2. 组织保障

一个高质、高标的现代高效农业规划的实施必须要有一个强有力的组织机构，切实加强领导、统一认识、协调行动。

3. 技术支持

高科技是推动现代高效农业发展的重要手段。一个现代高效农业规划的实施必须依托当地或省内乃至国内外的先进技术力量，加强农业科研、农产品开发与销售等方面的合作，要成立技术指导组。

4. 资金保障

高投入是现代高效农业实现可持续发展的必要条件。为了保障某地或某园区现代农业规划的顺利进行，必须建立一系列的经济保障制度，确保规划主体建设项目的资金需求。

5. 人才保障

目前很多现代农业园区建设都是非农企业的作为，缺乏农业方面的人才。为促使规划建设主体的顺利实施，应聘用相关项目建设的技术人才、经营管理人才，与涉农科研院所结盟，以保证规划主体的有序化、规范化建设和经营。

二、现代高效农业规划建设实践典型案例分析

（一）广州市正旭农业科技有限公司

1. 发展状况

广州正旭农业科技有限公司是广州市增城区迟菜心产业园项目实施主体之一，为了统筹布局生产、加工、研发、示范、服务、旅游等功能板块，迟菜心产业园项目按照生产—加工—科技—营销（品牌）的全方位产业链

的要求生产。采用"产、学、研、政"深度结合的产业联盟模式，打造成"一核心、两片区"的空间结构。其建设符合我国现阶段农业农村的指引要求，是现阶段最新的现代高效农业产业园建设模式。

广州市正旭农业科技有限公司办公室地址位于广州市增城小楼镇腊圃村香江市场。之所以选择在小楼镇腊布村落户，因该村位于丘陵地带，北回归线穿境而过，常年受海洋性季风气候影响，气候适宜，光照充足，雨量充沛。为此，该村不仅有最正宗、最清甜的增城菜心，还有大面积种植的荔枝、龙眼、丝苗米等，因增城菜心、荔枝、龙眼衍生出的菜干、蜂蜜等农产品品种丰富、质量上乘，使得该村在新中国成立后就形成了一个小型的农贸市场中心，因此，农业基础深厚。2014年6月，广州市正旭农业科技有限公司在小楼镇建设以孵化涉农企业、提供创新环境、搭建信息科技服务平台、培养创新型人才、创新成果保护为核心理念的正旭现代农业产业园。2015年6月，正旭现代农业产业园更名为正旭现代农业孵化园。正旭现代农业孵化园是目前广州市第一个涉农"孵化园"。孵化园的建设，促进了农产品产、销、物流等供应链逐步向规范化、规模化转变，提高了农户、涉农企业的积极性，推动农业创新、群众创业的快速发展。近年来，广州增城区大力发展现代都市型农业，成为广州地区和珠江三角洲粮食、水果、蔬菜、禽畜和鲜活商品的主要生产基地，走出了一条"公司+基地+农户"的"三高"农业发展路子。在这样的大环境下，广州市正旭农业科技有限公司探索产业发展的新模式，以"公司+基地+合作社+农户"的新型发展路子，在小楼镇腊布村落户。

广州市正旭农业科技有限公司汇集资金、信息、采购销售渠道、物流仓储等资源，走订单式购销模式，积极发展观光旅游业、农业保险业，打造品牌产品和开拓网络高端市场营销平台，孕育了一批农业拳头产品、龙头企业，成为一个集信息共享、电子商务、农产品配送、仓贮冷冻、农业观光等于一体的开放式现代化农业平台。

正旭农业孵化园自运作以来，积极引导涉农企业进驻园区，力求打造集信息共享、电子商务、农产品配送、仓储冷冻、农业观光等一体化平台，积极发展观光旅游业、农业保险业，打造品牌产品和开拓网络高端市场营销平台，孕育一批农业拳头产品、龙头企业。目前，园内已有绿垠农业公司、达农优科农业公司、绿聚来农业公司、秀金农业经济合作社（秀金农场）、丰粮农业专业合作社等多家企业进驻。入驻企业拥有火龙果、冬瓜、荔枝、龙眼、菜心、稻米、凉粉草、柑橘、茶、金银花、花卉等种植基地。

达农优科农业公司是第一家入驻孵化园的企业。该公司有数百亩蔬菜瓜果种植基地，并与省内的华润万家等超市达成供货合作协议。但原来公司基地的产量不够大，公司没有仓储场地和包装设备，没有冷库，配送环节也跟不上。自进驻孵化园区以来，园区提供的场地解决了公司农产品仓储问题。仓储、包装设备、配送是限制农产品流通的最大障碍，利用园区的配套设施，极大地降低了公司生产成本。

在确保资金安全的情况下，正旭农业科技有限公司凭借农业产业项目集中度高、市场营销能力强、示范带动作用大的天然优势，帮扶园内企业、农户把资金投放到低风险、能增收的生产性项目上，为合作伙伴拓展营销网络平台，构建供销链。目前，达农优科农业公司已承接园区提供的与百胜餐饮的订单式生产合同。根据合同，达农优科农业公司利用自身的生产基地，为百盛餐饮每日提供青瓜、番茄等蔬菜。

2.发展特点

广州市正旭农业科技有限公司的经营目的是打造一个"温床"，提供适宜的"温度"，让农户、涉农企业安心孵化，培育增城农业龙头企业。孵化预案就是把目光重点定位在为农户、涉农企业解决经营场地难找、资金短缺、经营经验不足等创业瓶颈问题上。

正旭现代农业孵化园是在政府大力扶植规模农业、优质农业的背景下应运而生的。当前，正旭现代农业孵化园正一步步带领园区合作伙伴，打造自主品牌，通过聘请农业专家，指导园内企业和农户，使种植更规范、更符合市场需求。未来，孵化园将不断完善，吸引更多农户、种植户入园孵化，培育一批具有示范性的农业龙头企业，推动小楼、正果、派潭北部山区的经济发展，带动农户、涉农企业共同致富。正旭现代农业孵化园的规划建设包括农业金融和信息服务区、名特优农副产品展销及民俗文化区、现代农业加工配送区和生活管理（培训）区共4个功能分区，自2019年起，整个孵化园将在5年内分3期建成。在农业果蔬试验田里种植的蔬果都是采用纯天然地下水灌溉，不施洒农药、化肥，采用人工除草、手动采割，使用动物粪便、桔梗烧灰、菜叶腐败等有机肥料。

农药、化肥的使用确实增加了农产品的产量，但用久了会破坏土壤结构，而且会对环境造成污染，给人类健康带来巨大的危害。正旭现代农业孵化园试验田种出的马铃薯只有市面上售卖的四分之一大，但口感更好、淀粉含量更高。此外，在鱼养殖方面，正旭现代农业孵化园的池塘均利用水域生态循环系统，采用一方水域多种鱼类品种的养殖模式。

对于合作企业和农户的蔬果种植，正旭农业科技有限公司建立起清单制度，进行精细化管理，要求农企、农户每天做的事情包括打药、施肥、采摘最终销售方向，都要有专人进行详细追踪，甚至是农作物插牵用的物料竹子也要做详细记录。所有通过园区渠道销售的农产品，都有一套农产品生产标准，比如增城菜心的标准就包括形状、重量、成熟度等。

对于园区的农产品销售，正旭农业科技有限公司采用高效的订单式购销模式，来自正旭现代农业孵化园入驻企业或合作农户的原生态蔬果，清早就带着露珠被依次装箱，在正旭现代农业仓储配送区通过物流公司直达合作的各个蔬菜市场、商家、工厂等。需求方需要什么，正旭农业科技有限公司便向企业、农户订购什么，企业、农户也可根据需求种植需要的蔬果，这样就不存在产品滞销的问题。

从锄头一扛到鼠标点击，正旭农业科技有限公司以新型营销模式玩转市场，告别挑担小贩式的销售模式，搭上了线上与线下的市场快车，全面缩短了生态菜园到需求方的距离。正旭现代农业仓储配送区以信息整合为依托，整合了小楼镇乃至增城地区农产品生产基地信息，充分利用配送中心的电商平台，及时了解农产品的市场需求，在生产和销售过程中发挥了桥梁纽带作用。目前，该配送区与华润万家、佛山新客隆等超市以及加多宝凉茶公司、肯德基华南地区等均建立了合作关系。

此外，为破解有好项目却无资金运作的难题，正旭农业金融和信息服务区引进并运作广州市增城粤汇资金互助合作社，为企业和农户解决资金问题。贷放项目包括果蔬种植、农产品采购销售、冷库建设、农产品仓储物流配送项目建设、农场旅游项目建设等。在中介和整合资源的基础上，正旭农业科技有限公司建立了通往官、产、学、研、银行、风险投资的广泛销售渠道和网络，对入驻的企业提供全方位的支持与帮助，有效实现了农超对接，降低了中间的运营成本，促进了入驻企业的自身完善，实现了生产线式运转，形成了产业链，促进了区域农业的高效发展。

（二）B 粮油实业有限公司

1. 发展状况

B 粮油实业有限公司是一家集粮食加工、销售、贸易、仓储及配送为一体的大型综合农产品公司。公司立足粮食行业的发展，历经 20 多年的风雨洗礼，实现了规模经营，业绩稳健增长。公司坚持走"实业化、品牌化、可溯化"道路，现拥有现代化精米加工生产线 6 条，硬件设施国内一流。拥有的"绿良""增荔""金谷粮友"等十五大系列品牌产品。

目前该公司投资开展的丝苗米项目有以下几种。

第一，公司投资了现代种业项目，建设了种业研发基地，建有丝苗米种业中心、良种良法研发与科技成果转化良种繁育基地，丝苗米异地适应性种子研发生产基地、绿色标准化全机械种收基地，5G 智慧农业全程可溯源体系等。

第二，公司投资了丝苗米现代加工项目并自建加工基地，建有国际领先水平的全自动加工生产线和恒温仓储区，研发大米精深加工、米制品加工、大米营养提取与加工等。

第三，公司还新建了丝苗米优质供应链项目，自建设生产基地，推动丝苗米从种子研发、育种、全程机械化种植、收割、烘干、冷库储存、加工、销售及配送全产业链发展，打造从农田到餐桌绿色、完整、高效、可溯源的优质粮食供应链。

第四，公司投资了丝苗米都市田园综合体项目。项目为自建或合作新业态基地。项目内容是在丝苗米优质粮食供应链基础上，结合社区群定位，整合周边资源，建设丝苗米种业研发中心、丝苗米博物馆、青少年爱粮节粮及保护耕地教育基地、粮食主题现代农业科普园、青年涉农创新创业园、主题特色酒店、都市田园民宿、生态康养餐厅等，打造以丝苗米为主题和主导的产业，建成集科技研发、标准化生产、高效加工、品牌营销、休闲娱乐、研学科普于一体的都市田园综合体，实现丝苗米品质、品牌双提升，带动就业，增收致富，营造和谐、幸福、活力的新型都市社区。

2.发展特色

B粮油实业有限公司注重全产业链发展，打造从农田到餐桌绿色、完整、高效、可溯源的优质粮食供应链；一二三产融合发展，打造创新创业都市田园综合体；产学研深度结合，组建产业发展联盟，打造丝苗米现代高效农业产业园。

当地政府与科研机构、B粮油实业有限公司签署了《共建丝苗米现代农业产业园合作框架协议》，三方将齐心协力推动丝苗米现代农业产业园建设，按照"规模生产、精深加工、科技研发和品牌营销"全产业链运营要求，着力打造"H城丝苗米"品牌产业园，作为生态高效农业示范、智慧农业示范、全程机械化农业示范的标杆产业园，以及新品种、新技术示范基地进行全方位构建和展示，打造"H城丝苗米"的品牌对外窗口。

未来，B粮油实业有限公司将会投身打造"H城丝苗米"国家现代农业产业园而努力。联合科研高校和产业龙头单位共同签约"H城丝苗米"产业园建设，势必将擦亮"H城丝苗米"品牌，助力现代高效农业产业园建设走在全省乃至全国前列。

（五）基于MAP全产业链模式的海南芒果产业

1.中化农业MAP商业模式构成

中化农业MAP战略（图6-2）通过利用现代的农业科学技术"把土地种好"和推动"中国土地适度的规模化"为突破口，以现代农业种植技术集成和智慧应用农业为手段，实现在线+离线结合，提供包括农业生产全过程的现代农业综合解决方案。全方位从多个角度提高农业种植水平，逐步实现农产品生产的标准化、专业化、质量化和市场化，实现农业产业链的增值升级，提高培育植物的收益，从而提高农业整体竞争能力，促进良性循环。

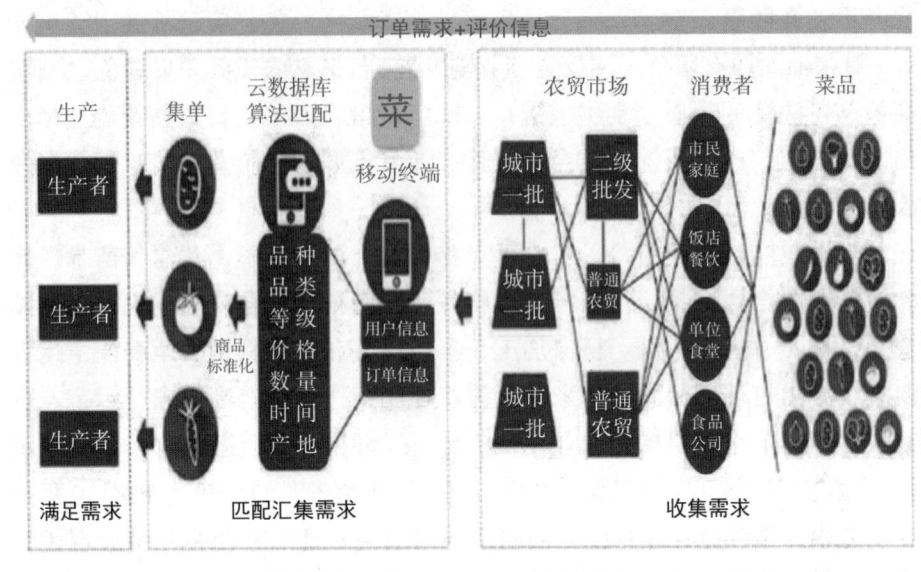

图6-2　B粮油实业有限公司订单原理

　　MAP战略旨在维护开放、合作、共同创造、共享的"网络精神"，广泛聚集优秀的现代农业产品和产业连锁资源，与合作伙伴建立优质、高效、共享的"现代农业服务生态圈"。中化的现代农业构筑在线与离线相结合（O2O）的农业服务平台，依托耕地适度规模化经营和现代科技，搞好土地种植，使种植户实现绿色发展。中化农业MAP商业模式是促使合作伙伴发展能力不断提升、落地各级政府"乡村振兴战略"和区域优势作物得到良性发展等多方共赢的发展模式。

图6-2　中化农业MAP战略示意图

（1）MAP线上智慧农业

智慧农业系统通过打造农业服务开放平台和农场管理平台，包括农资交易平台、农产品销售平台、互联网金融服务平台、农药使用平台、农场管理系统等，让更多的农业合作伙伴、产业链各环节参与者以及新型农业种植者广泛参与，实现中国农业从标准化到精准化再到智慧化的更加高阶的发展。

（2）MAP"7+3"服务模式

在核心产区布局MAP技术服务中心。将中化MAP的"7+3"功能战略落地，帮助中国农民和农业实现种出优质作物、卖出好价钱的美好愿景。

①品种规划

中化农业引进国内外先进科技力量，依托中化集团中国种子、中化作物内部科研体系与先正达、安道麦、利马格兰、科研院所、政府机构的外部科研力量，开展早熟、抗病性、高产等优质品种的培育、筛选、引进、改良，研究优质品种的特性与环境因素影响程度等并积极推广、示范和应用。

②测土配肥

中化农业根据测土方法、施肥与作物营养生长规则，遵循化肥减少量、科学施肥与合理施肥等理念，制定作物营养方案和土壤改良方案。与此同时，中化农业提供个性化、匹配化、全程化和一体化的农产品供应，优化供应链组织方式，缩短流通环节，打造从工厂直接到田间的联产平台；提供环保、安全、经济优惠的农业生产资料配套方案；帮助中国农民降低成本，提高肥料效率；引导和规范种植户科学种植，推进质量兴农绿色兴农。

③定制植保

秉承农药减量化、无害化的理念，以生物防治和物理防治为主、化学防治为辅的方法，按照无公害农产品和有机农产品要求，严格规范作物农药产品和使用量。由中化农业提供作物全生育期完善、安全的农药产品和使用方法。

④农机服务

中化农业引入优质的合作伙伴，针对产业发展痛点和难点问题，筛选行业内性价比较高的飞防公司、果园小型农机产品以及水肥一体设施化产品在价格优惠政策等方面给予一定支持，引导当地农户选择质量保障、价格优惠的农机产品，并在海南区规模化、集约化、设施化农业产业中积极应用和推广。通过整合农机行业优良资源，承担政府统防统治、社会化服务等项目，助力乡村振兴和农业产业升级。

⑤技术培训

技术服务中心提供对内对外相结合的培训工作。对内对技术服务中心在岗技术人员进行岗前培训、技能提升培训等。对外针对当地农业产业发展和农户需求，开展"室内技术培训+示范园观摩+技术讲座"多种形式和不同内容的培训，将MAP服务中心建成农民教育学院，职业农民经理人教育与带头人行动相结合，在不同地区、不同作物、不同关键时期，形成适合当地的标准化种植技术和管理培训课程，同时培育本期农业政策、行业发展动向、农事工作、智慧农业和农场经营现状等结合起来。以制定的内容，定期与不定期地举办培训会，交流会，提供运营管理咨询服务，与时俱进地培养现代农村职业经营者。

⑥智慧农业服务

中化已有的智慧农业系统具有地块管理、精准气象、遥感监测、农事管理、智能监控、品控溯源等核心功能，通过应用智慧农业系统，在技术服务中心建立智慧农业的指挥中心，实现农业信息数据的可视管理、农业技术标准的大数据管理、栽培的精准规范管理和农场运营的智能管理,帮助农户插上信息科技的翅膀,更加高效、便捷、精准地进行地块管理,提升农事活动的管理效率。同时,通过物联网、精准气象、卫星遥感和大数据等技术降低潜在的种植管理风险。

农场管理系统以准确种植、智能管理和精确管理为核心,通过物联网、Cloud Computing、互联网、人工智能、大数据等技术手段,实现农场视觉化和地区管理。从远处分析作物的生长趋势、农事管理、准确的气象、设备控制、病虫害控制等,跟踪解决农业生产整个过程中出现的问题。通过持续的数据积累和智慧农业技术的应用,促进农业生产标准化—精准化—智能化的发展。

品控溯源是中化农业自主开发的MAP智慧农业系统,包括熊猫指南品评系统、物流采集小程序等,实现从种植到采摘、分选、仓储、物流、销售等各节点信息全方位系统化采集,在此基础上建设基于区块链的农产品品控溯源平台,真正实现了产品"农田—餐桌"的全程追溯。品控溯源平台包含采集、赋码、监管、溯源、查询五大功能,品控溯源是品牌建设的基础和保障,品控溯源平台基于中化农业已有的线下服务基础和已建信息化系统,提炼优势,积极与外部供应商展开合作。消费者通过MAP溯源小程序查询溯源信息,向消费者展示作物的农场基础情况、环境数据、全程生长日志展示、农事记录、行业资质认证、质检信息、品评信息,从时间戳、地理戳、品质戳三个维度展示每一份农产品的"前世今生"。

⑦检测服务

中化农业在技术服务中心建设检测化验分析室并配套土壤和农产品检测常规设备,具备农田土壤现场速测和实验室室内检测两种能力,分析检测人员经过专业培训,持证上岗。MAP技术服务中心专业农艺师根据土壤和植株检测结果,为农户制定土壤改良方案和施肥建议。通过与规模化种植户建立服务纽带,提供针对不同土壤情况、不同作物情况的植物营养套餐及种植技术解决方案。开展作物农药残留速测检测服务,严格把控农产品品质。

⑧金融支持和其他服务

中化农业在服务中心设立助农服务平台,为客户提供金融服务等其他创新性的客户增值服务,与银行携手推进"农资金融生态圈"项目,为渠道商和种植户提供综合金融支持服务,加强了与客户的合作关系。中化农业与保险公司公司开展农产品保险合作业务,对于提升农业保险保障、降低种植户风险、促进农业产业良性发展具有重要意义。

⑨品牌建设和推广

A.打造农业产业联盟,加强公共品牌管理

在政府的指导和支持下,中化农业围绕主推农产品牵头制定规范化的种植、采收、加工标准,联合产业链上下游服务企业,探索成立农业产业服务联盟(以作物为导向),引入种、肥、药、机、技、加、销以及农险金融等各个环节的优良的社会化服务资源,为种植户提供专业化服务,建立农产品公共品牌,共同规范公共品牌使用标准,扩大公共品牌受益覆盖面,进一步提升产品品牌的知名度。

B.提升品牌影响力

中化农业的"熊猫指南"品评系统旨在建立以具有特色的、优质的农产品为对象的公益榜单,目的是创建具有公信力的中国高档农产品品牌,倡导健康的生活方式。"熊猫指南"以"两有一无"原则,即有精准地块信息、有退出机制、无直接商业利益以及客观中立原则为基础,持续开展"熊猫指南"的公益调查活动。符合条件的种植业企业、农民合作社可以将农产品上榜"熊猫指南",创建值得信赖的农产品品牌,从而推进中国农产品质量化、品牌化建设。

C.品牌传播

品牌的线上传播依托智慧农业,对接第三方数据,开展DSP精准广告投放,实现数据引流。借助中化农业目前已经合作的新媒体平台,如抖音、今日头条App、快手等让UGC、PGC等优质内容进行不断的"裂变",增加曝光率,实现更广泛的品牌价值认同。同时,中化农业协同产业联盟,共同打造行业大V,对品牌产品进行推广宣传,真正实现优质农产品"走出去"。

品牌的线下传播则通过技术服务中心建立品牌建设指挥中心,涵盖农产品展示功能(沙盘展示、品种历史展示、生育期标本展示、病虫害标本陈列、农产品宣传片播放)、产销信息可视功能(农产品产销信息大屏幕)

及种植信息溯源功能（智慧农业可视化大屏幕）。

⑩农产销售

依托现有种植龙头企业，集结种植农户，大力发展属地化龙头企业，充分发挥属地化企业优势，积极打造农业生产优质联盟生态圈，保证持续、稳定生产高品质农产品，助力区域品牌建设，吸引更多订单，从而使传统的产—供—销模式向以销定产的订单农业新模式转型。中化农业积极引入外部销售渠道，提供农产品产销对接和助销服务，形成订单式购销链，提前锁量锁价。

（3）大田 MAP 技术服务中心的 MAP 实践

MAP 大田通过以粮食作物的市场需求为导向，建立质优价优的粮食生产、分类收储与交易机制，推动中国粮食产业消费转型升级，满足消费者从吃得饱到吃得健康的转变。通过线下建立 MAP 技术服务中心和 MAP 示范农场，集结规模化种植户、散户、新型种植主体，辐射服务半径为 50 千米，一个技术服务中心配套 3~5 个示范农场。MAP 技术服务中心提供选种、配肥、植保、智慧农业、检测服务、农机服务、技术培训和粮食烘干仓储及销售、农业金融服务和农用柴油供应等服务。示范农场通过合作建设 MAP 的现代化农场，集中展示和集成规模种植的全套技术方案。

① MAP 实践：品种改良趋向于产量和品质平衡的转变

巢湖 MAP 技术服务中心致力于带动当地农户从当地的普通品种向优质高产品种转变，从凭常规经验向讲科学转变，将当地水稻品种从"杂"向"常"、由"籼"改"粳"、由"双"改"单"，同时涵盖品种规划、植保定制、配方施肥、农产销售等服务，致力于种出好的品质、卖出好的价钱，通过用心服务为当地农户赋能，并不断为当地农户提供科学化专业化服务。巢湖 MAP 技术服务中心的工作人员为当地农户规划、筛选粮食品种、统一采购农资、提供测土配肥、销路订单回收等一站式服务，使当地农户真正做到了节本增效。

② MAP 实践：农业提质集合先进农机和农艺品牌挖掘，提升影响

提高农业质量，必须围绕当地的优良品种，集聚先进的农业技术和农业机构。所有育种和种植程序都要关注农机结合，在农业种植园中形成农业科技的闭环，通过现代农业科技服务体系贯穿产业的"最后一公里"。

中化 MAP 深度挖掘天津"小站稻"的悠久历史，通过品牌宣传与品质提升，全程使用 MAP 产业模式，使得"小站稻"又迎来了新生：探索出适合当地的盐渍土壤改良措施，通过改造良田为"小站稻"孕育良好的土壤生态环境；借助中化 MAP 智慧农业系统和水稻叶龄诊断等先进技术，通过气象预警、田间监测，预测病虫草害发生情况、土壤墒情变化，制定精细化、智能化田间管理方案；采收后期提供仓储、加工、质检、物流、订单信息采集、基于区块链的品控溯源平台服务，集成种植管理、收获、仓储、加工、物流等各环节信息，实现从时间、地理位置、品质三个维度的精准溯源，真正做到订单采购、高溢价收购。

（4）经作 MAP 技术服务中心实践

① MAP 实践：搭建前端基地与终端市场的桥梁

应用中化智慧农业系统，以精准种植和精细管理为核心，对蒙红草莓全程种植过程提供农事作业指导及灾害预警，积累种植过程数据，构建核心竞争力。构建草莓全程品控溯源体系，从选种、种植、加工、运输全过程建立可追溯系统，通过 MAP 智慧农业系统、储藏加工数据采集系统、"熊猫指南"品评系统等相关系统，可真正实现蒙红草莓从农田到餐桌的全流程追溯，为高品质农产品提供溢价依据。依托线下强大的渠道分销体系，积累渠道大数据，将传统营销线上化，构建数字化渠道营销。

② MAP 实践：整合资源、产业赋能

在经作的洛川苹果样板中心通过整合政府、企业、高校等相关资源，为洛川苹果持续不断地赋能。其中与高校的长期试验站建立技术互助互通，通过测土精准配肥、生长节点、水肥一体化等全程指导，降低了果农成本。通过洛川县政府和中化企业背书，整合当地银行、协会、物流、商超等生态资源。

③ MAP 实践：农机和设施应用与推广

针对经作领域地形复杂、机械化程度低的问题，总部整合农机农艺技术资源，紧密围绕植营、植保产品，通过农业机械、设施装备等农业生产工具将肥机、药械有效结合。开沟施肥机作业效率、作业深度提升明显，施肥更精准，且劳动力成本降低，飞防施药更加省时、高效、节水，喷洒更为精准，安全性更强，但在老果树区因冠层浓厚，防治效果还需提升。

水肥一体化解决方案对规模种植户尤为重要，例如，面对2019年的秋季干旱，中化农业自主改造的全园水肥设施有效提升了示范园抗逆性。

2.MAP生态圈管理体系

中化农业MAP战略的核心是以中化为依托，以长期在农业领域积累的技术、服务、产品和资源整合能力为基础，应用现代农业科技，实现资源的科学配置和合理利用，逐步实现农产品生产的市场化，质量化和专业化，真正做到了优质栽种、优价售卖。作为平台战略，MAP为农业产业链的优质合作伙伴广泛聚集资源，逐步形成了各领域双赢、开放的现代农业服务"生态圈"。MAP的诞生，让规模化种植户有了属于自己的全程农业产业服务平台，也让中化农业实现了从单纯的产品供应商向农业综合服务商的跨越。

通过中化农业打造的MAP高质量"生态圈"，目前已经开展合作的伙伴涉及种子、农机、化肥、农药、土壤改良、种植技术、智慧农业、农产品销售、农业金融、加工收储、科研院所等行业和领域。每个领域的合作伙伴都是该领域具有较高知名度和较强影响力的企业或单位，比如，中国种子集团、隆平高科、沈阳化工研究院、中国科学院、中国农业大学、交通银行、招商银行、蚂蚁金服、京东金融、太平洋保险、五粮液集团、盒马鲜生、中粮集团、雷沃重工、先正达集团、华润集团等。结合中化的MAP平台，帮助农户种出好品质、卖出好价钱，实现农业打通"最后一公里"，实现农业产业化发展。

3.基于MAP全产业链模式的海南芒果产业案例分析

（1）海南芒果产业现状

海南芒果种植主要分布于海南西南部地区，品种以"台农""贵妃""金煌""象牙"等品种为主。海南独特的气候和环境优势，使其成为我国芒果核心产区。海南芒果主要种植区域分布在昌江、东方、乐东和三亚地区，其中三亚芒果种植面积占到全岛芒果份额的近一半，因其具有得天独厚的地理、气候、区位和市场优势，在国内具有一定的知名度，上市时间也是全省最早。主要品牌有"神泉""南山寿果""新鹿""斯顿"等。芒果产业通过多年发展已成为三亚市农业新的经济增长点，成为三亚农民发家致富的主要产业之一。

海南芒果生产模式多为本地人种树、外地人租树的种植模式。租树经营者追求短期利益，掠夺性生产，过程管理更是不可控，果品品质无法得到保障。由于管理过程不可控，品牌缺乏生命力，单纯的品牌打造不能带来果品溢价，价格一直处于低位。缺乏系统性的资源整合平台，没有系统性的服务，芒果产业链优化发展缺少支撑基础。

由于地理位置原因，海南芒果本应是个优势产业，但目前这个产业面临着巨大挑战，因此建立芒果科技产业园/服务综合体，引入服务芒果的专业农业综合服务公司，规范海南芒果种植与管理，提高海南芒果品牌知名度，提高种植户的收入水平，推进海南芒果产业健康、绿色和可持续发展具有重要的意义。

（2）芒果MAP技术服务中心介绍

中化农业于2017年开始分别在昌江、东方、乐东、三亚等芒果主栽区域成立MAP技术服务中心，中心以"展示中心+示范园+助销中心"三位一体的模式在海南落地推广，并逐步完善了服务功能。中心设置有展厅、培训室、办公室和检测室，并配置简易仓储设施。实现线下土壤改良、植物营养、植物保护、农机服务、技术培训、品质检测、金融服务、产品助销与订单、农产品品牌打造功能与线上基于互联网、大数据的智慧农业线上服务功能。MAP中心建设严格按照中化农业VI标准，办公、培训、展示功能齐全。

MAP技术服务中心专业农艺师通过不断调节芒果MAP示范园适当的土壤环境，采用耕地现场中速测和实验室室内检测两种方式，对于海南芒果土壤中存在的关键问题，制定示范园改良宣传方案；与当地的芒果栽培农户建立长期的服务纽带关系；根据不同的土壤状况，提供芒果品种的植物营养套装方案和附带栽培技术的综合性解决方案；向农户提供综合防治病虫害和绿色的植物保护方案；结合"技术教育+技术讲座+示范园参观"的形式，实施芒果植物保护技术教育和芒果品质提高技术教育等。

（3）芒果MAP模式实践

①服务中心+服务站+示范园创建模式

MAP战略坚持以技术为核心，围绕MAP技术服务中心布局1个服务中心配套建设4个MAP示范园。其中，综合性示范园集试验示范、技术集成、学习培训、标准建立功能为一体，同时还建设多个单一项目示范园进行"一园一主题"试验，包括土壤改良园、养分规律园、作物保护园、水肥设施园、飞防等。

利用分布在芒果产区的乡村站点优势建立服务站，以服务站为抓手服务半径5公里范围的零散种植户，将MAP的服务下沉到乡村，提高种植户的服务抵达效率和示范推广能力。为探索服务广大零散种植户MAP新模式，弥补技术服务中心现阶段存在的不足提供有力支持。服务站的合作伙伴可以是当地的种植能手、农资经销商、水果收购商等，在当地具有较高的带动能力，可以更好地为当地芒果产业服务。通过中化MAP服务中心+服务站+示范园相结合的服务模式，基本覆盖了核心产区，做到了服务、示范、展示、带动一体化运作。

②从市场端定义果品质量，制定技术方案

围绕芒果作物存在的痛点和问题，制定技术方案在示范园进行操作，实现了果品品质的提升，并不断从市场端反馈消费者对芒果品质的诉求来优化和迭代种植技术方案，种出符合市场需求的好品质芒果。如2018年，通过制定芒果种植技术方案有效提升了芒果品质，但芒果上市时间较晚，果实个头偏小，针对出现的问题制定了相应改善方案：减少留梢蓬数，通过修剪由三蓬梢留到二蓬梢，剪短花穗，留二分之一到三分之二花穗。针对果实个头小，开展花前补硼花后补施钾肥等叶面肥，果实适当梳理，每穗留1~2个果实，花期和小果期适当增加一些生长调节剂。通过中化农业海南分公司推荐的营养套餐方案和配套栽培技术方案，提高了芒果的口感、品质和货架期，实现了芒果高溢价销售。

③产学研相结合，提升科技含量

中化农业海南分公司充分调动与积极引进岛内外先进科技力量，积极整合岛内芒果、龙头企业、新型经营主体（家庭农场和农民合作社）以及海南大学、海南省农业科学院和中国热带农业科学院等科技资源单位，实现政、产、学、研相结合，努力提高海南当地芒果科技研发与成果的转化水平。

依托中化集团中国种子、中化作物内部科研体系与龙头企业、科研院所、政府机构的外部科研力量，开展优质品种、土壤改良、绿色农业技术的研发，提高芒果品质，实现高溢价销售。

④筛选优质合作伙伴，整合产业链资源

中化农业海南分公司筛选行业内优质高效的合作伙伴，整合产业链资源，助力海南芒果产业发展，真正打通芒果产业链的最后一环。长期合作伙伴分别有海南华维、"耐特菲姆"（水肥一体化企业）、"宗申"（小型农机）、"高科新新农"、"极目"（飞防企业）、中国建行、中国邮政储蓄（金融单位）、"熊猫指南"（品牌建设）、希源农业（销售平台）等。

⑤优化农资供应链，为农户节本增效

中化农业海南分公司深耕农资行业，是海南省最大的化肥分销和农化服务提供商，已建成覆盖全岛所有乡镇、直接面向农户的销售终端服务网络。中化农业海南分公司利用自身的农业投入品和销售渠道等优势，针对当地规模经营的企业和农民合作社，提供个性化、定制化、一体化的产品供应，优先安排供应链组织方式，缩短流通环节，构建工厂田地直销平台；为海南的芒果产业提供迅速的环保、便捷、经济实惠、安全放心的农业投入品套装，使种植业和农民合作社降低投入品成本，提高了投入品的使用效率，保证农户科学合理地使用投入品，引导规模化种植农户进行科学化种植管理。

⑥建立高标准示范园，推广绿色生产技术

中化农业海南分公司依托自身的土壤改良剂、生物植保产品、生态肥料等高效、优质、健康的农业投入品，并协同外部资源——海南当地科研院所、"极目"飞防科技等与当地种植大户建立高标准示范园，广泛推广土壤改良、化肥减施、生物防治等绿色生产技术。

⑦引入智慧农业，打造线上＋线下相结合的模式

中化农业海南分公司通过中化开发的智慧农业系统，将地块管理、精准气象、农事管理、专家咨询等功能，在农户服务和基地管理过程中应用，为海南农户增加信息和科技的认识，使土地管理更加便捷有效，提高对当地农民种地活动的管理效率。海南希源生态农业股份有限公司是以生态水果项目为核心，集水果栽培、原区采摘、生态旅游、商超售卖、物流配送、网络电子商务等为一体的现代化生态水果领先企业。通过应用中化现有的智慧农业系统软件，希源生态农业股份有限公司作出了投入产出分析：包括果对农场收益预测，从地块、投入类型、时间等不同维度对农场的投入

进行数据分析，在后期产品端，通过溯源系统应用，加上包装的一物一码，可以实现从种到收全产业链的跟踪，将产业信息背书到系统中，让消费者更加清楚地看到产品信息，提升芒果产业溢价能力。为希源生态农业股份有限公司的企业管理插上科技的翅膀

⑧助力品牌建设，开启助销模式

中化农业海南分公司通过中化创建的"熊猫指南"——中国优质的农产品公益榜单，帮助符合条件的农民合作社、种植企业和农产品上榜"熊猫指南"的年度榜单。目前已帮助"福返"芒果成功登榜。有"熊猫指南"为"福返"芒果做榜单背书，增加"福返"芒果产品认可度和影响力，同时通过"熊猫指南"的品评标签和溯源信息，呈现榜单内容、基地情况、产品检测报告、种植管理全过程的数据，提高了"福返"芒果产品的客户认知，大大提高了溢价能力。

（4）芒果MAP模式效益分析

①芒果MAP模式分析（见表6-2）

中化农业海南分公司积极践行MAP战略，在海南开辟了一种属于自己的海南战略模式。通过中化农业打造的MAP高质量"生态圈"，不但吸引MAP平台内合作的伙伴，还深挖海南本岛资源积极整合到平台中，基本上已经涵盖种子、种植技术、土壤改良、智慧农业、农业金融、农机、农药、农产品销售、化肥、加工收储、科研院所等行业和领域。

表6-2 MAP "7+3" 主要模式分析

"7+3"环节	合作伙伴	合作方式	盈利模式	备注
品种改良	海南省农科院果树所	提供技术支撑	公益性质	提升产业产量
植物营养	中化农业	自营	农资产品销售和技术服务	改良土壤、提供植物营养产品科学、健康、可控
植保	中化农业、先正达、安道迈	自营	农资产品销售和技术服务	病虫害防治，产品绿色、科学、可控
农机服务	飞防：极目大疆水肥一体化：顺禾、耐特菲姆	合作	中化提供农资产品，设施化企业提供设备	合作形成配套产品，增加产品适应性，并降低农户成本

续表

"7+3"环节	合作伙伴	合作方式	盈利模式	备注
技术培训	中国热带农业科学院、海南省农业科学院、海南大学	合作与自营	与海南主要高校、科研单位展开合作，分公司培养一批农技专家	提高农户专业技术水平，宣传产品效果和提高认知
智慧农业	中化农业	自主开发与自营	免费应用与个性化定制	基地、农业、企业智能化、科学化、精准化管理的辅助手段
金融服务	建设银行、邮政储蓄、蚂蚁金服等	合作	银行提供贷款服务	解决种植主题产业经营资金周转问题
保险服务	"太平洋""瑞再"等	合作	提供商业险、政策险等服务	提高农业种植主体抵御风险的能力
品牌打造	"熊猫指南"	自营	公益性质和商业服务模式结合	提高产品认知度、塑造农业产品品牌化
农产品销售	京东、盒马、华润等商超、电商平台	合作	对接销售平台	为农业产业打通"最后一公里"，提高农产品溢价能力

②芒果MAP效益案例分析

陈某是中化农资产品的经销商，也是服务站合伙人之一，同时也是乐东当地的种植户，种植芒果2000亩。当时芒果种植管理粗放、激素使用不当、果品品质下降、储藏期缩短，严重影响了商品价值。陈某拿出了200亩地做试验田，决心和中化农业一起建立MAP示范园，靠科学种地，趟出一条路来。对此，中化农业海南分公司制定了一套科学的种植和管理方式，通过开展土壤检测、科学施肥、人工控梢、水分管理等措施来提升芒果产量和品质：在芒果园重施有机肥料，种植过程中，采用物理防治和生物防治为主、化学防治为辅的无害化的治理技术手段，同时在芒果园使用水肥一体化设施，水肥使用量只是传统化肥使用量的十分之一，大大减少了肥料投入成本；在芒果果期，通过施用叶面肥、安全科学的调节剂，提升果品微量元素含量及营养，大大提高了芒果坐果率以及品质。MAP示范园中安装气象数据采集设备，实时监测种植基地，针对性调控，精准作业，规范种植标准，保证产品安全。通过"服务站+示范园"模式的创建与推广，中化农业海南分公司帮助农户节本增效，真正实现了溢价收购。

中化农业海南分公司不断探索创新，在践行央企乡村振兴战略的同时，依托当地村委会打造新型农民培训平台和精准扶贫推进平台，以产业发展带动散户农民共享现代农业发展成果。与当地的村级支部联手推出的农民课堂，受到当地农户的热烈欢迎。MAP这一平台向农户提供农业知识讲习、社会公益、技术服务、精准扶贫、产业引导和文化传播等服务，帮助农户种出好品质、卖出好价钱。中化农业海南分公司积极打造内容丰富、功能闭环的MAP服务，成为优秀的优质经作农产品的种植赋能者与技术服务商，在海南芒果产业经过多年的推广，受到越来越多的政府、企事业单位、媒体、种植企业和农户的广泛关注和认可。中化农业的MAP战略的使命就是为了打造促进地方农业发展的技术服务项目，不仅拥有专业的服务队伍、广泛的社会资源，还可以为种植户提供线上线下的综合解决方案，该平台现已在江苏、安徽、吉林、黑龙江和湖北等地开花结果，MAP战略影响力逐步断扩大，有效推动了我国现代高效农业的发展，为实现农业经济的健康快速发展作出了贡献。

第七章　我国现代农业可持续发展的路径

　　现代农业主要着眼于科学化、产业化，通过运用现代科学技术与装备，结合现代管理方法，形成农产品高效供给和产销一体，通过集约化生产促进农业可持续发展。

　　党的十九大报告明确提出实施乡村振兴战略以来，习近平总书记多次强调，实施乡村振兴战略，必须坚持农业农村优先发展这个总方针，并提出"要以构建现代农业产业体系、生产体系、经营体系为抓手，加快推进农业现代化"[①]。推动现代农业产业体系、生产体系、经营体系这三大体系的建设有利于调整农业生产结构，生产出高附加值、高品质的农产品；有利于改善农业生产的条件，提升农业生产的手段，加快先进科学技术与生产过程有机结合的进程；有利于培育和形成新型农业经营主体，实现多种形式的适度规模经营。这是现代农业建设的重要内容与举措，为现代农业的发展提出了新要求，指明了新方向。不断加快现代农业的发展，对于保障农业稳定发展、农村不断进步、农民持续增收具有重要意义，从而推动"三农"问题的解决。

　　2020年中央一号文件指出，提早谋划实施一批现代农业投资重大项目，支持项目及早落地，有效扩大农业投资；加快建设国家、省、市、县现代农业产业园，支持农村产业融合发展示范园建设，办好农村"双创"基地；采取长期稳定的支持方式，加强现代农业产业技术体系建设，对特色优势农产品进行全范围覆盖，在农业领域全产业链优化配置科技资源。[②] 这一系

---

① 习近平. 论坚持全面深化改革[M]. 北京：中央文献出版社，2018：261.
② 中共中央 国务院关于抓好"三农"领域重点工作 确保如期实现全面小康的意见[EB/OL]. （2020-02-05）[2022-01-15]. http://www.moa.gov.cn/ztzl/jj2020zyyhwj/202002/t20200205_6336614.htm.

列举措规划了现代农业的发展布局，确保了农产品的有效供给以及现代农业产业的健康发展，有利于农村经济的稳定增长。

2021年中央一号文件指出，加快健全现代农业全产业链标准体系，推动新型农业经营主体按标生产，大力培育农业龙头企业，立足实际，将特色农产品产地初加工和精深加工进行深入布局，建设现代农业产业园、农业产业强镇、优势特色产业集群。[①] 这是打造农业全产业链、构建现代乡村产业体系的重要举措，保证了资源有效整合，保障了农民的稳定收益。

《中华人民共和国国民经济和社会发展第十四个五年规划和2035年远景目标纲要》强调，走中国特色社会主义乡村振兴道路、全面实施乡村振兴战略，强化以工补农、以城带乡，推动形成工农互促、城乡互补、协调发展、共同繁荣的新型工农城乡关系，加快农业农村现代化。[②] 这对于构建具有生机和活力的现代农业产业体系，以推动农业结构优化升级，提高产业效益和竞争力，保障我国现代农业可持续发展具有重要的指导意义。

基于此，从我国农业发展实际出发，明确基本原则并理清基本思路和对策，对于保证我国农业持续发展就是十分必要的了。

一、我国现代农业可持续发展的基本原则

（一）坚持马克思主义与中国实践相结合

马克思主义始终把回答时代课题作为自己的主要使命。当今，时代变化和中国特色社会主义建设的广度和深度都超出了马克思主义经典作家曾面临的问题，甚至某些预期。我国社会主义事业还处于初级阶段，面对新形势和新问题要大胆进行理论创新。党的十八大以来，我国社会主义事业处于新的历史时期，时代和实践呼唤进一步推进理论创新，逐渐为马克思主义中国化、时代化、大众化提供了更加广阔的空间。

马克思主义是几千年人类文明的理论精华。自中国共产党成立以来，

---

① 中共中央 国务院关于全面推进乡村振兴加快农业农村现代化的意见[EB/OL].（2021-02-21）[2022-01-15].http://www.moa.gov.cn/ztzl/jj2021zyyhwz/zxgz_26476/202102/t20210221_6361865.htm.

② 中华人民共和国国民经济和社会发展第十四个五年规划和2035年远景目标纲要_滚动新闻_中国政府网[EB/OL].（2021-03-13）[2022-01-15]. https://www.gov.cn/xinwen/2021-03/13/content_5592681.htm.

马克思主义中国化的进程就未曾停歇，马克思主义中国化的优秀成果相继产生。我们必须坚持以马克思主义农业发展理论为根本指导思想，只有坚持将马克思主义农业发展理论作为中国特色社会主义农业发展的指导思想，才能使我国社会主义经济建设和农业生产经营坚持正确的发展方向。在此基础上，需要进一步研究我国农业发展状况，把农业建设所取得的成绩、存在的问题及原因搞清楚，唯有如此，才能做到将马克思主义农业发展理论与我国实际情况相结合，才能推动我国农业更好、更快地持续发展。在制定具体农业发展策略时，要坚持解放思想、实事求是、与时俱进和锐意创新的基本原则。

（二）坚定农业在国民经济中的基础地位

农业发展的第一要务是巩固农业的基础地位。提高我国农业发展水平和生产经营能力的总体思路是：通过转变农业发展的方式，巩固农业基础设施建设，提升农业现代化水平和发展生态农业，促进农业合作化的发展，实现城乡协调。其中，最基本的还是要加强和提高农业生产能力。我国农业生产要进一步调整种植业结构，确立符合各个地区自然条件和体现区域特色的种植业模式。传统种植业结构为"二元制"，即种植粮食作物和经济作物为主。各地区应积极发挥本区域资源优势，以适应种植养殖业的发展，将"二元制"种植结构扩展为"三元制"。以东北地区为例，要着力发展以玉米为主的饲料作物生产，为畜牧产业、水产养殖业提供原料。

在国家农业发展战略中，要有选择地建设具有传统优势的农业生产基地。东北地区在全国范围内拥有最好的农业资源禀赋和最大的粮食增产潜力。东北地区农业发展的战略目标应设定为：将东北地区建设成为维护国家粮食安全的战略基地、生态农业基地、农副产品深加工基地以及特色高质农产品出口基地，使东北地区成为我国农业现代化的典型示范区，作为巩固国家农业基础地位的重要依托和先进代表。

（三）将各项事业作为有机整体推进

在前两个基本原则的基础上，我们提出中国农业持续发展的第三个基本原则——将农业现代化、合作经营和城乡协调作为有机整体推进。中国农业持续发展必须要树立整体推进原则，即将各项事业作为一个有机整体来推进。作为发展中大国和传统农业国家,中国农业持续发展可谓千头万绪、项目繁复。

目前,党中央、国务院正大力推动国家现代化进程,我们正处于由农业社会向工业社会加速转变的关键历史时期。农业整体上已进入由传统农业向现代农业过渡时期,农业合作社组织开展机械化生产和农业技术创新活动,提高农业生产水平。农业合作化经营与农业现代化建设紧密联系。我们应当将农业合作制经济模式作为中国特色农业现代生产经营模式的重点选择,以农业合作化为基础提升农业生产技术,通过加强农业合作化来促进农业现代化。

新型农业合作组织的建设与缩小城乡差别、改善农民生活和维护农村社会稳定紧密联系,与乡村振兴紧密相连。农业合作社不仅可以实现分散农户的集约化生产经营,同时还能推动资源要素在产业之间、城乡之间的合理流动与配置,从而形成合理的产业空间布局,有利于城乡协调均衡发展。此外,新型农业合作化并不仅仅是一个单纯的组织行式,不是单纯地为合作化而建立的合作社,而是要通过合作制经济模式消除农村的两极分化,实现农民共同富裕。

鉴于当前我国城乡发展存在较大差距的历史现状,我们应当在坚持农业现代化和农业合作化的基础上,着力于乡村振兴,使农村提速发展。

(四)以习近平新时代中国特色社会主义思想为指导解决"三农"问题

"三农"问题是我国改革开放以来经济社会发展的突出问题,也是未来我国实现现代化需要完全解决的实质问题。进入21世纪以来,由于我国国内市场经济的深入发展、产业结构逐步调整、发展方式加速转变、社会转型加速进行,国际社会经济全球化的加速推进,各国经济相互依存日益加深,国际经济竞争更加激烈,我国经济发展面对良好机遇的同时也遭遇到国际资本的冲击和制约,使得解决"三农"问题的复杂程度和难度都大大增加。而"三农"问题并不单纯是农业、农民和农村问题,还是关系到我国的工业化、城市化、社会公平公正、经济社会可持续发展、农村和国家稳定等一系列方面的重大问题。这表明,在新的发展形势和历史条件下,解决"三农"这样事关国家发展全局的问题必须以习近平新时代中国特色社会主义思想为指导,不断推进"三农"工作,努力开创"三农"工作的新局面,以确保粮食持续稳定增产、农民持续增收和农村社会持续和谐发展。解决"三农"问题的核心——农民问题,必须坚决贯彻"以人为本"。农民依然是我国人口的大部分,主要居住在落后的农村,农民收入低,增收难,城乡居民贫富差距大,城乡发展综合水平差距大,农民权利的许多方面得不到保障。我们必须将"以人为本"落实到广大农民身上,一心一意为农民谋利益,把增加农民收入作为农业和农村经济工作的中心任务,维护农民合法权益,让农民可以真正及时地分享改革与发展的成果,推动农民全面发展;必须将农民的命运紧密置于社会主义建设事业的总体战略之中,探索解决农民问题的新途径。在农业生产技术落后、乡镇企业发展方式落后、产业结构调整加快、环境保护要求提高的条件下,要努力探索如何提高农业和乡镇企业劳动生产率、如何将过剩的大量农业人口向非农产业转移、如何解决农民收入低和收入增长缓慢、如何解决广大农民权利的保障、如何解决尽快提高广大农业劳动力科技文化素质、进而提高整个农村人口素质等新途径。

解决农业发展问题,必须坚决贯彻全面协调可持续发展和统筹兼顾。比如,对于农业的发展,既要看到农业对于国民经济发展的基础性,又要看到农业发展的从属性。农业的基础性作用在我国国情条件下是十分鲜明的,只有持续地提高农业生产力水平,才能保障城乡人民的基本生活需求和国民经济的稳定协调发展。但是,我国农业发展的从属性特征比较明显:农业生产力的发展离不开城市发展的带动,离不开工业提供技术支持,离不开市场经济的调节。所以,发展农业要与发展工业相协调、相兼顾,一定要动员工业"反哺"农业,推动工业农业、城乡一体化发展。比如,对于家庭联产承包经营责任制,既要看到家庭联产承包经营的效应具有普遍性,也要看到其逐步显示的局限性。我国以农村实行家庭承包经营责任制为开端的经济改革,在农业发展中和广大农村中曾经充分体现了先行改革的益处。但在城市的市场经济体制改革深化以后,在农业的供给水平大幅度提高使市场供求形势变化的条件下,农村家庭联产承包经营日益面临技术风险、市场风险和自然风险,尤其是在应对市场的组织化方面,表现出了明显的局限性。这就要顺应农业生产力发展的内在要求，及时地、适度地做出相应调整，也就是说，农业经营体制与国家经济体制、农业经济与整个国民经济的发展需要相协调、相兼顾，以实现可持续发展。

二、我国现代农业可持续发展的路径

"十四五"对农业农村的发展提出了更高要求，乡村振兴战略的实施与现代农业的发展息息相关，发展现代农业是促进乡村振兴的重要手段，是解决"三农"问题的关键。我国现代农业的发展虽取得一些成效，但也存在一些问题。笔者结合国内外现代农业发展经验，提出以下我国现代农业可持续发展的路径。

（一）充分发挥政府积极引导干预的作用

1.完善农业支持保护政策，促进政府积极引导干预

在现代农业发展过程中，离不开政府的积极引导。制定积极有效的农业管理制度和政策规范，有利于现代农业朝着积极高效的方向发展。

第一，完善农业保险制度。我国广大农村地区存在很多农民受教育程度不高、相关部门宣传不到位、农业保险制度不完善等问题，农业保险制度在农村推广实施力度水平低。完善农业保险制度可以有效提高抵御市场风险和自然灾害的能力，保障现代农业的发展，增加农民和涉农企业收益。持续推进农业保险扩面、增品、提标，开发满足新型农业经营主体需求的保险产品，采取以奖代补方式支持地方开展特色农产品保险。

第二，完善农业资源保护政策。高质量的农产品依赖于高水平的农业资源，优良的农业资源有利于培育出特色突出、品质优良的农产品。应扩大耕地轮休制度试点工作，保护耕地生态平衡；全面推行河长制，保护水资源可持续发展；大力开展国土绿化行动，推进水土流失综合治理、环境污染综合治理；完善天然林保护制度，把所有天然林都纳入保护范围；扩大退耕还林还草、退牧还草，建立成果巩固长效机制。

第三，完善农产品价格制度。应坚持完善粮食最低收购价格，合理调整最低收购价格水平，形成合理收购比价；加强供给侧结构性改革，缓解因农业产业结构不完善出现的供需矛盾，规范农产品市场交易秩序，保障

现代农业健康发展；深化农产品收储制度和价格形成机制改革，加快培育多元市场购销主体，改革完善中央储备粮管理体制。

第四，完善农业人才制度。应创新农业人才培育引进使用机制，通过自主培养和人才引进相结合的方式，提高农业人才的数量和质量；促进城乡、区域、校地之间农业人才积极交流；鼓励、引导社会各界积极投身到农业农村发展建设中来；鼓励农业院校、科研院所等事业单位的专业技术人才到农村挂职、兼职、离岗创新创业制度。

2.政府主导，加强农业基础设施建设

农业基础设施建设投入较大，农户个人无法承担高额费用，政府在农业基础设施建设方面起着关键的作用，因此，以财政作为主要的经济支撑，动员社会各界力量以及农户通过众筹的方式积极参与到农业基础设施建设中，形成合力，统一意见，解决农业基础设施建设的难题。要积极推进农业灌溉设施产权制度通过股份量化改革，明晰管理责任，按照股份分红，发展田间水利事业；加强农产品流通重点设施建设等，强化农业基础设施建设，不断改进农业设施和设备，完善农业生产条件。如承德市作为京津冀水涵养功能区，大水漫灌无法满足当地合理利用水资源的农业发展布局，需要选择适合当地发展的节水农业，大大降低不必要的资源浪费。首先，应充分利用喷灌和滴灌等较成熟的新型灌溉技术，不断提高水资源的利用效率。其次，可通过建立不同高度的蓄水池，利用抽水泵将山脚水源处蓄水池的水依次输送到相邻高度蓄水池内，每个蓄水池对下方的山地进行灌溉，合理控制水资源，满足不同农作物水分敏感期的用水需求，提高农业产出率，实现节水、增产的有效平衡。

3.加大财政资金投入，支持现代农业可持续发展

有财政资金支持，现代农业发展才能如鱼得水。我国现代农业发展进程中，颁布、实施了一系列支农财政政策规范。例如，建立农业服务机构如农技站、农机站、兽医站等，收效甚微，不能及时为农民提供服务和支持。农民、企业在从事农业生产经营过程中，掣肘很多，也很棘手。为此，拓宽农业生产经营过程中的融资渠道，显得尤其重要。

第一，完善农业补贴政策。应提高农业补贴政策导向和精准度；完善补偿机制，稳定种粮大户奖励政策；完善农机购置补贴政策，加大对农业

生产机械化的补贴力度，提高生产过程机械化水平；完善林业补贴政策，扩大林地生态效益补偿实施范围；完善耕地灌溉补贴机制、灌溉设施补偿机制，提高灌溉范围和灌溉效率，保障耕地灌溉到位。

第二，建立健全农业金融服务体系。农业类银行要加快完善经营管理体制，下放信贷审批权限，利用自身网点优势，拓展业务种类，加大投资力度，帮助现代农业加快发展。另外，应学习、引进国外先进金融制度，支持建立以农业为主要服务对象的金融租赁公司；引导期货公司帮助农业企业参与期货交易，开展农产品保值活动；加快发展财务公司、小额贷款公司等多种形式的社会资本，引导其帮助现代农业发展。

第三，增加社会资本投向农业发展强度。应鼓励社会资本加入现代农业发展进程；对于政府支持的农业工程和项目，可以采取政府购买服务、政府与社会资本合作等多种形式，积极促进涉农企业和社会组织参与建设、管理和运营；将能够商业化运营的农村服务业向社会资本全面开放；涉农企业和社会组织在政府监督下，承办建设农业基础设施，培训农业生产知识和技能，聘请职业经理人对农业组织进行管理等。

（二）推动土地资源利用方式根本转变

土地资源的开发利用是国民经济发展不可或缺的基本物质条件。一个国家的土地资源是否充足，土地资源利用得是否科学，不仅事关农业经济的持续发展，而且事关经济社会一切方面的持续发展。从农业发展的角度来说，科学地利用土地资源，是实现农业持续发展的重要保证。

我国土地资源中难利用地多、宜农地少，水土资源空间匹配性差，许多资源富集区与生态脆弱区重叠。大规模的国土开发利用过程中，粗放扩张的发展模式不仅对耕地资源形成挤压，还挤占了人类赖以生存的生态空间，致使国土空间开发严重失衡。再加上高速发展用地粗放浪费的多年积弊，土地资源对人口、产业以及环境的承载能力已逼近"临界点"。

自改革开放起，土地就作为生产要素名正言顺地进入了市场，与房产市场、资本市场、劳动力市场、技术市场一道汇入了市场经济洪流中。土地资源利用中的各种问题也都在当今土地市场交易和利用中表现出来。笔者认为，这些年来的实际利用现状中，主要存在以下五种博弈。

一是城市与乡村的博弈，实质是土地利用边界的博弈。随着国家工业化、城镇化进程的加快，特大城市、大城市、中小城市的边界在不断扩展，相应地，乡村的土地面积在不断缩小。

二是地方与中央以及地方各级政府间的博弈。我国的土地市场有两级，其中一级市场上的土地要素投放的数量、区位、规模和时序均由政府来控制。因为投放市场的计划指标往往关系到地方经济的发展，也关联着地方政府的"政绩"，所以博弈也主要表现在土地计划指标配给与争取上。从下级政府的角度讲，争取到建设用地指标就意味着地方争到了"发展权"。

三是工业与农业的博弈。主要表现为各级各类工业开发区与农业、农民争地。农业作为弱势产业，这种博弈的结果往往直接导致农业用地甚至优质耕地的减少，或间接导致林地、草地、湿地等生态用地的减少。

四是建设用地和农用地、未利用地的博弈。建设用地增加必然导致耕地、生态用地（含未利用地）的减少，这是土地利用效益显化和利益驱动的必然结果。

五是耕地与林地的博弈。在地类划分上，耕地与林地同属于农用地大类，但是，耕地管理与林地管理却分属两套管理体系。至少在"多规合一"实现之前，这两套管理体系会一直在政策和用地面积上"打架"，要么是耕地在悄悄地侵占林地，要么就是退耕还林，将耕地甚至是已经"上图入库"的永久基本农田转为林地。

由此可见，我国当前土地资源利用方式是很不科学的，土地资源利用情况是极为令人堪忧的，推动土地资源利用方式根本转变已经迫在眉睫。这既是我国土地资源实际情况和人地矛盾特点提出的客观要求，也是经济社会发展进入新常态对土地资源利用提出的新要求。如果我们再不科学地合理利用土地资源，我国的农业发展以及经济社会的一切发展，都将由于土地资源的束缚而无法持续下去。为了保证我国农业实现持续发展，当前推动土地资源利用方式的根本转变需要做好下列工作，或者在下列方面需要更加努力。

第一，切实地保护耕地。鉴于我国人均耕地不到世界的平均水平，人地矛盾尖锐的现实，我们必须十分珍惜土地资源，尤其是要十分珍惜耕地，必须实行最严格的耕地保护措施。

加强耕地保护立法。通过法律的手段严格控制建设等各种非农业生产用地。对于非法侵占耕地的行为实行严格的法律制裁。

划定农田保护区域。进一步做好土地利用的总体规划制定工作，对已有的土地利用规划认真修订，并编制必要的新的土地利用规划，对农田保护区域实行严格的监控。

强化公民的耕地保护意识。加大对干部和广大群众的耕地保护意识的宣传教育，牢固树立节约用地、保护耕地的观念，并积极引导干部和广大群众践行耕地保护意识，将耕地保护意识变为耕地保护的自觉行动。

第二，加大农田基本建设力度。鉴于土地资源的质量不高，在科学合理地开发利用资源的前提下，也必须加强土地资源建设以改善土地资源质量，尤其是必须通过加强农田基本建设改良耕地质量，提高耕地的生产能力。

进一步完善农田水利设施。要对现有的农田水利设施进行认真的修复和更新，同时，要兴建一批新型的大型的骨干调水灌溉工程，提高农田抗洪、抗涝、抗旱等自然灾害的能力，缓解农田用水供需矛盾，也要注重发展节水灌溉，提高用水效率。

进一步对中低产田加以改造。要以提升农田土地质量等级为基本目标，采取相应办法，消除影响农田生产能力的障碍因素，增加地力。

进一步推进农田装备现代化。要继续加快农业现代化进程，大力开发科学技术，积极培训农业生产者应用现代农业装备的能力，大力推广适合不同农田类型和经营方式的机械设备的普及性应用。

第三，努力优化土地利用结构。鉴于目前土地利用结构不够合理甚至有些地区比较混乱的现状，必须做好土地利用结构优化工作，这也是科学利用土地资源、节约土地资源、缓解人地矛盾的必要措施。

进一步实行农业生产区域专业化。将农产品生产区域相对集中，实施专业化经营，是形成良好的土地使用结构、提高土地利用效益的重要措施。从目前看，必须加强现有的商品粮、商品棉、畜牧产品基地建设，增加专业化生产区域土地利用的集约化程度，在提高商品率的同时，推进我国农业生产区域大分工格局的形成，实现高效地利用有限的农业用地。

进一步调控城市的建设用地。要依据我国土地利用总体规划，密切结合城市发展规划加强调控建设用地，通过重新核定城市的规模和用地面积，通过对土地的整理、改造和置换等办法，加快城市建设用地布局的优化，使那些闲置的土地能够得到有效合理的利用，严防非法侵占农地。在招商引资中一定要合理提高工业用地、建设用地准入门槛，坚决改变过去那种用地选址服从项目需要、用地面积服从项目投资人需求而忽视用地布局和用地效益的局面。

搭建土地节约集约利用的评价与考核机制。应进一步强化各地国土资源部门与乡镇国土所的土地监管职责，并把发展和改革委员会、园区管委会以及农林和水利等用地部门和单位纳入评价考核机制。审议基本农田保护责任、土地利用和管理部门责任，制定土地出让金的收缴、土地出让方式的规范、农地转用计划的使用、土地利用规划的实施以及用地项目的投资强度、产出率等方面的评价考核条例。通过土地利用的数量和土地利用的产出率，以及土地保持的质量等来进行综合考评。

第四，加强土地整治工作。鉴于目前土地污染问题的严重性和危害性，必须加强土地整治工作。实行土地整治是对土地资源合理开发、科学利用和切实保护的需要，也是实现生态环境建设和改善的必要措施。总的来说，是要达到土地可持续利用的目的。

加强水土保持。应加强对江河湖泊的进一步治理，应继续推进防护林工程和绿化工程，以便减轻和消除山洪、暴风雨等造成的水土流失对土地资源的危害。

加大对土地污染的防治。坚决贯彻以防为主、防治结合的方针，对污染土地、污染农业用水的污染源要坚决堵塞，对城乡企业的"三废"超标排放要坚决杜绝，也应加强使用先进的生态技术手段对化肥、农药、农业生产垃圾所带来的土地污染进行有效处理。

加强对"荒地"的开发利用。合理利用土地资源，也要开发后备土地资源，以增加土地资源的存量。目前我国还存在不少"荒地"，即荒沙、荒滩、荒山、等，作为后备土地资源是很有价值的。应根据它们的不同特征进行因地制宜的开发利用，将它们变为耕地、林地、牧场及非农业的建设用地。

（三）加快农业现代化水平提升的速度

从国家战略角度看，只有实现农业现代化，才能使农业基础地位得到保障，确保国家农业安全和国民经济稳定发展，但目前，我国全面实现农业现代化的实践经验尚显不足。由于实际情况的不同，我们不能完全照搬西方国家的农业现代化经验。结合农业经济的客观规律与发展趋势以及当前中国农业现代化发展现状，笔者认为，实现中国农业现代化战略目标，加快农业现代化水平提升的速度，需要明确的发展方向有以下几方面。

1. 构建新型农业生产经营体系

当前，世界上大体存在着四种现代化农业生产模式：以日本，荷兰等国为代表的小规模家庭农户模式；以美国、加拿大和澳大利亚为代表的大农场模式；以法国、德国为代表的发展适度规模的农场模式；以拉美国家为代表的大规模农场和小规模家庭农户并存的农业模式。

中国土地总量大，但人口基数非常庞大，人均土地占有量很低。国土东西、南北跨度大，地理环境、气候条件差异巨大。因此，不能将这四种农业现代化经营模式直接移植过来，而要因地制宜地走中国特色发展农业现代化的道路。目前，我国农业现代化尚处于构建和提升阶段，应坚持以家庭联产承包责任制为基础的农业家庭经营方式。根据中央精神，农业家庭经营方式在未来很长一段时间都将是我国农业最基本的经营形式。在此基础上，要不断深化改革和积极调整，推进合作经营、家庭经营、集体经营和企业经营等相互配合，形成促进农业现代化进程的农业经营模式。基本路径是将当前我国家庭分散经营与统一经营和服务的优势结合起来，构建新型农业生产经营体系。将单一的农业生产与相关的产业有机地结合起来，形成一种生产与服务结合的有机体，使得农业生产与相关产业的发展相互带动、形成互补，提高我国的农业现代化水平。

2. 完善农业产业结构

完善农业产业结构可以提升农业的发展质量，助力现代农业发展，农业产业化水平的提升可以使农业生产更为完善，也可以提升规模经营水平。以种植业结构为例。调整农作物种植结构，种植优质农作物，优化农业产业结构，可以在农业生产过程中帮助提升种植质量，满足农业生产的需求。农业产业结构的优化和对农业产业进行调整可以带来农业资源的合理利用，帮助农业产业更加完善。当农业产业化经营具有规模化特征后，可促进规模经营推广，增强带动生产的能力。而提升农业产业化水平可以助力农产品的生产，使其更好地满足市场需求。农业产业化水平的提升有多种形式，可以通过农业龙头企业的带动，使农业龙头企业、农户相互结合，进行农产品生产，可以更好地满足市场需求，促进农产品的销售，带动农户收益的增加，调动农户的积极性，助力农业产业的发展。

3. 延伸产业链条

应大力培育壮大龙头企业，以龙头企业集群发展为重点，突出主导产业优势，打造本地区特色品牌。以现代农业资源要素集约化发展来形成现代农业企业集聚区，使规模效应更加明显并且组织化程度更高，达到强强联合的效果。如积极推广"龙头企业+农民专业合作社+农户""行业协会+龙头企业+农民专业合作社+农户"等农业产业化经营模式，推行"公司+农户"以及"公司+基地（合作社、家庭农场）"等新型农产品生产和流通模式，提高优质农产品的产业集中度，增加农产品的科技含量，推进产业化利益联结机制创新；加强品种优选、高效生产、加工再到销售的全产业链的经营管理，增强龙头企业的辐射带动功能；同时，充分利用本地优质的农产品资源，积极引进粮食、蔬菜、畜禽等农产品加工企业，重视品牌建设；加快推进现代农业产业园项目，打造具有地方特色的优质农副加工产品，实现农产品就地加工、转化、升值，增加农产品的附加值，延伸产业链条，推动一二三产业融合发展，实现产、供、销一体化，形成规模效益，辐射带动农民增产增收。

4. 农业现代化的技术装备依托

现代化的科技装备应用是实现农业可持续发展与保证农产品长期有效供给的必要条件。农业现代化必须提高农业生产中的科技水平，通过科学技术的实际应用，突破原有的生产限制，提升农业现代化水平。要用现代的科学技术来改造农业，用先进的生产设备来装备农业，把"科技兴农"战略落到实处。

（1）完善现代农业信息化体系，提高现代农业发展效率

农业信息化有利于促进现代农业的发展，能够提升现代农业发展效率，合理配置资源，促进与农业市场的高效率衔接，有利于实现农业产业融合。同时，信息化能够提供成本低廉、多样化、覆盖面积广的农业信息和知识，有利于信息传播和扩散。现代农业信息化体系建设，有利于拓宽农民对于

其他区域农业发展情况的了解，学习其他国家和地区的成功发展经验；有利于政府加快职能转变，提高管理效能和服务效率，完善行政管理体制。

①加强信息化的建设

推动信息化在乡村建设中的重要作用，加快建设信息化、智能化农村社会治安防控体系；深入推进"互联网+农业"，扩大农业物联网示范应用。推进重要农产品全产业链大数据建设，加强国家数字农业农村系统建设；全面推进信息进村入户，依托"互联网+"推动公共服务向农村延伸。增强各地各级涉农部门和农民信息化意识。

②降低信息化成本

降低成本就是降低信息化的使用门槛，扩大信息化的受众人群，使得信息化在现代农业发展中发挥重要作用。各大运营商减费降息，降低信息化费用；鼓励政府设置信息化建设基金，加快解决好信贷、用地等困难；加快农村地区宽带网络和5G网络覆盖步伐，开发适应"三农"特点的信息技术、产品、应用和服务，推动远程医疗、远程教育等应用普及，弥合城乡数字"鸿沟"。

③加强信息化队伍建设

推进农业信息化关键是要加强农业信息化服务队伍、人才队伍建设，扩大信息网络的受众范围。积极开展相应的培训，充分发挥农业院校、信息学院的优势，通过在职培训、引进交流等形式，加强农业信息化服务队伍、人才队伍建设；实现农业信息及时准确地进入每一家农户，帮助农民增收致富。

④拓宽投资渠道

加快实现以政府为主体，市场积极引导，利用社会闲散资金，形成多元化的投资机制。鼓励引导市场资本加入，承担一部分信息化基础设施建设和管理运营费用，解决财政投入不足、优化管理效率低下的问题，进一步完善信息化基础设施建设，实现现代农业的跨越式发展。

（2）健全现代农业市场体系，提升现代农业社会服务水平

第一，加强农产品市场的合理布局。形成以中央批发市场为中心，地方批发市场为节点，满足周围农民的需求，城乡农贸市场为辅助点，辐射周围的乡村，提供生产生活物资，三级联动市场体系；促进新型农业经营

主体、加工流通企业与电商企业全面对接融合，推动线上线下互动发展，拓宽农产品的销售渠道。

第二，统筹利用国际市场，优化国内农产品供给结构，健全公平竞争的农产品进口市场环境，鼓励扩大优势农产品出口，加大海外推介力度。加强农业对外合作，推动农业走出去。以"一带一路"沿线及周边国家和地区为重点，支持农业企业开展跨国经营，建立境外生产基地和加工、仓储物流设施，培育具有国际竞争力的大企业大集团。

第三，建立起土地、资金、劳动力等生产要素的快速流通，实施农业社会化服务支撑工程，扩大政府购买农业公益性服务机制创新试点。加快发展农业生产性服务业。推进农业公共综合服务资源整合。

第四，市场要与社会服务体系相互促进，相辅相成。社会服务应该紧紧围绕在市场周围，注重社会服务体系的社会性和经济性。此外，建立健全服务网络，对各级农业机构和组织进行合理优化组合，大力开展农业服务工作，发挥农业市场积极作用。

（3）提升农业科技水平

农业科技创新是现代农业发展的活力源泉。首先，进一步加大新品种的研发力度，应重点聚焦生物育种、农业装备、智慧农业的研发创新，建设高产攻关示范基地、优势品种展示田等改良站点，推进良种良法配套。其次，根据区域特征，培育新品种，引进新技术。如秦皇岛市现代农业发展可引进和培育猪、肉鸡、肉牛等新品种，开展鱼、贝、蟹等水产品的引进和培育。加快引进新技术，不断强化农业机械化、规模化生产，让品种、技术、种植模式、农业装备等形成生产合力，推动种粮效益的增加。实现科技成果的有效转化，充分发挥农业科技对现代农业的支撑作用。最后，加大农业技术推广普及力度，通过国际农业高新科技企业集聚平台、公共实验平台以及金融服务平台等平台建设，建立以基层农技推广机构为主导、以农业可持续发展为保障的多元化农技推广体系，全力完善新型农村技术服务体系，提升农业高新科技推广的深度和广度，逐步实现农业科技的产业化、市场化。

(四) 全面优化生产环境,实现可持续发展

1. 减肥减药,实施绿色生产

一方面,逐步用新型肥料替代传统化肥、配方施肥替代习惯施肥、有机肥替代化肥,以及测土配方施肥等技术措施。合理制定各农作物单位面积化肥限量标准,改进施用肥料结构,减少化肥使用量,稳步提升耕地地力,保护农田生态环境;推广病虫害生态调控、物理控害、生物防治为主要内容的绿色防控技术,如太阳能杀虫灯、黄蓝板等绿色诱杀技术,开展低容量喷雾、静电喷雾等降低农药飘逸损失。推广新型植保机械,实施精准灌溉,及时消灭杂草,以消除病虫菌,推进病虫专业化统防统治,建立无害化防控病虫害示范区,宣传病虫害防治规律。以达到了农药减量控害的防控要求。另一方面,加强农业投入品规范化管理,加快建立化肥、农药、兽药、饲料添加剂等投入品追溯体系,逐步推行农药定点经营和实名购买,以控制化肥农药的购买量。

2. 推进农业生态治理

加强矿区和采空区生态治理,全面推进矿区损毁土地复垦和植被恢复。对煤炭资源开发区域以生态修复为重点,大力推进植树造林、退耕还林工程,积极发展防护林、生态林以及因地制宜发展核桃、水果、药材等经济林,加强林业生态建设与保护,加快推进水土流失治理与土壤保护,打造农业可持续发展示范区。在农业生态修复方面,应采用土壤改良方法,例如深耕和深松、休耕轮作,以增加土壤有机质并提高土壤肥力。实施农业面源污染综合治理。推进种植业清洁生产,强化播前种子处理,选择高效、低毒、低残留的拌种药剂,杜绝白籽下种。因地制宜集成适合不同作物的病虫害绿色防控技术模式,以有效降低化学农药使用量。开展废旧地膜的回收和再利用建设、高标准农膜试点和农作物秸秆资源化利用技术示范,推动秸秆肥料化、饲料化、原料化应用。对于治理畜禽粪污等造成的污染,应建设完善的环保设施,比如推广秸-饲-肥、秸-菌-肥、秸-能-肥等循环利用技术,引导鼓励农民利用畜禽粪便积造农家肥。将绿色导向贯穿于农业发展全过程,实现环境友好的农业可持续发展道路。

（五）推动国家现代农业示范区建设

国家现代农业示范区是中国特色农业现代化道路的具体组织形式，将现代产业发展理念作为示范区的发展标准，以现代科学技术和物质装备为支撑，让新型农民成为建设核心，以粮棉油糖、蔬菜、畜禽、水产等大宗农产品和部分地区特色农产品生产作为重点，采用现代经营管理方式的可持续发展的现代农业示范区域。当前，示范区建设成效初步显现，产业布局合理、组织方式先进、供给保障稳定、资源利用高效和综合效益显著的格局初步体现出来。国家现代农业示范区是实现农业现代化进程中的先进区域，集聚资金、技术、人才等资源，是梯度推进、辐射带动的典型模式。

示范区不是形式上的统一企业入住的"圈地"行为，而是区域性的现代农业建设工程，形成区域性产业聚集，形成符合自身特色的现代农业生产与经营体系，以产业示范、技术辐射等方式，促进周边地区农业生产水平的提升。我国地域辽阔，各地区的资源禀赋及社会经济发展水平差异很多，但各示范区在主导产业生产水平、生产经营体系创新、科技发展能力、基础设施建设以及农民人均纯收入等方面均有不俗表现。

第一，高度重视农业现代化示范区创建工作。建设农业现代化示范区是党中央作出的重大部署，是探索中国特色农业现代化道路的重要途径。各级农业农村、财政、发展改革等部门要提高政治站位，把农业现代化示范区创建工作摆在重要位置，加强统筹协调，加大政策扶持，强化指导服务，健全工作机制，有序推进农业现代化示范区创建工作。承担农业现代化示范区创建任务的县（市、区）要成立由党委和政府主要负责同志任组长的推进工作指导组，统筹协调推进，落实配套政策，加强跟踪调度，及时研究解决创建过程中的重大问题，确保创建工作取得扎实成效。

第二，准确把握农业现代化示范区创建任务。农业现代化是一个持续过程、长期任务。要把握发展新趋势，因地制宜、因区施策，重点围绕设施化、园区化、融合化、绿色化、数字化等，找准创建定位和主攻方向，明确发展目标和重点任务，科学设计推进路径和发展模式，细化政策措施和工作机制，找差距、补短板、强弱项，推动农业现代化建设整体上水平。

第三，强化农业现代化示范区创建要素保障。承担农业现代化示范区创建任务的县（市、区）要聚焦重点、聚集资源、聚合力量，推动要素向农业现代化示范区汇聚，确保创建工作取得预期目标。应强化人才支撑，完善人才引进、培养、交流、激励机制，搭建引才聚才平台，吸引农民工、高校毕业生、工商业主等各类人才到农业现代化示范区创新创业。应完善用地保障，落实农村一二三产业融合发展用地政策，盘活农村存量建设用地，支持乡村产业发展。应创新多元投入，加强政策资金资源集聚，合理用好土地出让收入，鼓励金融机构创新服务和产品，引导社会资本投资，多方筹措资金支持农业现代化示范区建设。应强化科技服务，推动与国家现代农业产业技术体系、农业科研院校开展合作，组建专家团队，加快新品种新技术新工艺新装备集成推广应用，打通科技资源进入农业现代化示范区通道，推动产业链创新链深度融合。

第四，开展农业现代化示范区监测评估和宣传推介。省级农业农村、财政、发展改革部门要对农业现代化示范区建设情况开展日常监测和跟踪调度，每年开展一次综合评估，报送年度监测评估报告。承担农业现代化示范区创建任务的县（市、区）按要求填报监测评估信息，每季度报送建设进展情况。应及时总结和发掘一批典型案例，综合运用传统媒体和新媒体等，宣传推介农业现代化示范区好做法好经验，营造良好的社会氛围。

（六）做好小农户和现代农业发展有机衔接工作

在人多地少的基本国情和基本农情下，小农户现代化是中国式农业现代化的重要实现基础。习近平总书记指出："构建现代农业产业体系、生产体系、经营体系，完善农业支持保护制度，发展多种形式适度规模经营，培育新型农业经营主体，健全农业社会化服务体系，实现小农户和现代农业发展有机衔接。"[①]党中央正式提出小农户和现代农业发展有机衔接的发展目标，并将其作为全面推进乡村振兴战略的重要抓手，充分表明农业现代化进程中的小农户发展问题，已经上升到国家战略层面。

实现小农户和现代农业发展有机衔接是一项复杂的系统性工程。小农户和现代农业发展有机衔接的路径选择，既会受到小农户类型差异的影响，也会受到小农户所经营的农业类型因素的影响，呈现出多样化特征。即使是从事同种农业类型的同类小农户，在有机衔接结点和具体实现方式的选

---

① 习近平. 论坚持全面深化改革[M]. 北京：中央文献出版社，2018：359.

择上，也会因资源禀赋、发展基础、市场条件、家庭特征等因素的不同而具有差异性。从马克思主义政治经济学的角度看，实现小农户和现代农业发展有机衔接，既会涉及农业生产力的变革，又会涉及农业生产关系的调整，并集中体现为农业生产方式的变革和农村上层建筑的调整。从小农户的角度看，小农户融入现代农业发展体系的路径选择，总体上可以分为内生发展和外部扶持两条路径。实践经验表明，受小规模家庭分散经营特征的影响，只有少部分小农户可以依靠内生性发展实现现代化转型，而大多数的小农户则需要依靠引领带动和外部赋能，才能进入现代农业发展轨道。

实现小农户和现代农业发展有机衔接，在实践原则方面，要强调坚持因地制宜、分类施策的基本原则，分别探索基于小农户分化趋势下农户发展意愿差异、多样化农业类型产业差异以及不同村庄类型发展差异的多元化衔接路径。在内生动力方面，要强调坚持以人民为中心的发展理念，充分尊重小农户的主体地位，重点从大力培育新型职业农民队伍、加快推进乡村人才振兴、提高小农户组织化程度等方面，探索提升小农户自主发展能力的实践路径。在外部赋能方面，要强调不断壮大引领带动力量，应当重点以加快培育新型农业经营主体和推动农业全产业链发展来强化有机衔接的产业赋能，以加快健全农业社会化服务体系来强化有机衔接的服务赋能，以高质量推进数字乡村建设来强化有机衔接的数字赋能。

三、我国农业规划的发展趋势及内容

我国农业规划20世纪50年代，当时是为了迎合经济发展，在我国多个省市开展了农业规划，并由专业部门进行指导。随着经济和社会的发展与进步，传统的农业规划已经不符合现代社会的发展要求，需要进行更详细的规划，保证我国农业的高速发展。

（一）我国农业规划的发展趋势

1. 经营体制的转变

改革开放以来，农村土地制度调整的一个主线，是在不放弃"统"的前提下，重视和强调"分"。20世纪80年代家庭联产承包制的推行，落实了农户的承包经营权，激发了亿万农户的种粮积极性，粮食生产不断创新高，有效解决了温饱问题。中国农村形成了以家庭承包经营为基础、统分结合的双层经营体制。但是，随着农村改革的深化，此经营体系与我国农业发展产生了矛盾，主要体现在以家庭为主建立的承包形式，从侧面阻碍了农业产业链的延伸，令农业的生产、加工、运输和销售分离，抑制了经济增长。另外，家庭承包经营体制还影响土地流转，很多地区种植技术和工具老旧，阻碍了农业新技术与设备的研发和推广，令农业生产目标还停留在产量增长上，阻碍了绿色无污染农产品种植技术的研发，降低了农村土地使用率和农作物产量。所以，建立规模化经营模式，是将来农业发展的必然趋势。

可以建立适度规模的经营形式，促进农业生产链的衔接，减少投资生产的盲目性，在控制成本的基础上增加农业生产利润。规模化经营，即在农民自愿的基础上，将自己的土地拿出做股份，进行规模化种植和管理。规模化经营和传统的互助经营不同，不是强制性的，并且收益的分配有差别，按照股份投入量进行分配。而以往的经营管理则是强制每名成员都参与其中，收入也是相同的。当然，中国农业规划中经营体制的转变，不是对原有家庭承包制的取缔，不会剥夺农民土地承包权益，而是将土地集合起来，改善以往小规模生产面临的困境，不会对农民造成经济损失。

2. 生产方式的突破

农业经济增长缓慢，主要原因为生产形式单一、不能抵御自然灾害、生产成本过高等，归根结底，是专业性不强，整个生产过程由一个家庭独立承担，缺少分工。此生产方式已经不能跟上时代潮流，和时代发展相悖，并增加了市场风险，因为农民既是生产者，又是销售者，所以精力分散，不再有精力和时间分析市场形势；农民受文化素养的影响，不能对现在市场做出精准判断，则会降低经济收益。另外，还会加大农业风险。即使现在有很多新型农业技术，但是使用不广泛。农民在生产上缺乏经验和专业知识，如不能区分种子的好坏和化肥使用比例等，易受欺骗而购买假冒伪劣产品，降低生产质量和效率。

将来在我国农业规划中，生产方式的突破主要体现在以下三方面。第一，区域专业化。站在宏观角度，提升种植业与养殖业的专业性；站在微观角度，就是创建规模化、单一种类的种植或养殖场所。此类形式既有利于技术的指导，又会使规模化生产减少人力、物力和财力消耗，提升资源使用效率，增加经济收益，还能建立专门的销售渠道，形成规模效应，提升单一产品的竞争力，提高农产品的经营收益。第二，部门专业化。各地可以建立专门的管理机构，研发和使用新型农业技术，彻底摒弃传统经营观念，优化管理形式；可以多个家庭组成一个小组，一个家庭负责一个环节，通力合作，建立专业化、现代化的农业经营形式，提升劳动力使用率，降低农业风险。第三，流程专业化。以种植为例，从栽植、收割到再加工、销售，分为多个经营主体进行，每个主体只负责一项工作，这样更具有规范性，可减轻农民工作量，提高生产效率，不会出现盲目生产的现象。

3. 组织形式的优化

我国农业经营存在的问题主要是规模小、合作机制不完善、主体多且分散等。为了解决这一问题，在将来的发展中，应逐步完善农村组织形式与合作机制，促进农村经济效益的提升，加快传统农业向现代农业转变的步伐。目前，很多农村地区建立了相关组织，如农产品经销商和农产品加工部门等，但是因为其是与农业生产无关的利益团体，和农业生产缺少利益的联系，在发生利益冲突时，最终利益受损的往往是农民，农民利益很难得到保障，因此完善农业组织形式是将来农业发展的趋势。

例如，建立新型合作机制和组织形式。具体来说，就是农民以自己的土地、资金、人力资源等作为股份，在某一区域中，建立股份合作组织，股份最多的是农民，并成立股东大会，再从中选出管理人员和法人代表，实行层次化管理。农业专业组织主要涉及两方面工作：第一，负责本组织中农民需求的生产资料的提供、新技术的研发与推广、农产品销售流程与金融风险的降低等工作。组织中的成员可利用自己的股份作信用抵押，换取生产资料，待产品销售后再返还资金。小组成员还享有种植技术服务和销售信息咨询等权益。如果种植时遇到灾害，组织可通过信贷帮扶形式，对成员生产给予帮助，最大程度地满足农户在种植要求。第二，股东代表加强与当地政府和相关企业的交流沟通，斩断农民与政府、利益团体的经济联系，改变以往不科学的制度，为农民争取最大化利益。针对多变的市场经济，采取有效的策略预防市场风险。

（二）我国农业规划的主要内容

1. 调整农业结构

农业结构调整涉及很多方面，主要有种植业、畜牧业、渔业。

农产品种植方面，要优化种植结构，做到有保有压。例如，在全国范围内以玉米种植为重点，扩展小麦种植面积。基于北方和南方地质和环境的不同，生产能力也有所差异，如南方双季稻与北方粳稻的数量与质量不同。玉米适应能力强，可以在北方与南方环境恶劣的地区大肆种植，增加种植面积。针对现在大豆种植面积减少的形势，尽量增加种植面积，种植高蛋白食用大豆，保证我国油产品大豆的生产能力，施行粮食大豆轮作。在适合种植棉花、糖料等区域建立标准化和规模化生产基地。同时，在广西、广东等省区建立南菜北运生产基地。

畜牧业结构调整，主要是为了提升其生产质量，分析当前养殖规模、市场需求与环境承载能力，调整生猪与食草动物为主的畜牧业结构，建立规模化生产与集约化生产格局，以省市为代表，先实现现代化生产。保持食用肉类生产的稳定性。大力发展草食畜牧业，实行绿色生态养殖，提升肉质质量。渔业结构的转型发展，以保护资源为主促进渔业结构的调整，完善发展空间，科学使用公共水域，扩展养殖规模，利用稻田养殖。池塘中加强水产健康养殖，减少捕捞量，增加转产力度，使用强制手段，减少非法渔船入内，构建执法监督指挥调度平台，大力促进养殖业的发展。

2. 提升农业技术和信息水平

在高科技的引领下，在农业领域激发创新活力，提升自主研发水平，加强农业科技机制的改革，将农业与信息技术深度融合。在我国，积极开展重点技术的研发工作，尽早完成有自主知识产权的农业生产技术和机械设备的研发；完成技术的创新，加强对我国恶劣土地的管理和优化；建立科学实验室，建立现代技术知识体系，加强食物安全检查。在现代技术的支持下，优化实验条件，建立现代良种繁育机制，提升农作物品种的换代速度，研发适合现代化生产的新品种，做好优良品种的利用，保证我国种子的使用安全。构建畜牧优良基因的繁育机制，推进全基因组选择育种，提升培育效率，促进我国主要畜牧品种国产化。

促进农业与信息技术的融合，加快互联网背景下农业生产经营活动的开展。物联网与智能设备的产生，将信息技术深入农村，使农民通过手机、笔记本等移动设备就能掌握生产、加工和销售等重要信息。应设置全球化农业信息数据发布系统和分析系统，建立集监测、分析和服务于一体的农业网络平台。农村重要设施实行远程监控，如水利工程，提升其使用效率。

附 录

秦皇岛市"十四五"现代农业发展规划

（2021-2025）

2020 年 12 月

前 言

"十三五"以来，在市委、市政府的坚强领导下，全市农业农村系统坚持以习近平新时代中国特色社会主义思想为指导，深入贯彻落实中央、省委一号文件精神，把"三农"工作作为重中之重，坚持农业农村优先发展，抓重点、补短板、强基础，不断调整优化农业结构，全力发展特色农业、质量农业、绿色农业、品牌农业、科技农业，全市初步形成了以粮油、畜牧、水产、蔬菜、中药材和特色林果为主导，集农业生产、加工、物流、社会化服务等各种功能于一体的现代农业产业体系。

"十四五"时期，是乘势而上开启全面建设社会主义现代化国家新征程、向第二个百年奋斗目标进军的第一个五年。全面建设社会主义现代化国家，实现中华民族伟大复兴，最艰巨最繁重的任务依然在农村，最广泛最深厚的基础依然在农村。解决好发展不平衡不充分问题，重点难点在"三农"，迫切需要补齐农业农村短板弱项，推动城乡协调发展；构建新发展格局，潜力后劲在"三农"，迫切需要扩大农村需求，畅通城乡经济循环；对应国内外各种风险挑战，基础支撑在"三农"，迫切需要稳住农业基本盘，守好"三农"基础。新发展阶段做好现代农业发展这篇文章极其重要，须臾不可放松，务必抓紧抓实。科学编制《秦皇岛市"十四五"现代农业发展规划》，是推动全市农业高质量发展、加快实现农业现代化的理论基础，是破解全市"三农"发展系列难题、实现乡村全面振兴的必要条件。

在全面总结秦皇岛市"十三五"期间现代农业发展取得成效基础上，本规划进一步分析了未来五年秦皇岛市现代农业发展面临的新形势，并确立了战略目标，提出了战略布局、发展重点、重大工程和保障措施，力促推动形成持续"固根基、扬优势、补短板、强弱项、激活力"的制度体系，为充分发挥农业产品供给、生态屏障、文化传承功能提供了规划前提，为加快推进全市农业全面升级、农村全面进步、农民全面发展提供了理论支撑，为建成现代化国际化沿海强市、美丽港城贡献智慧和力量。

第一章 "十三五"期间现代农业发展成效

"十三五"期间,全市认真贯彻落实中央、省、市关于"三农"工作系列决策部署,以促进农民持续增收为目标,以推进传统农业转型升级为主线,大力推进结构调整、科技创新、绿色发展、品牌创建、质量保障,开创了农业工作新局面,促进了现代农业又好又快发展。

一、农业农村经济稳步增长

全市农林牧渔业总产值由2015年的318.83亿元增长到2020年的430.62亿元,第一产业增加值由2015年的177.63亿元增长2020年的233.09亿元,农村居民人均可支配收入由2015年的10782元增长到2020年的16088元。呈现农业增加值和农民收入"双增长"的良好态势。

二、农业产业结构持续优化

全市落实"藏粮于地、藏粮于技"战略,严格保护永久基本农田,划定127.9万亩粮食生产功能区,完成高标准农田建设127.59万亩,推动良种良田良机良法配套,农业综合生产能力进一步提升。全面落实"一减四增",全市特色种养业产值占农业总产值比重提高到67%。青龙满族自治县跃居成为全国板栗种植规模第一大县和全省十大道地药材产业大县;抚宁区连续14年被确定为"全国生猪调出大县";卢龙县成功获批"卢龙粉条"和"卢龙甘薯"两项地理标志证明商标,卢龙甘薯获批河北省"特色农产品优势区";昌黎葡萄酒产业、毛皮产业被列为河北省重点县域特色产业;山海关大樱桃产业规模稳定、质量日益提升,成功获批地理标志商标。全市主要农产品供给充足,较好满足了人民群众日益升级的消费需求。

三、农业科技创新步伐加快

大力推进产学研深度融合，集聚创新资源，激活创新要素，打造科技平台，全市建成省级农业科技创新驿站13家、省级创新型农业企业7家。提升农业全程机械化水平，主要农作物耕种收综合机械化率达到62%。主要农作物良种覆盖率达到98%以上，主要畜禽品种良种覆盖率达到90%以上。启动实施"互联网+"农产品出村进城工程，数字农业农村建设提档提速，全市建成村级益农信息社1686个，覆盖率达到75%。农业科技贡献率从2015年的55%提高到2020年的60%。

四、新型经营主体发展壮大

加快培育农业龙头企业、农民专业合作社、家庭农场、种养大户等四大经营主体。全市市级以上农业产业化龙头企业268家，其中省级以上52家，国家级龙头企业7家。各类农民合作社2667家，其中国家级示范社20家、省级75家，7家农民合作社入选"全国合作社500强"（全省共12家），昌黎县被认定为国家级农民合作社质量提升整县推进示范县；家庭农场1178家，其中省级44家。建成现代农业园区46家，其中省级现代农业园区14家、省级精品园区8家。全市农业产业化省级示范联合体达到21个。全市农产品出口加工企业达到40家，创汇5亿美元，占全省农产品出口总量的30%，排名全省第一。全市列入全省"四个100"农产品加工产业集群创建9个。青龙县、卢龙县、抚宁区成为农产品产地初加工试点县，昌黎县被认定为国家农业产业化示范基地和全省农业产业化先进县。全市农业产业化经营率达到72%，连续多年保持全省领先。

五、农业品牌建设成效显著

坚持把品牌建设作为推进农业高质量发展的重要举措，大力实施"区域、企业、产品"三位一体品牌战略。全市涉农注册商标总数达到3332个，拥有农业领域省级名牌产品18个、省级优质产品15个，秦皇牌禽肉制品、骊骅淀粉、口福食用油、华夏长城干红酒成为全国名牌产品。全市创建省级区域公用品牌8个，昌黎葡萄酒入选全省十大高端区域品牌。绿色、有机农产品数量分别达到95个和42个,"山海关大樱桃"等5种农产品成为地理标志商标。"小江菜社""双伟"被评为"中国蔬菜百强品牌",丰科菌业"蟹味菇"获评全省十佳食用菌知名品牌。全市拥有地理标志证明商标及地理标志保护产品9个,省级农产品区域公共品牌7个,农业区域公共品牌基本覆盖全市特色优势农业产业。全市国家级"一村一品"示范村镇达到13家,山海关石河镇(大樱桃)、昌黎十里铺乡(葡萄)、青龙肖营子镇(板栗、肉鸡)承担全国产业强镇示范建设项目。全市6个产品入选全省特色农产品优势区,昌黎葡萄成为国家级特色农产品优势区。大力推进休闲农业发展,全市建成市级生态休闲农业示范点44个,国家级休闲农业与乡村旅游示范点8家、省级示范点16家,抚宁王汉沟村等4个村被评为中国美丽休闲乡村。

六、质量安全保障有效提升

积极开展农产品质量安全示范创建,加快构建农产品质量安全检测、执法、追溯、标准化四大体系,卢龙县、昌黎县、青龙满族自治县、抚宁区、北戴河区成为国家和省级农产品质量安全县。全市建成省级以上农业标准化生产示范区19个、省级以上畜禽标准化养殖示范场68家、市级以上蔬菜标准园34个,建成省级特色农业精品示范基地8家(含水产4家),建成国际标准农产品生产示范基地30个,全市农业标准化覆盖率达到72.3%,畜禽屠宰标准化率达到98%,农产品质量安全监测合格率稳定在98%以上。善源、正秦、三融3家企业顺利完成省级兽用抗菌药减量化试点任务。市农产品质量安全监督检验中心经"双认证"检测参数达到200多项,被省农业农村厅设立为省农产品监督监测中心秦皇岛分中心,昌黎县、卢龙县农产品质检中心通过省级"双认证"。

七、绿色发展保障不断完善

全市大力实施农业面源污染治理行动,投入品减量化、生产清洁化、废弃物资源化加快推进。全市农药化肥使用量连续5年实现负增长,农药使用量从2015年的5640吨下降到2020年的3500吨,比2015年底降低了 37.9%，主要农作物绿色防控面积累计达到 626.5 万亩次，北戴河区、山海关区率先启动化学农药零使用示范区创建工作，山海关区 3 万亩大樱桃全部实现蜜蜂授粉，被评为全国农作物病虫害绿色防控示范县（区）。化肥年使用量从 2015 年的 401743 吨下降到 2020 年的 254904 吨，测土配方施肥技术推广面积累计达到 1740 万亩次，抚宁区被认定为国家有机肥替代化肥示范区。全市所有规模养殖场均配建了粪污处理设施，畜禽粪污综合利用率达到 91%。农作物秸秆综合利用率和废弃农膜回收利用率分别达到 98% 和 85%，达到全省领先水平。

八、农业农村改革稳步推进

认真贯彻落实党中央国务院决策部署，农村承包地确权登记颁证工作、农村集体产权制度改革等农村改革各项工作稳步推进，激发了农业农村经济发展活力。加快推进农村集体产权制度改革，全市 2288 个单位农村集体产权制度改革任务全部完成。推进农村土地"三权分置"。规范有序推进农村土地流转，大力发展适度规模经营，全市土地流转率提高到 41.7%。农业综合行政执法改革工作全面完成。发挥政策引导作用，落实政策性农业保险、耕地地力保护补贴及农机购置补贴等各项强农惠农政策。

第二章 "十四五"现代农业目标战略

一、"十四五"现代农业指导思想与原则

(一) 指导思想

以习近平新时代中国特色社会主义思想为指导，全面贯彻党的十九大和十九届二中、三中、四中、五中全会精神，深入贯彻落实中央农村工作会议、中央一号文件要求和省委省政府"三农"工作部署。深入贯彻新发展理念，牢牢把握高质量发展的根本要求，全面推进乡村振兴战略，坚持农业农村优先发展的总方针，以深化农业供给侧结构性改革为主线，以改革创新为根本动力，深入实施"藏粮于地、藏粮于技"战略，立足区域资源禀赋和产业比较优势，优化农业生产结构和区域布局，以科技创新为支撑，以特色产业集群式发展为重点，以农产品加工流通业创新发展为突破，以都市农业为抓手，以农民增收为目标，大力构建现代农业产业体系、生产体系和经营体系，提高农业质量效益和竞争力，推进秦皇岛市现代农业高质量发展。

(二) 基本原则

1. 坚持稳产保供、高质量发展原则。切实扛起粮食安全政治责任，采取有力举措防止耕地"非粮化"，切实稳定粮食生产，通过稳定粮食播种面积、提高单产水平，提升粮食和重要农产品供给保障能力。深入推进农业结构调整，坚持不懈推动高质量发展，依托资源禀赋和产业基础，立足京津高端市场的区位优势，以"高竞争力的产业体系、高标准的生产体系、高效完备的经营体系"为目标，推动产品高质量、高品牌发展，物流高速度、

高水平发展，服务高起点、高标准发展，提升农业质量效益和竞争力。

2. 坚持市场主导、政府引导原则。遵循市场规律，坚持需求导向，依托市场手段调动各类要素，破除制约发展的体制机制障碍，激活要素、市场、主体，充分激发社会资本投资农业的内生动力。加强政府引导，采取更有力的举措，汇聚更强大的力量，建立健全上下贯通、精准施策、一抓到底的工作推进体系。

3. 坚持生态优先、绿色发展原则。牢固树立绿水青山就是金山银山的理念，把生态优先和绿色发展摆在更加突出的位置，推广绿色生产和加工技术，构建与资源环境承载能力相适应的产业体系和以绿色发展为导向的政策体系，实现经济效益、生态效益、社会效益持续有机统一，全面激活农业绿色发展的内生动力。

4. 坚持科技引领、融合发展原则。加强农业科技攻关，促进科技要素融入农业生产、加工、物流、商贸各个环节。立足旅游、康养、食品加工等产业基础，贯通产加销、融合农文旅，拓展乡村多种功能，推动农业向高端化、绿色化、智能化、融合化方向发展，打造一批创新能力强、产业链条全、绿色底色足、安全可控制、联农带农紧的农业全产业链。

二、"十四五"现代农业发展目标

（一）总体目标

"十四五"期间，全市农业空间布局进一步优化，粮食和重要农产品供给保障能力有力提升，农业基础更加稳固；全市优质粮油、高效经作、特色林果、绿色畜牧等现代农业生产体系基本形成；农产品加工、仓储、物流、休闲农业等相关产业全面升级；农业成果转化和科技创新取得突破；农业质量效益和综合竞争力进一步增强。将我市全力打造为特色农业集群市、质量农业先进市、绿色农业示范市、品牌农业引领市和科技农业创新市。

——特色农业集群市。立足资源优势，加快发展"一县一业、一域一品"，聚焦生猪、毛皮、肉鸡、甘薯、中药材、大樱桃、板栗、葡萄等一批优势特色产业，充分挖掘农业多种功能和价值，推进延链、补链、壮链、优链，推动农业"接二连三"，实现全环节提升、全链条增值、全产业融合，打造一批特色鲜明、优势突出、竞争力强的农业特色产业集群。

到2025年,全市集中打造15个特色产业集群,创建标杆性特色农产品优势区5个,打造35个农业产业化联合体,建设50家以上现代农业产业园,打造20个一村一品示范村镇,创建10个生态休闲农业示范区、50个以上休闲农业示范点,农业产业化经营率达到74%以上。

——质量农业先进市。推动品种培优、品质提升和标准化生产,深入贯彻实施国家、行业、地方三级标准体系,围绕优势特色产业,引导生产经营主体制定要求更严、水平更高的企业标准,增强农产品质量和市场竞争力。严格管理投入品使用,健全农产品质量追溯体系。推进国家、省级农产品质量安全县创建。

到2025年,全市农业标准化生产覆盖率达到75%以上,畜禽屠宰标准化率达到100%,病死畜禽无害化处理率达到100%,农产品产地抽检合格率保持在98%以上。新建和提升高标准农田50万亩。

——绿色农业示范市。加快引入、示范推广一批新技术新模式,构建农业可持续发展推进机制,努力形成耕地数量不减少、质量有提升,化肥、农药使用量负增长,畜禽粪污、秸秆、农膜全利用的绿色发展格局,确保农业发展与资源环境承载力相协调、相适应。

到2025年,全市主要农作物绿色防控覆盖率达到45%以上,畜禽废弃物资源化利用率达到92%以上,农作物秸秆综合利用率保持在98%以上,废弃农膜回收利用率保持在85%以上。

——品牌农业引领市。实施区域、企业、产品"三位一体"品牌战略,推进"山海养生福地,秦皇精良农产"品牌引领行动,加快发展绿色食品和地理标志农产品。培育一批特色鲜明、质量过硬、信誉可靠的农业品牌,全面提升"秦字号"品牌知名度和市场占有率。

到2025年,取得"三个10"农业品牌创建成果,即10个省级农产品区域公用品牌、10个省级特色农产品优势区、10个地理标志证明商标。全市新增绿色食品数量达到50个,新增有机农产品数量达到20个,推动一批区域品牌、企业品牌进入全省"十佳"、获得全国"金奖";特色产业品牌影响力明显提升。

——科技农业创新市。加强与高等院校、科研院所的合作交流,构建以企业为主体、产学研协同的创新机制,在育种、栽培、加工、疫病防治、废弃物处理等方面突破关键核心技术,加快科技成果转化,全面提升农业科技水平。加快推进物联网、人工智能、大数据、区块链、5G 等现代信息技术在农业生产领域的应用,初步实现种植业信息化、畜牧业智能化、种业数字化、全产业管理智慧化。

到 2025 年,建成 1 个冀东农业大数据中心,打造形成 10 个规模化、网络化、智能化、精细化的现代"种养加"生态农业展示、创新、应用示范区(全省 100 个),建设 15 家农业创新驿站;省级以上现代农业园区智能化应用率达到 100%,农业科技进步贡献率达到 63% 以上,农业生产经营数字化转型取得实质进展,管理服务数字化水平明显提升,实现创新驱动发展。

(二)主要任务指标

表1 秦皇岛市"十四五"现代农业指标

序	主要指标	2020年	2025年	属性
1	耕地面积(万亩)	286.0	286.0	约束性
2	基本农田面积(万亩)	222.4	222.8	约束性
3	高标准农田占耕地比重(%)	44.6	62.0	约束性
4	高效灌溉面积占耕地比重(%)	0.2	3.0	约束性
5	粮食播种面积(万亩)	192.8	193.0	约束性
6	粮食综合生产能力(万吨)	74.0	75.0	约束性
7	蔬菜播种面积(万亩)	51.0	53.0	预期性
8	蔬菜产量(万吨)	240.0	250.0	预期性
9	园林水果产量(万吨)	68.9	70.0	预期性
10	肉蛋奶产量(万吨)	40.4	45.0	预期性
11	农林牧副渔业总产值(亿元)	430.6	458.0	预期性
12	主要农作物良种覆盖率(%)	98.0	98.0	约束性
13	农产品产地抽检合格率(%)	98.0	98.0	预期性
14	主要农产品监测合格率(%)	98.0	98.0	约束性
15	病死猪无害化集中处理率(%)	90.0	100.0	约束性

续表

序	主要指标	2020年	2025年	属性
16	农作物秸秆综合利用率（%）	98.0	98.5	约束性
17	农膜回收率（%）	85.0	88.0	约束性
18	畜禽规模化养殖比例（%）	75.0	85.0	预期性
19	畜禽废弃物综合利用率（%）	91.0	92.0	预期性
20	主要农作物化肥、农药利用率（%）	39.0	41.0	预期性
21	科技进步贡献率（%）	60.0	65.0	预期性
22	主要农作物耕种收综合机械化率（%）	63.0	68.0	预期性
23	农业产业化经营率（%）	72.0	74.0	预期性
24	农产品加工业与农业总产值比	0.9∶1	1.1∶1	预期性

三、"十四五"现代农业发展战略

（一）固根基——强化"双线"保障

1. 强化生态保障红线

严守生态底线，保障生态红线，综合考虑产业基础、资源禀赋、区位条件等因素，在优先发展有比较优势产业的同时，兼顾资源承载力和环境容量，重点面向土壤保护、畜禽养殖、农产品加工等领域，推进农业废弃物循环利用和农业面源污染治理，加强农业生态保护与建设，夯实"生态立市"的农业基础。

2. 强化产能保障红线

深入落实重要农产品保障战略，通过守牢耕地红线、强化科技支撑、落实惠农政策、稳定播种面积、提高单产水平，切实提升粮食和重要农产品供给保障能力，增强应对各种风险挑战的底气。落实最严格的耕地保护制度，有效杜绝耕地撂荒，坚决遏制耕地"非农化"、防止"非粮化"。以卢龙、昌黎等粮食大县为重点，依托新型经营主体，鼓励发展多种形式适度规模经营，提高粮食生产集约化水平，确保粮食综合生产能力达到75万吨以上。

（二）扬优势——利用"双优"资源

1.利用优势区位资源

要切实发挥秦皇岛市南临渤海、北依燕山、东接辽宁、西近京津和位于东北、华北两大经济区结合部的区位优势，以及得天独厚的气候条件和多元化的地形地貌类型资源优势，"十四五"期间要进一步丰富农业品类，大力发展特色农业、品牌农业。

2.利用优势业态资源

要切实发挥海岸、长城、山地等丰富旅游资源，以及长城文化、孤竹文化、碣石文化等深厚的历史人文底蕴业态基础，"十四五"期间，要利用好食品加工业转型升级、全域旅游蓬勃发展、生命健康产业强势起步、临港产业快速推进、大数据产业不断提速带来的良好客源优势、流通契机、创新资源，加快形成"农业+""+农业"多业态发展态势，不断形成现代农业新的增长点。

（三）补短板——完善"三个"体系

1.完善基础设施体系

要继续扩大农业有效投资，强化农业基础设施建设，全面改善农业基础设施条件。大力实施高标准农田建设、土地整理、农田基础设施配套，加大水利设施投入力度，扩大有效灌溉面积。加强病死畜禽无害化处理基础设施建设。统筹农产品产地、集散地、销地批发市场建设，加强农产品物流网络和冷链物流体系建设。全面推进信息进村入户。

2.完善社会服务体系

发展壮大农业专业化社会服务组织，支持新型经营主体领办、创办生产托管、加工储存、电商服务等服务组织，将先进适用的品种、投入品、技术、装备推广到小农户。推进产品设计、市场营销、信息咨询等各类工业企业服务机构向农村拓展、向农业延伸。探索建设全产业链综合服务中心，凝聚各类为农服务资源，拓展为农服务领域。加强高素质农民培训，组织参加技能评价、学历教育。

3.完善科技创新体系

大力推进产学研深度融合，积极探索现代农业技术集成与示范转化模式,加速种业、加工、废弃物资源化利用等领域高新技术成果推广应用。组建若干产业技术创新战略联盟,重点支持针对影响产业发展的关键问题开展联合攻关。深入推行科技特派员制度。进一步明确市、县、乡三级农技服务机构的职责,不断增强在推广先进适用农业新技术和新品种、动植物疫病防控、农机化进程等方面的服务能力。

(四)强弱项——做足"四个"提升

1.提升龙头企业实力

大力支持农业产业化龙头企业创新发展、做大做强,完善用地指标、企业融资、项目申报、科技成果转移转化、品牌建设、人才引进等方面的支持措施,重点解决农业龙头企业规模总体偏小和特色产业缺乏带动能力强的领军企业等突出问题。

2.提升产业集中程度

以资源、市场、产业链等方面有竞争潜力的高品质特色农产品为主攻方向,创新土地流转模式,推动土地向专业大户、家庭农场、合作示范社、龙头企业集中,提升特色产业规模,集约化发展。重视新型农业经营主体培育,把小农户引入现代农业发展大格局。

3.提升链条完整程度

立足大资源,面向大市场,全面整合资源,推进重要农产品和特色农产品的"一产往后延、二产两头连、三产走高端",加快农业与现代产业要素跨界配置,构建完整完备的农业全产业链。推动产业基础高级化、产业链现代化;形成政府引导、农户参与、企业带动、科技支撑、金融助力的良好产业生态;将全产业链打造成为利益共享、命运同联的产业融合共同体,让农民更多分享产业增值收益。

4.提升农业供给层次

以市场需求为导向,坚持质量兴农、绿色兴农、品牌强农,加快调优产品结构、调精品质结构、调高产业结构,增加优质绿色和特色农产品供给,促进农产品供给由主要满足"量"的需求向更加注重"质"的需求转变,满足新的消费需求,引领新的消费体验,提高供给体系的适配性。

（五）激活力——实现"三核"驱动

1. 人才市场驱动

充分利用我市人才密度全省第一的优势，加强农业人才队伍建设，深入实施"乡村人才振兴"行动，面向特色产业"靶向引才"，借力科研院所"柔性聚才"，联合经营主体"本土育才"，以人才推动创新。强化高素质农民培养，选树一批有学历、有技术、爱农业、爱农村的青年农民，列入培养计划，打造生产技术型、科技研发型、职业经理型、产品营销型等多类别的农业精英人才。

2. 金融市场驱动

大力支持资本和农业的对接，引导金融资源向农业领域倾斜，构建农业领域的风险投资体系。发挥政府财政引领作用，探索设立乡村振兴基金，撬动金融资本、社会力量参与，重点支持乡村产业发展。构建市域内共享的涉农信用信息数据库，建成比较完善的新型农业经营主体信用体系。大力开展农户小额信用贷款、保单质押贷款、农机具和大棚设施抵押贷款业务。支持产业化龙头企业和现代农业企业上市融资。

3. 土地市场驱动

坚持土地农民集体所有制不动摇，坚持家庭承包经营基础性地位不动摇，有序开展第二轮土地承包到期后再延长30年试点，保持农村土地承包关系稳定并长久不变。健全土地经营权流转服务体系，积极创新土地流转形式，合理引导土地经营权向专业大户、家庭农场、农民合作社和农业企业有序流转，促进土地适度规模经营。加快农村承包地确权登记颁证成果运用，支持金融机构开发更多农村土地经营权抵押贷款金融产品。

第三章 "十四五"现代农业空间布局

立足全市资源禀赋、环境承载力和现有产业基础，综合考虑各县区发展定位，按照有利于构建优势产业集群、有利于实现生态环境可持续发展，有利于整合旅游、物流等各方面资源的原则，统筹全市农业产业空间布局。全市从北到南依次形成生态保育区、特色林果区、高效农业区的空间发展格局，并重点在城市郊区推进农旅融合发展。

一、北部山区生态保育区

本区位于秦皇岛市长城以北，燕山山脉东段，包括青龙县全部乡镇，土地面积3504.68平方千米。该区地貌古老，以低山、丘陵为主，耕地面积小且零散，植被茂密、生物资源丰富，是全市的生态保育区，现有杂粮杂豆、食用菌、板栗、肉鸡、中药材、绒山羊等产业。"十四五"期间，有序发展小规模高端杂粮、特色干果、道地中药材等；鼓励开展木腐菌和板栗循环生态种植；以适度规模舍饲和标准化养殖场为重点推进绒山羊产业发展，重点推进区域内现有养殖场的畜禽粪污无害化处理和综合利用。立足生态优势，打造高端生态农产品供给基地。

二、中部丘陵特色林果区

本区位于长城以南至海拔50米与山麓平原接壤地区，包括卢龙县刘家营、潘庄等12个乡镇，海港区北三镇，抚宁区大新寨镇、台营镇、茶棚乡、榆关镇、坟坨管理区等7个乡镇，昌黎县十里铺乡、两山乡、昌黎镇等3个乡镇，土地总面积2478.80平方千米，地处长城沿线，以丘陵山地为主，其间盆地、沟谷发育,灌溉条件较好,是平原高效农业的拓展空间。"十四五"期间,大力挖掘现有丘陵坡地的林果产业潜力,重点发展具有水土保持功能的特色林果、热杂果等,推动苹果、梨、桃等传统基地改造提升;适度提升大樱桃等特色产业集中度;发挥区域内自然景观、长城文化、民俗文化等丰富资源和环长城旅游公路贯穿其间特殊优势,以休闲农园、特色采摘园、森林公园等形式,联动东南沿海旅游产业资源,同步发展燕山生态旅游。

三、南部平原高效农业区

本区包括昌黎县泥井、刘台等10个乡镇。土地总面积742.06平方千米,耕地4万公顷。本区为滦河、饮马河冲积扇,地势平坦,土层深厚,水、热资源丰富,为全市农耕适宜区和高效农业发展腹地。"十四五"期间,要发挥区域内高标准农田集中和特色等产业基础良好优势,大力发展高效现代农业,重点推进黄瓜、葡萄等设施果菜规模化发展,提高产业集中度和规模效应;依托葡萄酒产业要素集聚优势,全面提升融合发展水平;推进区域内生猪、肉羊、特种养殖全面转型升级;推进重要交通节点规模化农产品交易市场和现代物流园区建设。

四、城郊农旅融合示范区

本区含海港区中部和南部、山海关区南部、北戴河区、北戴河新区和开发区,为城市发展主要区域。土地面积1087.46平方千米,其中滨海盐化潮土面积240平方千米。本区是发展都市农业和休闲农业,承载旅游农产品营销和农业文创衍生品展示的农旅融合示范区。"十四五"期间,以一二三产业融合发展为重点,依托全市域旅游业发展格局,以现代科技和工业成果为支撑,打造共性技术研发平台和农产品加工技术集成科研基地,推动大型龙头企业完善从产品研发、生产加工到营销服务的智慧化精益供应链体系。形成农产品生产、加工、流通和观光、购物、娱乐、文化、商贸等增值服务在内的农业全产业链,嵌入全市都市生活、旅游产业、食品加工业的各个方面,建设高标准休闲农场、科普农园、共享农庄和休闲渔港,形成兼具生产、生态、生活服务等多功能的现代都市农业产业体系。

第四章 "十四五"现代农业重点产业

深化农业供给侧结构性改革，优化生产结构和区域布局，着力在特色农业、质量农业、绿色农业、品牌农业、科技农业上下功夫，加快构建种植高效益、林果有特色、畜牧转方式、休闲农业促增收的现代农业产业体系，推动全市现代农业高质量发展。

一、传统粮油业

坚持把保障粮食安全放在突出位置，以满足人民群众不断升级的安全优质、营养健康、便捷多元的粮油产品消费需求为目标，深入实施"藏粮于地、藏粮于技"战略，加强粮油全产业链开发，充分发挥加工转化对粮食产业发展的引擎作用，充分利用粮油"产加销"政策支持，着力推动粮油产业绿色发展、提质增效，筑牢"三农"压舱石。

（一）粮油种植业

1.发展现状

2020年全市粮食作物播种面积为192.8万亩，年产量74.9万吨，主要品种有玉米、薯类、豆类、水稻、小麦等，其中玉米种植面积为125.9万亩，薯类种植面积达28.5万亩；昌黎、卢龙被列为全省粮食生产核心区。2020年全市油料种植面积为36.9万亩，年产量9.19万吨，其中花生占98%以上，主要分布在昌黎县、卢龙县和抚宁区。

全市特色小杂粮不断发展。主要品种有谷子、高粱、杂豆等，重点分布在青龙县和卢龙县。2020年全市特色杂粮种植面积达到14.9万亩，年产量达3.2万吨。

2.存在问题

一是农田基础设施建设薄弱。全市高标准农田建成面积127.59万亩，占全市耕地面积的44.6%，相比全省的50.91%还有一定差距。此外，全市的耕地条件存在不平衡性，一部分耕地存在灌溉设施不完善，土地肥力不均衡，耕地生产能力不高等现象。二是单品规模小、标准化水平低。受地形多样，气候复杂的影响，全市粮油作物种类呈现"多而杂"的特点，栽培作物种类多，粮食作物布局杂。种植规模小，标准化水平低。

3.发展思路与目标

按照"依靠科技、稳定面积、提高单产、优化结构、增效增收"工作思路，稳定提高粮食综合生产能力。以"稳粮食、增油料、强杂粮"为路径，优化粮油业供给结构，着力提高优质粮油生产规模化、集约化、标准化、商品化，提高粮油产品品质和经营效益。到2025年，全市粮食综合生产能力稳定在75万吨以上。

4.发展布局

遵循比较优势的原则，加强对专用玉米、特色杂粮、优质油料、特色甘薯等作物的区域指导，促进粮油作物生产布局的优化：在昌黎、卢龙、青龙等玉米优势产区增加鲜食玉米、青贮玉米等专用玉米比例；在卢龙丘陵坡地和青龙山区大力发展特色小杂粮，实现规模效益；在昌黎平原沙地扩大高油酸花生种植面积；在卢龙县稳步提升甘薯种植面积，根据市场需求，大力发展鲜食型甘薯种植。

5.发展重点

一是加强粮食综合生产能力建设。落实最严格的耕地保护制度和永久基本农田特殊保护政策措施。按照集中连片、旱涝保收、节水高效、稳产高产、生态友好的要求，积极推进高标准农田建设，强化农业科技和装备支撑，实现"宜机化"配套。通过改良土壤，增施有机肥，实施秸秆还田，控污修复，推广保护性耕作等多方式、多途径培肥地力，着力提升耕地质量。以粮食生产功能区为核心，加强中小型农田水利设施建设，发展高效节水灌溉农业。

二是转变生产方式，推进适度规模经营。完善承包经营权流转服务体系，加大对新型生产经营主体扶持力度，推进"公司+基地（合作社、家庭农场）+农户"模式，提高优质粮油作物的产业集中度。深入开展绿色高产高效创建，加快优良品种、高产栽培、设施栽培等技术的普及应用，提升农作物生产全程机械化水平，积极推广"互联网+"、物联网、云计算、大数据等现代信息技术。

三是优化品种结构，提升粮油供给层次。建设新品种、新技术试验示范基地，不断引入推广高产、优质粮油新品种。在稳定籽粒玉米种植基础上，进一步提高鲜食玉米、青贮玉米等专用玉米种植比例。稳定水稻种植面积，提高"优质稻"种植比例。稳步增加花生、大豆种植面积，提高"高油酸花生""双高大豆"种植比例。到2025年全市高油酸花生种植面积达到3万亩。

四是结合康养产业，大力发展特色小杂粮。发挥青龙县、卢龙县传统谷子杂粮种植优势，结合我市康养产业发展需求，以"功能型保健粮食"为发展方向，推行"公司+合作社+基地+农户"种植模式。建立杂粮良种繁育基地和供种体系。适应市场需求，建设一批有机产品种植基地，适当发展小杂豆等小而特品种，加强种植标准化体系建设。到2025年全市特色杂粮种植面积达到10万亩以上，其中谷子种植面积达到8.65万亩。

（二）粮油加工业

1. 发展现状

秦皇岛市是中国北方粮油加工基地之一。全市粮油年加工量达500万吨，销售收入270亿元，年创汇2亿美元。主要加工品种有大豆、玉米、小麦、薯类、杂粮等。

全市规模以上粮油加工企业34家。秦皇岛金海粮油工业公司年产值74亿元；秦皇岛金海食品工业有限公司年产值45亿元，以大豆深加工为主；秦皇岛骊骅淀粉股份有限公司年产值32亿元，以玉米深加工产品为主。面粉加工以中粮面业（秦皇岛）鹏泰有限公司和昌黎县四季雪面粉有限责任公司等中小民营企业为主。甘薯加工以卢龙县为主，全县共有甘薯加工企业9家，中薯食品股份有限公司和河北农辛食品有限公司2家为省级龙头企业。杂粮加工主要集中在主产区青龙县和卢龙县，代表龙头企业为青龙双合盛有限公司和卢龙孤竹小金米有限公司。

2. 存在问题

一是大型粮油加工企业对本地拉动作用小。大型粮油加工企业原料需求大，本地粮油种植面积有限，加工的原料来源主要来自外埠。二是本地粮食种植结构和加工需求不相适应。优质化、专用化、多元化粮食原料发展相对滞后，中高端产品供给不足，知名品牌少。散户种植的粮油品种多且杂，不同品种加工工艺参数不同，降低了产品加工效益。三是粮油加工企业面临的环保压力较大。单位能耗、水耗和污染物排放仍然较高，与资源节约型和环境友好型社会水平要求还有较大差距，节能减排和环保治理任务艰巨。中小粮油加工企业资本积累不足、融资渠道偏窄，盈利空间有限。

3. 发展思路与目标

发挥临近原料基地、深水良港和消费市场等综合优势，围绕原料基地化、产业规模化、加工精细化、特色品牌化，重点发展大豆加工、小麦加工、玉米深加工、甘薯加工、杂粮加工等产业，形成千亿级产业集群，打造中国北方重要的粮油食品加工基地，充分发挥加工转化对粮食产业发展的引擎作用和粮食供求的调节作用。到2025年，粮油加工能力达到600万吨、产值500亿元以上；力争打造2家产值达百亿元的骨干粮油加工企业，培育玉米、甘薯两个产值达50亿元的粮油加工产业集群，推动杂粮加工业产值达到10亿元以上。

4. 发展布局

重点培育若干特色突出的优势粮油加工产业集群和基地：以海港区为中心建设油料加工集群，打造集研发、仓储、加工、销售、运输于一体的全国油脂精深加工基地；以抚宁区为中心建设玉米精深加工基地；以青龙为中心培育杂粮加工集群；以卢龙为中心建设甘薯加工集群；以昌黎县为中心建设面粉加工基地。

5. 发展重点

一是加强产学研合作，实现节能减排和节粮减损。联合域内外科研机构，重点围绕营养损失少、生产周期短、环境污染少等方面的加工项目加大研发投入强度，在加工废弃物处理、营养废水还田等方面开展联合攻关，确保实现节能减排、节粮减损。到2025年，玉米深加工原料利用率达98%以上，小麦粉出品率提高2个百分点，副产物综合利用率达50%以上。

二是提升粮油加工集群化水平。以开发区东区、抚宁为主要聚集区域，重点培育壮大金海粮油公司、金海食品公司、骊骅淀粉集团、中粮鹏泰公司等规模龙头企业，以打造千亿级全国知名的粮油加工基地为目标，着力做优玉米淀粉、葡萄糖、大豆油、大豆蛋白、小麦粉等特色主导产品，全力提升"金龙鱼""口福""骊骅"等品牌产品的市场竞争力，到2025年全市粮油加工能力达600万吨，产值达500亿元，创汇2亿美元以上。

三是大力发展特色小杂粮精深加工。鼓励杂粮加工企业发展订单农业，优化加工型杂粮作物品种结构，推动适度规模经营。突破性发展杂粮精深加工工业，丰富常温、冷冻、冷藏等供给类型，提升安全性、方便性、即食性。开发适宜不同消费群体、具有不同功能的大众营养型主食品和区域特色主食品，在杂粮与板栗、杂粮与甘薯等复配的主食品种方面力争取得突破。努力将优质小杂粮产品变成各种各样集方便、营养、保健于一体的功能性保健品，与全市康养产业、文化旅游产业形成相互融合、相得益彰的发展格局。

二、特色种植业

发挥资源优势，以提高蔬菜、食用菌、甘薯、中药材"四大"产业集中度为核心，聚焦培优品种、培强技术、培新模式，建设若干设施标准、管理规范、生态友好的特色种植业基地，培育若干创新力强、实力雄厚、技术领先的龙头企业，创响若干影响力强、独具特色、引领标准的知名品牌。

（一）蔬菜产业

1. 发展现状

全市蔬菜以西红柿、黄瓜、豆角、生姜、草莓、大白菜、结球甘蓝、生菜等品种为主，区域性优势特征明显，形成了"一乡一品"的产业格局。昌黎县、卢龙县、抚宁区为全省蔬菜产业大县，以生产瓜果类、根茎类蔬菜为主；山海关区、海港区、北戴河区以速生叶菜及稀特蔬菜为主。

拥有昌黎县马芳营旱黄瓜、刘李庄草莓，抚宁区茶棚与下庄管区西红柿、留守营镇与下庄管区生姜，卢龙县木井和卢龙镇越夏硬果西红柿，山海关生菜、五色韭菜等一批国家级、省级地方特色蔬菜品种和名优农产品。

昌黎旱黄瓜是全省黄瓜四大优势产区之一，也是全省首批特色农产品优势区之一，建有河北省（秦皇岛）黄瓜产业技术研究院等科研机构。

全市300亩以上高标准示范区2个，百亩以上示范园区136个，蔬菜家庭农场49个。其中部级蔬菜标准园10个，省级蔬菜标准化示范区11个，市级蔬菜标准示范园34个，物联网示范园区4个。有集约化育苗中心22个，年育苗能力达到2 000万株。

全市蔬菜以清洗、速冻切丁、精品包装为主的加工企业有昌黎县嘉诚实业集团、秦皇岛丰禾农业股份有限公司、秦皇岛小江蔬菜专业合作社等10余家，年加工量6万吨左右。

2.存在问题

一是老菜园基础设施相对落后。原有早期建设的设施蔬菜基地棚室结构差、性能低、面积小，周边农田水利等配套设施与当前规模化、现代化、机械化生产不相适应。大型蔬菜园区、蔬菜重点村尾菜垃圾集中处理转化难，尾菜垃圾成为污染菜田环境的突出问题。

二是社会化服务体系还不健全。蔬菜产业服务力量薄弱，特别是设施建造、病虫害统防统治、机械化托管及测土配方施肥、物资营销供应等社会化服务专业队伍基本上处于初级阶段，涵盖种类范围小，服务范围窄，功能不明显。

三是现代流通渠道建设还处于初级阶段。本地经纪人营销队伍较弱，除大型企业、合作社能够自销外，还有相当一部分蔬菜主要依靠外地客商收购，价格决定权受到一定影响和制约。直营店、农超对接、电子商务等高效渠道虽有起步，但占比不足20%。

四是加工链条薄弱。全市蔬菜加工力量薄弱，蔬菜深加工企业较少，年加工量不足6万吨，仅占生产总量的5%。并且大部分为腌制品或清洗、冷冻、切丁等初加工状态，精深加工肉品、果品、养生食品等高端产品的研发及生产加工类型和加工量少。

3.发展思路与目标

立足"全域全产业链发展"思路，大力发展特色、高端精品蔬菜、养生蔬菜，打造京津绿色蔬菜供应基地，推进形成小城市多特色的发展结构。加大新品种、新技术引进示范力度，推行"公司+合作社+基地"的产业化经营模式，重点抓好昌黎旱黄瓜、草莓、韭菜，抚宁生姜、西红柿，山海关生菜等几个地方优势蔬菜品种的提档升级，培育洋葱、萝卜、胡萝卜等优势潜力新品种。探索发展保健、养生、药用、调料、野生蔬菜等养生保健蔬菜，形成独具特色的秦皇岛康养蔬菜产业。做大做强蔬菜产后环节，加快发展产地初加工、产地储藏、蔬菜食品精深加工、订单配送、休闲采摘等新业态。到2025年，蔬菜播种面积稳定在53万亩，其中高端设施蔬菜面积达到20万亩，蔬菜总产量达到250万吨，产值52亿元以上，新品种新技术应用推广率95%以上。

4. 发展布局

以昌黎县滦河两岸及城郊区为重点，推进设施旱黄瓜、草莓生产；以抚宁洋河沿线为重点，推进露地生姜、设施番茄生产，积极引导发展目前生产潜力大的洋葱、胡萝卜、萝卜等根茎类品种；以卢龙木井为重点，推进越夏番茄等优势蔬菜品种提档升级。以海港区、北戴河区和山海关区城市郊区为重点，加快推进叶菜和养生绿色蔬菜基地建设。在现有基础上，在昌黎县、卢龙县、抚宁区重点培育和引进蔬菜加工龙头企业，加强仓储保鲜能力建设，壮大蔬菜加工能力和比重份额。

5. 发展重点

一是强化科技投入。加强蔬菜抗病性、高产型、品质口感型品种和养生、保健及野生蔬菜的引进和开发，从种质资源上优化蔬菜产品。同时加大山海关大刺、青龙白黄瓜、海阳仙鹤腿大葱等特色优质农家品种资源的搜集保护和开发。大力引进示范国内外高产、优质、轻简、节本、生态等系列配套技术，实现蔬菜生产生态环保，优质高效。针对原有蔬菜基地，认真搞好摸底调查，逐项施策，推行轮作倒茬、土壤及设施环境修复等技术，优化产地环境。

二是提升设施装备水平。适应机械化管理的需求，通过土地调整、资金支持等措施，改造原有低矮、占地面积小、建造标准低的温室（大棚），建设一批投资少、采光保温性能强、适合机械化操作管理的现代化智能温室。引进增上水肥药一体化应用设备、大型温湿度、土壤养分智能管理设备、病虫害智能监测防治设备、机械化管理和采收等配套设备，不断提升重点蔬菜基地园区现代化、设施装备水平。

三是推进产业升级。以创建国家级、省级特色、绿色蔬菜生产示范园（区）、创新驿站、试验站为平台载体，打造行业引航样板。以国家、省、市三级示范园区、示范社为抓手，通过实施投入品减量、标准化控制、智能机械设备应用等生产模式，不断提升产品质量和品质，打造高端设施蔬菜生产示范区和京津绿色、有机蔬菜产品供应基地。强化龙头和品牌带动作用，推行蔬菜精准化生产，质量安全全程可控，产品分等定级，实现品牌化销售，促进企业和产品品牌文化要素深度融合，打造秦皇岛地方特色蔬菜名企优品。

四是开拓现代农业流通渠道。鼓励新型农业经营主体积极开发京津及国外市场，推动形成种本地卖全国、种全国卖全球的生产运营模式。创新营销方式，健全绿色智能农产品供应链，培育农商直供、直播直销、会员制、个人定制等模式。鼓励和支持蔬菜生产和流通企业建设产地预冷、保鲜运输、保鲜加工等设施，降低流通损耗，延伸流通半径。

五是推进全产业链发展。培育和壮大蔬菜龙头企业，集聚发展要素，引导发展蔬菜科普教育、休闲采摘、高新科技展示等新业态。以生姜、草莓、番茄等主导品种为中心，引进和培育蔬菜加工龙头企业，增上蔬菜加工生产线，增加干片产品、食品、保健饮品等新产品，提高地产蔬菜转换加工产品份额。

（二）食用菌产业

1. 发展现状

全市食用菌主要产区处于燕山食用菌产业带，地理位置得天优厚，产区涉及青龙县、昌黎县、抚宁区、海港区、卢龙县24个乡镇，主栽品种以香菇、木耳、银耳、平菇、杏鲍菇为主；以白玉菇、蟹味菇、榆黄菇、滑子菇等珍稀品种为辅，已形成全市独特的特色产业。2020年，全市食用菌总产量3.06万吨，总产值2.45亿元。

当前，食用菌生产正由农民个体生产逐渐向农民专业合作社生产转变，由单一以生产为主向集生产、销售于一体转变，生产方式实现了由劳动密集型向工厂集约化的技术跨越，全市生产规模在100万棒以上的示范园区达到10个，30万棒以上的基地22家，拥有省级食用菌龙头企业1家，市级龙头企业8家，食用菌专业合作社60余家，家庭农场6家。

2. 存在问题

全市食用菌产业与发达地区和现有的资源利用相比，还存在一些突出的短板和制约因素，主要表现在：一是产业规模较小，技术支撑力度较弱，产业链条尚不完善，缺乏完备的高层次（省级以上食用菌研究机构）产业技术支撑平台和完善的技术推广体系。二是缺少产业配套的食用菌优良菌种生产、产品精深加工企业和大型销售主体、产地市场和销售网络和菌糠再利用企业。三是以珍稀食用菌栽培为主的观光旅游产业还未形成，食用菌作为营养食品在全市康养产业中的功能还未得充分发挥。

3. 发展思路与目标

依托优势自然资源，按照"科技引领、布局优化、循环发展、模式多元、三产融合"的思路，进一步强化产销衔接和品牌培育，促进食用菌产业与旅游、教育、康养产业深度融合，强化食用菌产业在扶贫领域的优势作用，将食用菌产业建设成为农业的支柱产业。到2025年，全市食用菌总产量达到3.7万吨，产值达到8亿元。建设省级以上食用菌产业科研平台一家，培育省级以上食用菌生产加工龙头企业1~2家，省级专业合作社2~3家，省级家庭农场1~2家，发展以食用菌为主题的旅游观光和教育科普基地1个。初步建成科学技术引领、区域分布合理、资源配置优化、产品功能互补、市场特色鲜明的食用菌产业生态链。

4. 发展布局

青龙北部山区重点发展以木屑为主要原料的香菇、黑木耳等，昌黎抚宁平原地区重点发展平菇产品，适当发展双孢菇、鸡腿菇等草腐型产品。积极推进在有条件的地区发展黑皮鸡枞、羊肚菌、灵芝、猴头、桑黄等珍稀食用菌菌类，丰富全市食用菌产品种类。发挥秦皇岛市旅游城市特点，依托秦皇岛夏都菌业有限公司、河北丰科生物有限公司建设集科普、观光、产品体验于一体的示范园区，丰富全市旅游项目，增加食用菌产品的附加值。

5. 发展重点

一是科技引领产业纵深发展。以食用菌优势产业区为基地，联合高等院校和科研院所组建产研一体试验站，在食用菌优良菌种引进试验推广与提纯复壮、液体菌种应用、珍稀食用菌栽培、食用菌产品精深加工、栽培基质种类多样化应用、菌糠资源化再利用、食用菌产品储藏保鲜、食用菌旅游观光栽培等方面进行科研合作，形成产业技术支撑力量，推动科技引领食用菌产业纵深发展。

二是加强生态循环发展。科学利用栗木、槐木等果树更新和修剪产生的废弃枝条发展香菇生产，降低食用菌生产成本、保护环境、减少林菌矛盾。同时研究和开发食用菌栽培废料作为饲料、肥料和燃料的综合利用模式，减少废弃物对环境的污染，提高生态循环发展能力。支持建设1~2个以林果废弃枝条为初始原料的木屑加工企业和2~3个食用菌菌糠资源化利用企业，妥善解决农业废弃物污染问题。

三是探索多元的产业化模式。鼓励采取"企业＋农户""企业＋合作组织＋农户"等经营模式，降低劳动成本，提升龙头企业辐射带动能力。大力发展初加工和精深加工企业，开发生产干片产品、罐头食品、速冻产品、酱类、饮料类等系列产品，增加产业发展后劲，丰富市场食用菌产品类型。加快建设地头预冷和贮藏设施，集散市场建设，提升产品销售能力，促进食用菌产业良性发展。加大招商引资力度，吸引国内外知名食用菌深加工企业落户秦皇岛，带动原料基地产业发展。

四是加速食用菌产业和旅游产业、康养产业融合。依托河北丰科、海港区夏都菌业等大型食用菌龙头企业，建设食用菌科普馆、开发食用菌全菌宴，推广食用菌现场采摘模式，促进生态旅游业项目多样化，增加农旅融合的利益链条。加强食用菌功能产品开发利用，探索珍稀功能食用菌生产加工，推动食用菌产业与大健康产业深度融合。

（三）甘薯产业

1. 发展现状

全市甘薯优势产区以卢龙县丘陵地区为主，种植发展至今已有150多年历史，卢龙县已成为全国甘薯主产区之一，为河北省特色农产品优势区和省级区域公用品牌，品种以淀粉型甘薯为主，近年来鲜食型甘薯快速发展。2020年，全市甘薯种植面积18万亩，鲜食甘薯种植面积达到4万亩，总产量37.42万吨，产值达到9.5亿元。

全市拥有甘薯加工企业9家，其中省级龙头企业2家，甘薯种植合作社56家，带动种植农户1.2万户，卢龙印庄甘薯现代农业园区成为省级园区，河北中薯集团甘薯淀粉及淀粉制品加工达到10万吨。

2. 存在问题

一是农户种植收益偏低，种植规模下降。以卢龙县为重点区域，甘薯种植主体以小农户为主，且多分布在丘陵地区，机械化发展速度缓慢，生产效率和资源利用率低，尤其是种苗环节，目前基本以人工为主，农民种植甘薯的比较收益低，导致甘薯种植面积下降趋势明显。

二是良种育繁推体系落后，种性退化明显。全市甘薯种植主要以卢选一号（腾飞）、济25、烟薯25等品种为主。随着种植年限的延长，甘薯茎线虫病、病毒病等病虫害越发严重，尚缺乏高抗病毒病的甘薯品种和有效生物防治药剂，迫切需要进行甘薯脱毒，恢复种性。目前全市甘薯良种繁育及推广尚未形成体系，脱毒甘薯种薯、种苗繁育环节薄弱，设施设备缺乏，制约了甘薯产业可持续发展。

三是种植管理方式传统，土壤污染严重。由于劳动力年龄结构老化、新技术推广滞后、机械化程度低等原因，仍普遍使用控旺剂等传统方式调节甘薯生长发育过旺或早衰等现象，以及使用除草剂降低劳动强度，严重破坏了土壤性状，成为造成减产减收的重要原因。

四是企业加工能力偏弱，研发能力不足。在甘薯加工企业中，多数企业加工能力不足，销售收入在1 000万元以下的占比达85%。目前鲜食型甘薯加工以薯干为主，淀粉型甘薯加工以淀粉和粉丝、粉条为主，缺乏深层次加工产品，产品附加值低，市场空间增量有限。加工企业资本积累能力有限、规模偏小、研发能力低、产品创新速度滞后于市场需求等是制约甘薯产业发展的最大瓶颈。

3. 发展思路与目标

以振兴甘薯产业、叫响甘薯品牌为目标，以科技创新为支撑，以"全产业链打造，全价值链提升"为主线，按照"稳面积、调品种、强龙头、深加工、广销售、促融合"的总体思路，聚焦淀粉型甘薯脱毒种薯繁育、鲜食型甘薯窖藏技术、甘薯淀粉清洁加工、甘薯产业品牌化建设等产业发展四大关键问题，不断提升产业化经营水平，实现甘薯产业高质量发展。到2025年，甘薯种植面积稳定在19.6万亩，其中鲜食型甘薯种植面积达到4.5

万亩。甘薯加工成为百亿产业集群，甘薯产加销全链条基本实现有标可依，努力打造华北地区甘薯科技集成示范区、种源繁育先行区、全产业链样板区和最健康甘薯引领区。

4. 发展布局

以卢龙县为主产区，辐射昌黎县和抚宁区，重点打造102国道沿线甘薯特色优势产区，形成"一体两翼多基地"的空间布局。"一体"：即102国道沿线的乡镇，包括卢龙镇、下寨乡、双望镇、印庄乡，形成甘薯种植的优势产区和科技创新基地，在印庄乡建设3万亩的"甘薯小镇"。"两翼"：即102国道北翼逐渐发展成以燕山余脉丘陵坡地为主的绿色甘薯种植带和精深加工基地，102国道南翼发展成从六音山到阳山的甘薯标准化种植带。"多基地"：包括双望镇百亩新品种引进示范基地，刘家营乡、印庄乡、下寨乡、木井乡2000亩良种繁育基地，和以"飞地"形式在辽宁省和河北省南部建设的2000亩脱毒种薯生产基地。

5. 发展重点

一是提高产业化水平，促进规模化经营。以做大做强龙头企业为重点，以河北中薯、河北农辛、秦皇岛高成、秦皇岛同友等骨干企业为核心，进一步提高甘薯加工企业生产能力，大力推行订单生产，集中化收购加工。大力发展甘薯生产经营合作组织，引导农户多形式加入合作社，试点"土地托管"，着力提高合作组织带动能力，实现四个统一的发展模式：统一提供高产优质脱毒甘薯种薯或薯苗；统一配方施肥方案；统一技术指导；统一销售。

二是加快良种繁育体系建设，提升产业竞争力。建立种薯区试点，加强优质高淀粉型、鲜食型、叶菜型等适宜品种引进试验示范，实现脱毒品种良种化、用途专用化、技术现代化、质量标准化、基地规范化、生产商品化，提高脱毒甘薯原原种、原种生产能力。研发培育具有自主知识产权的优良品种，制定卢龙县产区脱毒甘薯种薯地方标准，提升市场竞争能力。以甘薯加工企业原材料需求为核心，在淀粉型甘薯育种上取得创新突破。重点围绕"卢选一号"特性筛选适宜淀粉加工型甘薯品种2~3个，并进行示范推广。以实现全季销售鲜食甘薯为主攻方向，大力开展错季早熟品种的选育和推广力度，提升产品市场竞争力和产品价值。

三是开发多元化产品，推进清洁加工。在夯实净化淀粉、粉丝、粉条、薯脯、薯干等传统优势产品基础上，逐步开发冰烤红薯、甘薯茎叶等鲜食食品，探索开发甘薯全粉及全粉食品、休闲食品等多元新产品，丰富产品内涵。深化产学研合作，做好粉浆水、粉渣等废弃物综合利用技术研发推广，实现绿色清洁加工。

四是健全市场营销体系，提高商品化率。建立健全甘薯产品现代流通网络，建设电子交易、物流配送为一体的甘薯产品营销体系，促进更多甘薯产品进连锁超市、进机场、出国门。依托印庄省级现代农业园区建设甘薯仓储物流中心，和专业化市场，建立专业化的营销配送队伍，实现国内运输保鲜直达。

五是完善科技创新体系，为产业持续发展提供支撑。聚焦市场需求和产业发展关键技术问题，依托国家甘薯技术体系及中薯公司产业研究院的技术力量，组织产学研用协同攻关，开展高效栽培技术、病虫草害绿色防控技术、安全贮藏保鲜、加工工艺和设备、物流配送技术等标准化集成技术体系研究，为甘薯产业发展提供有力的科技支撑。

（四）中药材产业

1. 发展现状

以青龙县为主的中药材产业成为全市发展农业特色产业、推动农业供给侧结构性改革的新亮点，品种以北苍术、黄芩、黄芪、枸杞、黄精等为主，重点培育了秦皇岛同盛医药有限公司和秦皇岛满药本草药业有限公司两大本土中药材购销加工龙头企业。青龙县拥有500亩以上的省级中药材种植示范园25个，先后荣获"河北省十大道地药材产业县""青龙北苍术区域公用品牌""青龙北苍术区域公用品牌""省级特色农产品优势区"等称号。2020年，全市中药材种植面积为13.5万亩，年产量8.34万吨（鲜品），产值4.2亿元。

2. 存在问题

一是自然野生品种资源濒于枯竭。受市场需要影响，北苍术（干品）供不应求，价格逐年上涨，已从2013年的每公斤30元上涨到目前的90元，未来几年仍呈上涨态势。在价格拉动下，北苍术种植效益较大，拉动农户不断扩大种植规模，从而造成自然野生种苗供不应求。由于多年无序、不分时节的过度采挖，导致野生资源逐年减少。

二是迫切需要培育性状稳定的优良品种。目前，全市人工种植的中药材品种大多是一些传统的老品种，有效成分含量低、品质差、抗性差，经济价值低，优良的品种没有得到有效的利用和大面积推广，又很少从外地引进新品种。此外中药材种植过程中，质量参差不齐、农药残留、重金属超标等问题也亟待解决。

三是基础设施建设滞后。中药材种植基地土壤、道路、灌溉、供电、互联网等配套基础设施条件还有待改善，生产、采收和产地初加工环节现代农业技术装备的推广应用不足。

四是产业链短，附加值低。现有药材加工局限于简单清洗、烘干等附加值低的初加工方式。中药材产业的种植、产地初加工、生产、流通、产品开发等环节尚未形成有效的协作整合，中药材产业上下游脱节，没有形成大品种、大品牌、大产业链。

3. 发展思路与目标

立足"北苍术"等全市优势特色道地药材资源，加强科技支撑，紧抓品牌建设，稳固青龙中药材生产大县的地位，以规模化种植基地建设为核心，以康养衍生产品开发为特色，实现中药材产业标准化、规范化、产业化、基地化发展，推动中药材产业高质量发展。到2025年，全市中药材面积达到7.5万亩以上，产值6亿元以上；其中规范化种植基地达到3万亩以上，全市建成2-3家具有代表性的中药材精深加工企业。

4. 发展布局

以青龙县为重点区域，按照"三带一区"的发展思路布局中药材产业：即以木头凳、干沟为中心的枸杞、五味子示范带；以土门子、大石岭为中心的黄芪种植示范带；以娄丈子、七道河为中心的北苍术繁育示范带；以木头凳、三星口、龙王庙为中心的万亩中药材核心示范区。同时，在卢龙县以刘田各庄镇、下寨乡适宜区域建设一批中药材种植基地，形成区域发展布局。

5. 发展重点

一是坚持保护资源。全面开展中药材品种资源普查，重点抓好北苍术、黄芩等道地药材资源保护，建立种质资源库和苍术中药材种质资源保护区、保存圃。加强野生品种保护和人工驯化培育工作，建立中药材驯化基地。积极争取北苍术列入国家野生植物保护目录，推动青龙北苍术申请国家农产品地理标志认证，争创国家级特色农产品优势区。

二是坚持对标发展。贯彻《河北省中药材标准》，立足优势产区，科学规划布局，鼓励中药材龙头企业、合作社和种植大户通过土地流转、整体承包、农民土地入股等形式，在优势主产区建设标准化生产基地。积极推广育苗移栽、地膜栽培、配方施肥、机械化栽培及病虫害绿色综合防治等技术。积极开展中药材生产质量管理规范（GAP）认证。

三是坚持龙头带动。做大做强山海关药业、满药本草药业、同盛医药、秦皇岛元正等龙头企业，同时积极对接国内大型药品、饮品龙头企业，依托龙头企业建设中药产业园，积极培育开发中药材精深加工项目，扩大北苍术中成药和高端产品市场占有率，改变初级加工产品直接上市的状况，提升产业附加值。

四是坚持开发康养产品。利用全市道地药材绿色天然、安全可靠的优势和康养产业发展契机，以科研单位、高等院校、中药材产业体系创新团队为技术支撑，加强中医药养生和食疗药膳产品开发力度。进一步挖掘传统中药养生保健技术和方法，鼓励市场主体发展食疗药膳、中药饮品、功能茶、功能性饮品等深加工产品及药食同源衍生品，助力康养产业发展。

三、干鲜果品业

要把干鲜果品产业高质量发展放在促进乡村产业振兴大格局中认真谋划和强力推进，结合秦皇岛实际，深入挖掘葡萄、大樱桃、苹果、桃、板栗、核桃等六大特色干鲜果品产业，进一步放大优势，提升档次，加快推进区域化布局、规模化种植、轻简化栽培、品牌化销售的生产经营模式，着力强化产业化经营，着力强化科技支撑，着力强化品牌塑造，着力强化支持引导，着力强化统筹推进，努力推动我市果业发展跃上新的大台阶。

（一）葡萄产业

1. 发展现状

以昌黎县、卢龙县为主要种植区域的葡萄种植已有400多年的历史，鲜食葡萄以"巨峰""玫瑰香"为主，酿酒葡萄以赤霞珠为主，被称为中国著名的葡萄之乡。昌黎"玫瑰香"葡萄远近闻名，被确定为国家特色农产品优势区，昌黎县葡萄酒产业被列为河北省重点县域特色产业，昌黎碣石山产区为河北省首家认证的葡萄酒产区，素有"东方波尔多"之美称。卢龙县柳河山谷酒葡萄农业科技园区被认定为省级农业科技园区。2020年，全市葡萄种植面积5.89万亩，产量13.19万吨，年产值6.5亿元，干红酒年产量达5万吨，产值达到10亿元。

2. 存在问题

一是品种结构单一。秦皇岛市葡萄采摘期较集中，设施葡萄主要集中在5-7月，露地采摘主要集中在9-10月，大量葡萄集中上市，导致阶段性供过于求，销售压力大，降低市场竞争力。

二是种植管理粗放。秦皇岛市葡萄种植历史虽然较长，但种植水平还比较落后。特别是普通种植农户，凭借长期种植经验进行日常管理，缺少科学指导，管理水平较低，重产量、轻质量，化肥、农药利用率低。

三是产品同质化严重。酿酒葡萄"赤霞珠"一枝独秀，聚集区葡萄酒主要以干红为主，干白、桃红等产量很少，甜型、半甜、半干型葡萄酒更少，且同质化严重，起泡酒、白兰地等其他葡萄酒品种几乎空白。

四是机械化水平低。我市葡萄种植多采取棚架种植方式，不便于机械化作业，实现机械操作的只有浇水、打药、冬季埋土防寒三个环节。昌黎、卢龙两地多为山地、坡地，在整个葡萄种植过程中，对于实现机械化有很多不利因素，未能有效降低人工成本。

3. 发展思路与目标

鲜食葡萄遵循适度发展设施栽培、实施"金土行动"、创建区域品牌的发展路径，不断提升品质效益和竞争力。酿酒葡萄以葡萄品种区划研究为基础，按照"培育特色系列产品""全产业链运作""一体化发展"思路，全维度、高起点带动秦皇岛葡萄酒产业与企业的升级转型，塑造世界级特色葡萄酒产区。

2025年，全市葡萄种植面积稳定在5.9万亩以上，产量13万吨，建成具有国际先进水平的葡萄酒行业省级科研平台1-2家，全市葡萄酒产业集群总收入规模达到50亿元以上。

4. 空间布局

以昌黎县和卢龙县为重点区域，辐射带动周边区域发展。昌黎县以发挥碣石山葡萄产区的示范引领作用为核心，努力培育产业发展新的增长极。卢龙县按照"一园一带一中心"的空间布局，"一园"即柳河山谷葡萄酒文化产业园；"一带"即柳河山谷—凤凰酒谷—碣阳酒乡—缸山酒乡—天马葡园葡萄酒文化休闲旅游带；"一中心"即以雷店子为中心的龙城葡萄酒贸易中心，大力推进葡萄产业高质量发展。

5. 发展重点

一是丰富品种结构。加大新品种引进、试验、示范推广力度，不断调整葡萄品种结构，实现早、中、晚熟和高、中、低档相结合的多品种发展格局。鲜食葡萄积极引入昌黎果树所"光"系列葡萄、"金田"系列、夏黑、美人指、金手指等品种，酿酒葡萄引进马瑟兰、小芒森、西拉等品种。

二是加强标准引领。加快设施葡萄产业发展步伐，不断提高设施葡萄占比。制定昌黎玫瑰香等主栽葡萄品种生产、采收、保鲜等环节技术标准和技术规程，做到各环节有标可依。以昌黎十里铺、两山和卢龙刘田庄等乡镇为重点区域，强化标准栽培技术体系建设和病虫害绿色防控技术，推广建设优质标准化生产基地。大力实施"金土行动"，改变不良施肥习惯，全面提高葡萄品质。

三是科学划定产区。以葡萄品种区划研究为基础，对产区内不同的小气候带进行划分，种植适宜的优良品种，高质量建设酿酒葡萄种植基地。昌黎县以"碣石山葡萄酒产区"为依托，划定卧佛山、晾甲山、凤凰谷、饮马河、东沙河、滑石山等6个小产区；卢龙县从北到南划定燕河山谷产区、烟霞岭产区、柳河山谷产区。

四是优化产品结构。支持华夏、茅台、朗格斯、金士、香格里拉（秦皇岛）等葡萄酒加工企业提标升级，实现精品化、高端化发展，逐步形成集高端酒庄酒、特色酒堡酒坊酒、大众佐餐酒共同发展的高中低档产品"金字塔"格局。拓展附加值更高的葡萄功能性产品开发，形成更加完整的产品线。

五是加强品牌建设。坚持"政府主打产区品牌，企业主打产品品牌"。在产区内及不同销售区、重点城市、潜在市场做好昌黎碣石山产区、卢龙柳河山谷产业品牌宣传。组织酒庄（企业）以产区统一形象，参加全国糖酒会、国内外系列酒展、葡萄酒大奖赛等活动；举办国际葡萄酒节、国际葡萄酒交流培训会等活动，为酒庄（企业）拓展市场营造良好氛围。支持昌黎玫瑰香葡萄申报国家地域商标，提高"昌黎玫瑰香"品牌美誉度。

六是做足"葡萄酒+"文章。充分发挥产区优势、生态优势、旅游城市资源优势，以葡萄种植和葡萄酒酿为载体，打造"特色产业引擎"和"旅游吸引核"，促进一二三产业融合发展。加快昌黎葡萄小镇、卢龙鲍子沟的升级换代，建设昌黎葡萄酒文化博览中心，开发3-5条融合观光、休闲、餐饮、住宿、体验、教育等多元素的深度旅游精品路线。以酒庄酒为主线，酒厂与酒堡并存，推出品酒、美食、艺术展览、休闲体育、观光农业等多彩的旅游活动，以葡萄酒一条街、葡萄酒主题公园和葡萄酒雕塑建筑等为文化载体，植入体育、康养、教育等产业，打造综合性旅游休闲集结地。

（二）大樱桃产业

1. 发展现状

大樱桃主要分布在山海关102国道两侧的石河镇、第一关镇、孟姜镇等乡镇和海港区北港镇、石门寨和驻操营镇，其中石河镇的东付店、毛家沟一带为最集中区域。大樱品种30多个，老品种以红灯、萨米拖等早大果为主，新品种以沙王、俄罗斯8号为主，约占20%，设施栽培品种以美早为主。栽培模式主要有春季开花夏季采收的露地栽培、冬季开花春季早收的设施温室栽培、延迟栽培和设施避雨栽培"四种"模式，目前以露地栽培为主，盛果期每亩产量高达1000公斤以上。2020年全市大樱桃栽培面积为4.55万亩；其中山海关区大樱桃栽培面积3万亩，海港区大樱桃栽培面积1.40万亩，年产量3万吨，产值3.5亿元。

2. 存在问题

一是露地栽培品质有待提升。目前全市樱桃栽培以露地栽培为主，露地大樱桃在外观及品质上要差于设施栽培，且病虫鸟害危害较为严重，湿度大，裂果较多，面临低温霜冻威胁，内在品质上仍有较大的提升空间。

二是多种果树混杂制约病虫害防控。大樱桃种植区域周边往往种植苹果、梨、桃、核桃、板栗等多种果树。病虫害在多种果树之间相互感染迁飞和越冬越夏，加重了大樱桃病虫害的发生和害虫的世代累积，造成防治困难，使得大樱桃在品质、产量上受到较大影响。

三是缺乏优良砧木。多年来，全市大樱桃种植一直使用嫁接栽培模式。大范围使用山樱砧木，有自身不抗根瘤、不耐低温、不够矮化省工的缺点。近年来半矮化砧木吉塞拉6、马哈利等砧木的使用面积虽有所增加，但总量仍然偏少。

四是采后处理环节增值不足。目前，全市现有大樱桃交易市场多为路边自发形成，由于缺乏稳定的终端销售渠道，流通贩运环节和零售终端占据大部分利润，由于其不耐储存特点，流通和零售过程中损耗比较大，市场风险也比较大。

3. 发展思路与目标

提高樱桃产业标准化程度，将大樱桃生产和加工每个环节都纳入标准化轨道，实行统一生产、统一加工、统一品质、统一包装、统一标识。大力推行设施栽培、绿色防控、有机肥替代等绿色关键技术，全面提高大樱桃品质和质量安全水平。延长产业链，突出市场开发和品牌形象打造，提升山海关大樱桃区域公用品牌和国家级地理标志证明商标的品牌效应。开发集樱桃采摘、餐饮住宿、休闲观光、教育体验等综合服务于一体的多维农业功能，促进一二三产业融合发展。

到2025年，全市大樱桃种植面积3.9万亩，其中设施种植面积2000亩以上，产值4.5亿元，绿色防控技术基本实现全覆盖，培育具有示范引领作用的标准化生产基3-5个，发展以大樱桃为主题的旅游观光和教育科普基地，促成大樱桃专业交易市场建设。

4. 空间布局

发挥山海关在渤海湾大樱桃三大主产区重要的区位和资源环境优势，以山海关西部和海港区北部特有的适宜大樱桃种植的丘陵山地为主要区域，成方连片打造石河镇、第一关镇、孟姜镇、石门寨镇、驻操营镇等长城旅游公路沿线的大樱桃产区。

5. 发展重点

一是加快新品种引进。在稳定"萨米拖""美早"的基础上，通过试验示范，推广一些具有肉硬、个大、色好、耐储运等优势的新品种，培育引进富含香气、具有保健功能的特色品种，进一步优化大樱桃品种资源，提升市场竞争力。

二是加快设施化栽培。根据市场需求，有序发展设施棚舍建设，实现错季上市，延长上市周期，提升产品溢价空间。大力推广蜜蜂授粉、矮化栽培、延长采收和有机肥替代等关键技术，实现大樱桃产业高效、绿色、优质、安全发展。

三是加快标准化生产步伐。加强山海关大樱桃地理商标保护管理，因地制宜进行区域规划，实施大樱桃系列地方标准，推行统一生产、统一加工、统一品质、统一包装、统一标识产业模式。

四是加快产业链条延伸。积极发挥北方大樱桃主产区优势，拓展观光采摘、休闲度假、产品加工等业态功能。建立仓储保鲜和冷链物流体系，借助"互联网+"等实现樱桃产品多途径销售。积极研发大樱桃系列果酒、果汁、酒皂等深加工产品，逐步由初级加工向高附加值精深加工转变，进一步提高大樱桃产业附加值。支持举办中国山海关大樱桃节，不断提高山海关大樱桃知名度，扩大品牌影响力。

（三）苹果产业

1. 发展现状

秦皇岛浅山区为环渤海优质苹果产区，具体独特的自然区位优势，且栽培历史悠久，品种以晚熟红富士为主，兼有国光、金冠、黄香蕉等品种。青龙被誉为中国苹果之乡，形成了青龙河流域"红富士"苹果产业带、星干河流域和起河上游"国光"苹果产业带。2020年，全市苹果种植面积约32.2万亩，其中青龙县种植面积最大，达20余万亩，全市苹果产量35万吨，占全省的14.1%，位居全省第二，产值达14亿元，成为促进青龙北部山区农民脱贫致富的农业主导产业。

2. 存在问题

一是种植分散，果园管理粗放。30~50亩的中等果园及以上大型果园不足50%，分散种植仍占主导，管理粗放、标准化程度低、劳动用工成本高、病虫害防治不当仍较为突出。全市苹果单产 1 455 千克/亩，低于全省平均水平。

二是品种单一，品牌建设滞后。全市苹果主栽品种以红富士和国光为主，二者占全市苹果总产量的 90%，品种的单一化，影响了苹果的上市周期。全市人均苹果占有量为 100 千克，（全省约 29 千克），具有明显的外销型特征，未形成具有显著影响力的地域品牌，优质不优价现象还普遍存在。

三是苹果加工业滞后，龙头带动不强。全市尚未建立专业的苹果加工和果汁加工企业，储存方式仍为传统的一家一户窖藏模式，产业链条急需延伸，产品附加值和市场竞争力亟待提高。

3. 发展思路与目标

坚持"四推一强"，重振"中国北方苹果优势种植区"的品牌形象。全面推动苹果基地改造提升，做优"国光""黄香蕉""黄元帅"等特殊风味苹果生产基地；推广早熟、优质、高效的新品种；推广苹果省力化栽培技术示范，打造苹果从栽种、管理到采收贮藏等全过程的生产标准体系；推广矮砧集约高效栽培技术模式。做强秦皇岛苹果品牌，大力扶持 1-2 家果品生产经营组织，全方位加强渠道建设，促进苹果绿色种植、观光采摘、产后加工全产业链发展。

到 2025 年，全市苹果种植面积达到 28.2 万亩，产量达到 36 万吨，建设一批 500 亩以上精品示范园区。优质果率提高 10%，创建"青龙苹果"区域公用品牌。

4. 空间布局

发挥北部山区环渤海独特的土壤、气候资源优势，以青龙县土门子镇、大石岭乡和大巫岚镇为主要区域，把青龙县打造成"中国苹果之乡"。同步推进抚宁区北部台营、大新寨等区域同步发展。积极探索发展北戴河新区滨海苹果精品种植区。

5. 发展重点

一是推动优质苹果基地建设。坚持"区域化布局、规模化建园、标准化管理"，构建连片开发、规模经营、龙头带动、"三产"融合发展的苹果产业发展新格局，到 2025 年以青龙县为主体，建设 1~2 个千亩以上的品种优良、管理规范、基础设施完善的精品示范园区，大幅提升产品溢价能力。

二是推广适宜新品种。积极与科研院所对接合作,改造郁闭园,改善通风透光条件,提高果实品质。根据市场需求,高接换优和新建果园并举,扩大市场前景好、具有特殊风味品种和小果型品种生产规模,实现优品优质优价销售。

三是推广新型栽培技术。大力推广矮砧密植栽培、果园生草、化学疏花疏果、免套袋栽培等技术规程,加快实用型果园生产机械和操作平台应用,实现果园省力栽培。推行节水栽培和水肥一体化,实现果园能量循环和废弃物综合利用,改善果园生态环境。

四是推行现代化的生产经营模式。推广"公司+合作社+基地+农户"运行模式,打造三产融合苹果产业联合体,稳定企业与农民合作关系,发展一批社会化服务组织,开展病虫草害统防统治、果园托管等服务,从源头上解决"用工难""用工贵"和生产投入品"管控难"等问题。

五是做靓秦皇岛苹果品牌。完善仓储物流设施,在青龙县集中区域建立现代化配送中心,构建"产地+冷链运输+销地"快速运销体系,搭建营销平台,依托大型电商,加快推进"互联网+"发展,实现青龙苹果产业上下游有效衔接。发展苹果精深加工示范基地,多元化开发果干、果汁、果酒、果粉、功能性食品等新产品,不断优化结构、完善设施、统一标准,建设有特色、上档次、规模化的苹果产业集群。

(四)桃产业

1.发展现状

全市桃种植主要分布在抚宁区、昌黎县、卢龙县、山海关区、北戴河区山地丘陵地带,栽培品种主要以普通桃、油桃、蟠桃、油蟠桃为主,中熟品种大约占比60%以上,早熟和晚熟品种各占20%,近些年"瑞蟠21"等蟠桃,"中油蟠7""中油蟠9"等油蟠桃发展较快。市场销售仍为地头收购、市场批发、街头零售等传统模,已成为京津地区和南方城市重要供应基地。2020年,全市桃种植面积6.9万余亩,产量为11.3万余吨,产值5.5亿元。

2.存在问题

一是品种结构不合理。缺乏适地、适树的整体规划,品种布局不明确,区域化程度低，基本属于自然发展状态。中熟品种偏多、晚熟品种偏少，鲜食比例过大、加工品种较少，普通毛桃较多、黄油桃和油蟠桃等特色种类较少。

二是产业附加值低。以销售鲜桃为主，分级、包装、储藏等采后处理技术落后，冷链贮藏运输体系不健全，高档果比例不足5%，大部分鲜桃价格低于全国平均水平。加工比例较小，以罐头、果汁为主，产品种类比较单一。用于休闲观光的规模和水平不够，桃文化内涵挖掘不够深入。

三是品牌建设薄弱。秦皇岛虽拥有河北省桃栽培重点县（区）3个，果品品质好、具有一定规模，但绿色、有机和地理标志农产品认证空白，乏在省内外有影响力的产品品牌、企业品牌和区域公用品牌，品牌带动力不强。

3. 发展思路与目标

按照"效益优先、绿色导向、科技支撑、品牌引领"的总体思路，以制约桃产业发展的关键问题为导向，以调整品种为基础，以提高桃果品质为重点，通过标准化体系建设，培育地方品牌，延长产业链条。瞄准大中城市和中秋节、国庆两节鲜桃空档期，大力发展抗寒性强的中晚熟桃和晚熟品种，提升市场竞争力和产品溢价空间。

到2025年，全市桃树面积稳定在7万亩左右，总产量稳定在12万吨以上，重点抓好高标准基地建设，大力发展设施桃栽培，建设2~3个标准化早熟设施桃基地。

4. 空间布局

卢龙县重点培育卢龙镇鲜桃产区、双望镇黄桃产区和刘田各庄镇鲜桃产区、木井镇设施桃产区四个生产基地；昌黎县重点培育新集镇设施桃生产基地、马坨店乡设施桃生产基地；抚宁区重点培育大新寨镇黄桃生产基地；海港区重点培育蟠桃峪蟠桃生产基地；北戴河区重点培育费石庄鲜桃生产基地。

5. 发展重点

一是引进优新品种，建设示范基地。引进3~5个抗寒、抗病、抗裂果的晚熟鲜食品种，引进1~2个黄肉油桃品种和油蟠桃品种。重点抓好高标准基地建设，到2025年，抚宁区、昌黎县、卢龙县分别建立1个标准化示范园，示范带动现有基地提档升级。

二是完善标准体系，强化质量安全。完善生产技术标准和产品标准体系，推进品种选择、生产过程、终端产品的标准化。到2025年，标准普及率达到75%以上。通过产前、产中、产后的标准化管理，积极推进"双减"，保证果品质量安全。建立质量安全追溯体系。

三是推广省力栽培，创新生产模式。推广适宜各区域桃园的省力化栽培模式和先进栽培技术，提高桃园机械化应用水平，特别是在建园、施肥、喷药、割草等环节推广普及专业机械，减少生产成本，提高经营效益。因地制宜示范推广起垄栽培、宽行密植、高光效树形等新模式，广泛推广长枝修剪、简易修剪、有机栽培、绿色防控、水肥一体化、树盘覆盖、行间生草等栽培技术。

四是培育龙头企业，延长产业链条。通过"龙头企业+专业合作社+家庭果园"等形式，加快完善利益联结机制，打通果品生产与加工、流通、销售等环节，加速推进一二三产业融合发展。鼓励企业组织开展桃果贮藏、包装和冷链运输等方面的关键技术研发，加快开发桃相关高附加值产品，延伸产业链，提升价值链。积极推进以赏花、尝果为主的桃观光采摘园和休闲旅游业发展，带动餐饮、住宿、运输等服务业发展，提升桃产业综合效益。

（五）板栗产业

1. 发展现状

秦皇岛独特的地理和气候环境为板栗产业发展创造了良好的先天条件，优势产区以青龙县为主，种植面积占全市板栗种植近70%，另外30%分别在抚宁区和海港区北部山区，是燕山外销板栗的主产地。现有省级龙头企业两家，青龙满族自治县百峰贸易有限公司和抚宁燕山板栗食品有限公司；国家级示范合作社两家：青龙满族自治县五指山板栗专业合作社和青龙满族自治县大森店果品专业合作社，省级合作示范社6家。

2020年，全市板栗种植面积118万亩，产量5.13万吨，年产值7.2亿元。产品畅销全国各大中城市之外，还远销日本、东南亚、韩国、港澳等国家和地区产品，年均创汇700万美元。

2. 存在问题

一是病害问题凸显。随着板栗种植年限延长，病虫害种类增多，特别是小叶病、内腐病等病害威胁不容忽视。

二是加工环节创新不足。目前全市板栗龙头企业数量有限，加工能力不足，加工技术落后，主要产品形式限于鲜板栗和炒食栗，加工转化率低，不足总产量20%，精深加工产品少，产业附加值低。

三是园地基础条件滞后。板栗种植多分布偏远山区，水电路等基础设施建设落后，大部分农户思想相对保守，粗放管理、除草剂的使用、脱蓬机的应用和采青等问题较为严重，缺乏统一的政策性管理。

四是市场建设乏力。国内市场扩容难度大，出口市场增长乏力，传统日本市场萎缩趋势短期内无法缓解。较同属燕山地区的迁西板栗相比，青龙板栗品牌竞争力不足。板栗产业多功能性有待开发，文化、电商、休闲等新业态、新模式发展尚未显现。

3. 发展思路与目标

以"集群建设"为统领，提高板栗产业整体素质和竞争力。推广科学种植管理模式，重点突破板栗品种杂乱、管理粗放、单产偏低的瓶颈；培育壮大燕山板栗食品有限公司等龙头企业；采用国际标准，大力提高采收脱壳、熏蒸灭虫、清洗上光、分级包装等采后商品化操作的技术水平和创新能力；逐步形成以炒食栗、小包装鲜栗仁为主，板栗酒、板栗饮料等产品为补充的产品结构；做好青龙板栗区域公用品牌认证、管理和保护工作，充分发挥板栗产业在乡村振兴中的重要作用，促进农民增收。

到2025年，全市板栗面积稳定到120万亩，产量提升至6.5万吨以上，稳固青龙板栗第一县的地位，建成2家以上具有代表性的精深加工企业。

4. 空间布局

以青龙满族自治县肖营子、七道河等乡镇为重点区域，全县域推进板栗种植基地稳步发展。同步提升海港区北部驻操营镇、抚宁区台营镇等北部山区种植基地发展水平。

5. 发展重点

一是建立标准化体系，加强示范园建设。推广优质苗木，建设优质采穗园，培育推广优质、高产、抗性强的板栗新品种。制定符合全市板栗产业发展的标准，强化板栗绿色栽培技术，积极对接国际板栗安全卫生和质量等级标准生产、加工、运输、储存的要求，加强板栗标准化示范区建设，打造具有影响力的板栗出口基地。

二是延伸加工链条，加强品牌建设。发挥河北省板栗产业技术创新战略联盟作用，突破板栗品种杂乱的问题，加强耐储及适宜加工品种的研发和推广。加大招商引资，不断培育引入加工企业，逐步形成以炒食栗、小包装鲜栗仁为主，板栗酒、板栗饮料等产品为补充的产品结构。制定落实品牌保护计划，积极申请"青龙板栗"地理标志保护品牌，争创区域公用品牌，通过组织板栗节、板栗产业开发论坛等形式，提升全市板栗的国内外市场竞争力。

三是加大投入力度，完善基础设施。针对板栗种植的山地丘陵地区、自然条件较差和农业基础设施相对滞后现状，积极争取政策支持，修通道路，接通用电，配齐灌溉设施，重点在规模板栗园配备农田水利设施，提高板栗的产量及品质，促进板栗产业可持续发展。

（六）核桃产业

1.发展现状

秦皇岛是冀东核桃产区的主要组成部分，大部分县区的山地丘陵地区均有核桃种植，是仅次于板栗的干果类果树，其中以卢龙县石门镇"石门核桃"最为著名。种植品种大部分为引进的"辽宁1号""辽宁7号""清香""香玲"等品种，少量种植当地石门核桃中选育的"石门早硕"和"石门魁香"，还存在大量实生树。2020年，全市核桃栽种面积10.43万亩，其中卢龙6.15万亩，产量1.18万吨，产值2亿元。

2.存在问题

一是良种化程度低，树体老化。全市核桃大部分以实生繁育为主，品质良莠不齐，种植效益低。现有"辽系"与"清香"核桃品种抗寒性、抗病性差，急需找到抗逆性强的替代品种。老产区卢龙石门、木井一带多数核桃种植园老化严重，单产偏低，石门核桃种群数量已大为减少。

二是管理不科学、不规范。核桃种植主要分布在山区，从生产到加工机械化程度普遍偏低，多数是以家庭为单位的小户经营，大部分核桃长期处于放任生长状态，嫁接成活率低，保存率低。部分盛果期果园由于株行距小，修剪不到位，导致果园郁闭，病害严重，减产风险高。

三是产业链条短，市场销售乏力。目前全市尚无核桃加工企业，一部分核桃被客商收购并贩运到外地进行加工或鲜食销售，一部分以未加工的鲜核桃或干果在当地零售。由于产品附加值低，实际销售价格低迷，挫伤农户种植积极性。

3. 发展思路与目标

以产业重振为目标，加大优良品种选育和推广力度，改造实生树种，提升老旧果园，着力解决品种化的问题。谋划核桃加工龙头企业的培育和引进工作，研发核桃仁、露、油、粉等深加工产品，以二产带动一产。加大对地理标志产品品牌的宣传力度，扩大知名度和美誉度，重振石门核桃雄风。

到2025年，全市建成5000亩以上的优良核桃品种示范园2~4个，分区域建设核桃良种繁育基地2~3个，坚持全部采用"石门核桃"新品种，做大石门核桃的种群基数，核桃栽培面积达到10万亩，产量将达到1.5万吨。

4. 空间布局

以卢龙县石门镇、木井乡、燕河营镇为重点区域，建设石门核桃集中核心区域产区，辐射青龙县、抚宁区、海港区山地丘陵地区。

5. 发展重点

一是加强石门核桃新品种选育。成立"石门核桃产业工程技术研究中心"，对石门核桃重点分布区进行实生资源调查、搜集和保护工作，搜集特异种质资源、地方（农家）品种，保护地域代表性古树，建立种质资源圃，重点做好对卢龙县主产区幼树和新栽植的实生苗品种改接、嫁接工作。对种质资源多样性进行评价和挖掘，应用实生选种、杂交育种、诱变育种等技术培育综合性状优良的新品种，进一步丰富石门核桃品种构成。

二是建立农业合作社、示范园区。通过组建农民合作组织、创建示范园区，推行集约经营管理。大力推广石门核桃地方优良品种和标准化栽培管理技术。在卢龙县建立一批"石门早硕"示范园，配套建立采穗圃，建设涵盖栽培、育苗、管理、采收、采后处理、加工品等七个环节的标准化体系。

三是重振石门核桃品牌。加强石门核桃的品牌建设，营造品牌氛围，从政府到农户形成石门核桃是秦皇岛独有的品种资源,是全市农业重要的无形资产。通过品牌准入、形象设计、宣传推广等,维护石门核桃的良好声誉,保护石门核桃这一国际品牌。

四是加强产业链延伸。大力加强招商引资,引进核桃加工企业,进行核桃深加工,生产核桃鲜食产品,干核桃或者干核桃仁产品,加工核桃油、核桃粉或核桃饮品,进行核桃产品研发、增加产品附加值,带动产业发展。

四、优势畜牧业

"十四五"期间,以生猪、肉鸡、毛皮动物、羊和肉牛五大产业为重点,充分发挥优势畜牧业在繁荣农村经济、促进农民增收等方面的重要作用,强化科技创新、政策支持和法治保障,加快构建现代畜禽养殖、动物防疫和加工流通体系,协同推进畜禽养殖和环境保护,不断增强畜牧业质量效益和竞争力。

(一)生猪产业

1. 发展现状

经过多年发展,秦皇岛生猪饲养量不断扩大,抚宁区、昌黎县、卢龙县为全国生猪调出大县(2020年目录),抚宁区被确定为省级标准化生猪示范区。2020年,全市生猪存栏94.32万头,出栏176.69万头,其中抚宁区、昌黎县、青龙县和卢龙县四个县区年出栏量占全市89.71%,其中抚宁区占26.47%、昌黎县占23.95%、青龙县占14.71%、卢龙县占24.56%。国家级农业产业化龙头企业河北宏都实业集团年屠宰量突破150万头,日供北京市场2500头以上,占北京市场份额的25%以上。

2. 存在问题

一是规模场养殖比例偏低。全市500头以下生猪养殖场(户)数占所有养殖场(户)总数的99.29%,年出栏量占总出栏量的68.23%。散户养殖不利于标准化生产、疫病综合防控、科学饲养和粪污无害化处理等技术的推广应用,影响了生猪养殖效益的提高。

二是疫病防控压力增大。种猪、仔猪跨地区调运,加大了疫情传播的发生和风险。部分养猪场户对动物防疫认识不到位,防控意识薄弱,缺乏有效的综合性防治措施。尽管非洲猪瘟疫情防控已取得阶段性成效，但疫情点状发生的态势将在较长时期内存在。

三是资源环境约束突出。全市生猪养殖总量已经达到环境承载力临界点，土地消纳容量已近饱和，养殖用地难、粪污处理难等问题日益突出，特别是城市近郊养殖场环境污染的控制难度和治理成本加大。

3. 发展思路与目标

紧抓现代养殖体系、科技创新体系、疫病防控体系、现代流通体系四大体系建设，推动构建生产集约、环境友好、布局合理、流通高效的生猪全产业链高质量发展格局。

到 2025 年，全市生猪存栏稳定在 120 万头左右，年出栏生猪达到 241 万头以上，生猪标准化覆盖率达到 85% 以上，把我市打造成京津地区重要的绿色肉品供应基地。

4. 空间布局

以抚宁区、卢龙县传统生猪调出大县为基础，统筹资源环境条件，引导生猪养殖向环境容量大的北部丘陵山区转移，加快推进生猪产业转型发展，建设一批品种优良化、养殖设施化、生产标准化、防疫制度化、粪污无害化的现代化生猪养殖基地。

5. 发展重点

一是构建良种繁育体系。实施生猪遗传改良计划，持续开展生猪生产性能测定，在培育壮大现有父母代种猪场基础上，引进建立祖代原种猪场，切实保障生猪良种功能能力。

二是构建疫病防控体系。重点做好非洲猪瘟、口蹄疫等重大动物疫病防控工作，着力提升养猪场（户）生物安全防护水平，推行政府购买社会化兽医服务，加强官方兽医管理，严格规范检疫规程，严肃查处违规行为，病死畜禽无害化处理率常年保持 100%。

三是构建质量标准体系。严厉打击使用"瘦肉精"等违禁物品的不法行为，指导养殖场户严格按照标准进行生产。加强生猪养殖场档案管理，完善生猪标识及疫病溯源系统，实现饲养、屠宰、经营环节全程追溯监管，切实提升产品质量。

四是构建生态循环体系。推广种养结合、清洁养殖、废弃物综合利用和农牧循环生产模式，实现畜地平衡、种养一体、生态循环。支持建设农牧循环型产业园，大力发展种养结合型家庭农场，扩大适度规模经营，实现种养协调发展。

五是构建肉品精深加工体系。以河北宏都实业集团有限公司国家级农业产业化龙头企业为核心，加大招商引资和创新发展合作力度，鼓励企业引进推广机器人作业、激光灼刻、质量追溯等最先进的生产设备和管理技术，研发烟熏火腿、红肠等系列熟食制品，建立猪肉生鲜网络交易平台，提高生猪产品京津市场占有率。

（二）肉鸡产业

1. 发展现状

全市拥有秦皇岛正大有限公司、秦皇岛中红三融农牧公司2个国家级肉鸡产业化龙头企业，年屠宰加工能力突破1亿只，带动了青龙县、卢龙县和抚宁区北部的肉鸡养殖快速发展，成为全国首批肉鸡标准化示范区。2020年，全市肉鸡出栏4 312.16万羽，年出栏5万只以上的肉鸡规模养殖场304个，年出栏肉鸡4 638万羽，占出栏总量的77.26%，青龙县饲养总量占全市50%以上，成为促进农民脱贫致富的支柱产业。

2. 存在问题

一是品种有待进一步多元化。虽然全市已初步建立了家禽良种繁育和生产供应体系，但肉鸡的饲养品种较单一，以"罗斯308"和"AA白羽"肉鸡为主，缺少适宜本地饲养和高端市场需求的黄羽系列肉鸡品种。

二是部分鸡舍设施落后。起步较早的传统养殖区鸡舍布局缺乏规划，鸡舍设施相对落后，存在手工喂料清粪等落后生产方式，且粪污处理难度大，疾病风险加大。

三是精深加工能力弱。肉鸡精深加工能力与集约化、标准化、规模化和产业化的要求仍不相称，多数加工企业仍以简单的屠宰分割为主，在深加工、速食产品国内外市场开拓方面仍有较大空间。

四是规模养殖节能减排技术有待改进。针对鸡粪运输车防护措施、鸡舍标准化设计、清粪工艺技术、无漏水肉鸡饮水设施设备等方面的生产难题，迫切需要推广先进的清洁养殖配套技术，制定完善的生产规程及管理标准。

3. 发展思路与目标

以提升种禽生产供应体系水平，建立标准化生产体系，做强龙头加工企业，发展精深加工，构建农牧良性循环机制为重点，以占有国内外高端市场为目标，将秦皇岛肉鸡产业做优做强。

到2025年，全市肉鸡出栏量达到5 200万羽，雏鸡孵化能力3 600万羽，肉鸡加工能力1亿羽，产业链条得到进一步延展，青龙县成为全省肉鸡产业强县，建成年出栏50万羽以上的标准化肉鸡场10个，全市80%以上肉鸡养殖场实现设施设备机械化、环境控制智能化、饲养管理标准化。

4. 空间布局

以青龙县肖营子镇、八道河乡、祖山镇和抚宁区茶棚乡、榆关镇等乡镇为重点，大力推进肉鸡标准化养殖示范场和生产基地。以秦皇岛正大有限公司和中红三融农牧公司为龙头，把秦皇岛建成国内外知名肉鸡加工基地，把青龙县建成全省肉鸡生产示范大县、全国肉鸡生产强县。

5. 发展重点

一是建立现代化养殖模式。重点打造一批出栏2万羽以上肉鸡养殖标准化示范场，改善饲养管理条件，提高饲养管理水平，实现饲养数量规模化、养殖设备机械化、环境控制智能化、管理水平标准化、养殖效益最大化。

二是建立现代育种体系。以"罗斯308"和"AA"配套系为主，加强种鸡场和孵化场建设，完善父母代场、商品场良种繁育体系，指导种鸡场开展选种工作，到2025年，全市肉种鸡场种蛋供应能力达到2800万枚，雏鸡孵化能力达到3 600万羽。

三是建立现代化肉鸡产品精深加工车间。推动屠宰分割向熟食加工方向延长链条，在加工工艺上充分利用新技术、新工艺、新设备，发展精深加工产品，开发多品种、多风味小包装产品，实现由简单的冷冻分割产品向半生、熟制品转化。

四是建立生态循环养殖模式。按照构建粮饲兼顾、农牧结合、循环发展的新型种养结构的总体要求，加快推进种养科学配套、粪肥资源循环利用，更加科学合理地配置农业资源，形成农牧有机结合、资源充分利用的生态畜牧业新格局。

五是建立质量管控体系。以秦皇岛正大公司、中红三融公司、秦皇岛三融公司等重点龙头企业为依托,提升加工龙头企业"五统一"(即统一供雏、统一供料、统一供药、统一回收毛鸡、统一技术服务)水平,构建从投入品到养殖、出栏、运输、屠宰、贮存等全环节质量管控体系。引导加工企业着眼国内一流和对标国际先进,以鸡肉精深加工出口和熟食加工为主攻方向,不断调整产品结构,打造国际知名肉鸡出口加工基地。

(三)毛皮动物产业

1. 发展现状

以昌黎县为主的毛皮动物养殖已有30多年历史,品种以貉子、狐狸、水貂为主,其中貉子占70%,狐狸占25%,水貂占5%,涉及养殖户达2.6万余户,养殖总量稳定在1200万只左右,产值达30亿元,已成为全国最大的貉皮生产基地,貉皮总产量居全国首位,带动相关从业人员达10万人。建有全国最大的专业毛皮交易市场——昌黎皮毛交易市场,以及唐秦地区裘皮服装展销中心——昌黎裘皮城,"昌黎貉皮"为地理标志证明商标,"昌黎皮毛"为省级区域公用品牌,产业知名度和影响力在全国行业内不断提升。

2. 存在问题

一是品种更新缓慢。多年来,毛皮动物一直未能列入国家畜禽饲养目录之列,品种选育尚未开展,特别是高生产性能种兽、白色品种等存栏率有待提升。

二是环境压力大。养殖环节以分散养殖为主,规模化养殖推进困难,废弃物处置难度大。加工环节硝染鞣制污染大,废水处理成本高。

三是价值链层次低。皮张加工仍处生皮和初加工为主,缺乏高端毛皮服装加工企业带动,不能直接出口国际市场,缺乏设计、研发、营销等各类高端人才。

四是产业不确定性较大。皮毛动物产业受动物福利、农产品质量安全监管、胴体监管等市场、行政、法律因素影响较大,发展过程中仍需要面对和解决一列制约瓶颈。

3. 发展思路与目标

按照"组团式布局,集群式发展,生态式发展"的理念,围绕"基地+市场+园区"三位一体的总体思路,高标准建设养殖小区,高规格建设皮毛加工项目，高品质建设裘皮交易平台，高层次建设皮毛产业园区，拓展产业广度和深度，全面推动产业进档升级和循环发展，努力将昌黎打造成产销两旺的北方裘都，将皮毛产业打造成百亿产业集群。

到 2025 年，全市毛皮动物饲养量稳定在 1 100 万只，毛皮清洁养殖实现跨越提升，良种繁育实现实质性突破，全国皮张交易中心建设成效初显；"中国毛皮产业基地"声誉逐步树立，皮草特色小镇基本成型，产业集群规模达到 200 亿元。

4. 空间布局

毛皮产业以昌黎县南部现有毛皮养殖基地为基础，打造三大组团。一是养殖产业组团，以荒佃庄镇、刘台庄镇、泥井镇、新集镇和马坨店乡 5 个养殖重点乡镇为核心，大力推进标准化清洁健康养殖，推进良种繁育基地建设。二是以昌黎县荒佃庄镇皮毛产业园为主的加工产业组团。三是商贸产业组团，依托昌黎县荒佃庄、泥井两大专业皮毛交易市场，打造荒佃庄镇区东侧皮草特色小镇。

5. 发展重点

一是突出养殖模式转型。紧紧抓住毛皮动物新列入畜禽饲养目录的关键时期，积极创建第一个国家级毛皮动物良种繁育基地，引入国外原种、选育国内优种，建立昌黎貂种群系谱，增强昌黎毛皮核心竞争力。由分散到集中、由庭院养殖向标准化小区养殖模式转变，引进新能源粪污废弃物综合利用项目，加快推进养殖环境综合整治工作和养殖废弃物资源化循环利用，实现生态养殖良性发展。

二是突出胴体监管。坚持无害化处理和资源化利用两手抓，建立科学规范、权责清晰、约束有力的毛皮动物胴体管理长效机制，加大胴体资源化利用技术引进推广力度，集中处置毛皮动物胴体，建立台账和追溯制度，精准跟踪胴体去向，切实防治流入市场和餐桌。

三是突出皮草特色小镇建设。依托昌黎荒佃庄皮毛产业园，大力发展皮张加工、服装设计和成衣加工，高标准打造国际裘皮城和宜居、宜业、宜游皮草特色小镇，建设集裘皮服装研发、加工、参观、体验、销售于一体的商业旅游综合体，建设中国"北方裘都"。

四是拓展内外贸易市场。深化皮毛产业信息中心建设，时时发布全国貂皮交易价格指数，扩大昌黎皮毛产业在国内外皮毛市场的影响力和定价权。持续提升"中国养貂之乡"国内外市场知名度，全力打造集皮张交易、仓储物流、裘皮服装展销和配套服务为一体的全国性专业皮毛市场和中国最大的生皮交易中心。

（四）羊产业

1. 发展现状

近年来，全市肉羊养殖依托丰富的饲草资源和粮油加工副产品优势，凭借其饲养周期短、投资回报率高的特点，呈现出养殖农户日益增多、饲养规模逐年扩大的趋势。肉羊短期育肥养殖模式成为行业主导模式，品种以小尾寒羊及其杂交羊为主，在卢龙的蛤泊乡、木井镇以及昌黎的两山乡形成了集中饲养区域。2020年，全市肉羊存栏量约130万只，出栏约320万只，其中卢龙县存栏200只以上肉羊养殖场216个，年出栏量达到60万只。

绒山羊为秦皇岛特有的畜禽品种，养殖方式从传统的"放牧为主、补饲为辅"逐渐转变为现代适用的"舍饲为主、放牧为辅"。建立了青龙县绒山羊良种繁育体系，优质种群呈现出体型大、羊绒细、产羔率高等特点，尤其是羊绒细度和长度具有十分优质的纺织特征，为绒山羊品种培育和创建品牌奠定了基础。2020年，全市绒山羊存栏量55.48万只，其中青龙县存栏47.50万只，占全市绒山羊存栏总量的85.62%。

2. 存在问题

一是品种单一，产业发展缺少特色品牌带动。全市肉羊繁育体系建设滞后，现有肉用绵羊绝大多数为东三省、内蒙古等地购入的架子羊，以小尾寒羊及其杂交羊为主，品种单一，急需培育适宜专门化育肥的肉羊品种。全市山羊养殖以青龙本地绒山羊及改良羊为主要品种，在燕山山区广泛饲养，性能优良、绒质优异，但品种品系培育尚未取得突破，缺少像"辽宁绒山羊""内蒙白绒山羊"一样的品种效应，导致种用羊销售价格低。

二是养殖规模化程度低，高效养殖技术普及率低。目前全市羊业规模化比例低，在全市3.33万个养羊场户中，年出栏500只以上的规模场户仅有1052个，规模场户年出栏仅占全市出栏量的45.07%，明显低于猪鸡产业规模厂出栏占比。青龙县绒山羊标准化规模羊场324个，其饲养量不足

20万只，仅占全县饲养总量的16.26%。另外，良种繁育、分群饲喂、羔羊补饲、疫病防治等方面先进技术集成应用难度较大，高效养殖技术普及率低。

三是羊肉和绒毛产品加工链条不完善。目前全市羊产业链局限于架子羊育肥单一环节，出售育肥活羊受制于贩运商贩，购销两头受限，加上饲料价格上涨较快，肉羊养殖利润空间逐步压缩。全市仅有卢龙天元、海港区牧羊源、开发区义合、山海关荣泰园4个小型屠宰厂，屠宰量远低于出栏量，本市出栏肉羊绝大多数以活羊外销为主，大多销往香河、大厂等地。青龙县绒山羊加工销售市场仅有木头凳鸿源祥羊绒交易市场1家，年加工能力仅有40吨，绝大多数绒山羊靠零散方式销往迁安建昌营等地。

3. 发展思路与目标

以标准化规模养殖为目标，按照"壮大优势、完善链条"的发展思路，积极推进肉羊产业升级，不断挖掘发展潜力，完善肉羊产业链条，着力提升产品质量，夯实卢龙县、昌黎县肉羊强县地位，加强青龙绒山羊资源保护与品牌建设力度，推动全市养羊业向适度规模化养殖、标准化生产、产业化经营的方向发展。

到2025年，全市肉羊存栏达到150万只，出栏量达到204万只，肉羊标准化生产覆盖率达到80%以上，羊肉产品质量检测合格率达到100%。引进或培育品牌化、规模化肉羊屠宰加工企业，打造形成集良种繁育、现代养殖、饲料加工、屠宰加工、冷链物流为一体的肉羊产业集群。建立青龙燕山绒山羊繁育基地。

4. 空间布局

推进卢龙县形成"北繁南育"空间格局，北部在陈官屯镇、潘庄镇、印庄乡、刘家营等乡镇建设繁育基地，南部在蛤泊镇、木井镇、刘田各庄镇建设规模化育肥基地。昌黎县重点以两山乡为主，发展专业化肉羊育肥基地。绒山羊以青龙县为主，辐射卢龙县北部潘庄镇、刘家营乡等山区乡镇。

5. 发展重点

一是加快优良羊品种选育进程。在以青龙县为核心的绒山羊主产区，大力推广发情调控、人工授精简化技术，加快优质绒山羊的繁育生产，建立高产绒山羊核心群，加快实施适合燕山山区生长的绒山羊品种选育，力争早日培育出高产绒细特色的绒山羊品种品牌。在以卢龙县为核心的肉羊育肥主产区，加强研究试验"道塞特""杜泊"等优良肉用羊品种的生产效果，引导本地规模场加强实施专用肉羊品种的选择和繁育，加快肉羊专业育肥场的标准化改造，推广育肥舍环境控制、全价营养饲料配制及饲喂、疫病防控等技术，引导创建优质羊肉品牌，推动发展高档羊肉生产。

二是制定养殖标准化技术规范。针对以青龙为核心的绒山羊特色养殖和以卢龙为核心的肉羊快速育肥两方面技术工作，全面依托省羊产业技术体系创新团队的专业技术资源，分别制定全程适用、简化高效的标准化养殖技术规范，逐步实现饲养标准化、饲料全价化、防疫规程化、产品优质化，全面提升全市养羊技术水平和规模化标准化程度。

三是建设高效养殖技术试验示范场。积极发挥省羊体系创新团队秦皇岛综合试验推广站的职能作用，重点在本市绒山羊和肉用育肥羊集中区域，分步选择培育试验示范羊场，加快羊业先进科技成果的转化应用。从羊场羊舍标准化设计改造、配套设施应用、制度建设及管理等多方面，示范带动更多规模养羊场户。有重点分步骤示范推广母羊发情调控及人工授精简化技术、TMR饲料配方、疾病综合防控等高效实用养羊技术。

四是大力培育肉羊屠宰和羊绒加工龙头。鼓励现有屠宰加工企业开展技术升级改造，向精深加工方向发展，通过申报注册商标，增加产品的附加值和品牌效应，提升产品市场竞争力。加速引进建设一批经营规模大、资源整合能力强、市场占有率高的产品深加工企业，创建优势产品和特色品牌，构建完整高效的羊产业链条及商业营销运行体系，提高羊产品附加值。加强对羊产品加工企业的监管，支持企业建立全程可追溯制度，严厉打击非法添加使用违禁药物行为，保障产品质量安全，实现优质优价。

五是加强资源保护与品牌建设力度。加强"卢龙肉羊"区域公用品牌建设力度。支持科研单位、加工企业加大研发力度，鼓励申报专利产品和地理标志商标，大力保护"青龙绒山羊"地方资源，推进"青龙绒山羊"品种审定进程，提升全市羊肉羊绒产品的市场竞争力。

（五）肉牛产业

1.发展现状

全市肉牛养殖历史悠久，主要分布在青龙县、昌黎县、卢龙县和抚宁区，分大规模、中小规模和分户散养多种模式，多以架子牛育肥为主，全市年出栏数在500头以上的大型肉牛养殖场7个，昌黎县安丰集团投资4.5亿元新建大型万头现代化牛场。2020年，全市肉牛存栏11.56万头，出栏10.93万头，规模养殖场繁育体系建设逐步加快，高端肉牛品种培育成为行业高质量发展的引擎。

2.存在问题

一是规模化养殖比例低，品种混杂。全市肉牛养殖育肥多以小散户为主，年出栏50头以下的养殖场（户）占全市出栏量的79.59%。肉牛繁育中"重育轻繁"，以外购架子牛育肥为主，超过50%牛源来源于外省，长期存在外来品种混乱、血统混杂、杂交代数过高等问题，多元杂交杂种优势不明显。

二是疫病防治压力大，技术力量薄弱。全分散养殖户的人工养殖水平和消毒意识普遍较弱，配套的诊断和疫病防治技术尚难以满足肉牛外购、育肥等环节的生产需要，潜在养殖风险较大。

3.发展思路与目标

聚焦架子牛采购指导、良种推广体系建设、集约化舍饲育肥、屠宰加工能力提升、疫病防控体系建设五大任务，按照集中、集聚、集约现代化畜牧业发展模式推进全市肉牛产业高质量发展。到2025年，全市肉牛存栏数量达到13.3万头，其中基础母牛存栏达到4.5万头。

4.发展重点

一是加强肉牛来源和运输环节的指导管控力度。针对当前肉牛饲养多以从内蒙古等外地购入架子牛进行短期育肥的生产方式，缺乏专业指导，存在来源混杂、品种杂乱、疫病风险高发等问题，要进一步加强对"引种时间—启运准备—路途管理—运后管理"各个环节的监督检查、档案管理和防疫规范，有效减少由于长途运输而诱发的应激反应，保障肉牛运输前、运输途中和抵达后的安全。

二是加强良种繁育体系建设。以昌黎为重点，卢龙县、抚宁区为辅助，大力实施良种繁育体系建设，按照"有固定房舍、有配套设备、有技术人员、有配种档案"的要求建设标准化牛改良站点5处，努力形成设施设备完善、技术水平一流的牛改良技术服务网络。大力推进肉牛繁育本地化，降低肉牛养殖成本，打造特色肉牛品种品牌，提高生产经济效益。

三是推进肉牛集约化标准化养殖。打造昌黎万头智慧肉牛场,发挥现代生产模式的示范引领作用,积极创建国家肉牛养殖标准化示范区,带动全市建成年出栏肉牛500头以上肉牛养殖示范园区10个。按照肉牛示范养殖场建设标准要求,大力推广标准化养殖小区建设,提升设施化养殖水平,配备配套的粪污处理、饲草饲料加工设施,实现农牧业循环发展。

四是加强疫病防控。进一步调查研究肉牛场重大疫病流行态势,根据不同区域和规模饲养场的实际情况,制定和实施程序免疫,严格检疫、消毒、监测等日常防控流程,严防口蹄疫和布病发生。严格投入品规范管理,大力开发优质的粗饲料资源,推广优质高效日粮配方,科学配方补充精料,提高秸秆饲料消化率,提高饲料报酬和牛肉品质。

五提高屠宰加工能力。加大招商引资力度,扶持和培育建立大型、标准化肉牛屠宰加工企业,充分发挥龙头辐射带动作用,拉动全产业链提档省级和转型发展。推行"龙头企业+基地+农户"发展模式,建立有效的利益联结机制,促进龙头企业与肉牛养殖基地、养殖户形成相互依托,相互促进,共同发展的利益共同体。

第五章 "十四五"现代农业重点工程

一、现代农业装备提升工程

大力推进高标准农田建设。深入实施藏粮于地、藏粮于技战略，以粮食生产功能区为重点，集中投入，连片治理，整县推进，建设集中连片、旱涝保收、节水高效、稳产高产、生态友好的高标准农田，稳步提高粮食综合生产能力。把农发展高效节水灌溉工程，大力建设喷灌、滴灌、微管、水肥一体化等节水灌溉设施，推进高标准农田"宜机化"配套。到2025年，全市新建高标准农田65万亩，农田有效灌溉面积达到180万亩。

努力提高机械化水平。以推进粮食作物全程机械化、精细养殖关键环节机械化生产为主线，大力推广农业生产关键环节机械化生产技术。粮食作物重点支持精量播种、化肥深施、高效植保、秸秆还田、保护性耕作等关键环节机械化生产技术和装备的推广应用；经济作物领域重点支持微耕、微滴灌、温室自动控制等技术和装备的推广应用；养殖领域重点推广饲草料收割、加工、饲料搅拌、自动投水喂料、自动清粪等技术和装备的应用推广。重点加强对浅山区丘陵地带机械化薄弱环节进行攻关研究，力争取得创新突破。到2025年，全市农业机械化程度全面提升，农作物耕种收综合机械化率达到70%以上。

二、特色农业集群建设工程

打造特色农业产业集群。立足资源禀赋、环境承载力和现有特色农业产业基础，聚焦粮油、蔬菜、食用菌、甘薯、中药材、葡萄、大樱桃、苹果、板栗、生猪、肉鸡、毛皮、牛羊、休闲农业等一批特色产业集群，坚持分类施策、科学布局、集中开发、重点扶持、规模发展，不断提高产业集中度和市场竞争力。

依托集群构建现代乡村产业体系。依托特色产业集群，打造农业全产业链，把产业链主体留在县城，让农民更多分享产业增值收益。围绕集群，实施"龙头企业培育""现代农业示范区创建""高端精品基地打造""特色产业强镇建设"等一批重点工作载体，谋划农村一二三产业融合发展示范园和科技示范园区建设，形成"点、线、面"结合、功能有机衔接的乡村产业振兴格局。

确立"六个集中"集群建设路径。为确保有力有序推进全市特色产业集群持续健康发展，确保产业集群内的各项建设取得实效，能够取得打造一批科技高端、标准高端、品质高端、品牌高端的示范区和农品农产品的丰硕成果，按照政策支持、科技支撑、绿色发展、品牌引领、质量管控、产业融合"六个集中"的关键路径，瞄准确定的产业、园区、精品进行集中持续打造。到2025年，全市年产值10亿元以上的农产品加工产业集群不少于10个，各县区均有1-3个特色产业集群。

三、质量农业全面提升工程

全面推进农业标准化生产。围绕特色优势产业和农产品质量安全等重点领域，制定、修订一批农业生产地方标准，构建与国际接轨、与京津冀食品行业标准配套、体现秦皇岛地方特色的全链条现代农业标准体系。发挥资源区域特色，加强农业标准化示范项目建设，强化标准集成应用，打造一批制标、用标、达标的示范典型。到2025年，推动特色农产品优势区、现代农业园区、"两品一标"农产品生产单位、市级以上龙头企业全面实施标准化生产。

加快推进"两品一标"建设。推广实施绿色食品、有机农产品国家标准与行业标准，加大绿色食品和有机农产品认证开发力度，扩大优质农产品供给，满足高端市场需求。坚持以绿色食品为导向，引导各类农业新型经营主体积极开展绿色食品、有机农产品认证，强化农产品地理标志登记保护培育。加强证后监管，加大抽检力度，严格实施退出机制，提升认证品牌公信力。到2025年，"两品一标"认证数量达到200个以上。

提升农产品质量安全追溯能力。以上联国家、下联企业、横联部门为目标，不断健全现有农产品质量安全追溯体系，确保农产品"从农田到餐桌"全链条信息贯通、产品可追溯。落实农产品质量安全追溯与农业农村重大创建认定等工作"六挂钩"机制，引导农产品生产经营主体积极主动实行产品追溯管理。结合"冀东农业大数据中心"建设，选择大樱桃、甘薯、设施蔬菜等重点产业推动多模块深度融合的智慧化追溯管理。全面试行食用农产品合格证制度，落实食用农产品产地准出市场准入衔接机制，实现食用农产品全链条可追溯。

强化农产品质量安全监管。着重巩固农产品质量安全体系，完善网格化监管体系，提升基层监管能力。分年度制定全市农产品质量安全监测方案，形成多层次农产品质量安全监测网络。扩大监测覆盖面，重点加大食用农产品从种植养殖到进入批发、零售市场或生产加工企业前的抽样比例。扩大抽样范围，实现种养殖基地、屠宰场、合作社、家庭农场、小农户抽样全覆盖。加强农产品质量安全执法，探索建立农产品质量安全信用档案。到2025年，全市农产品产地抽检合格率和主要农产品监测合格率稳定在98%以上。

四、绿色农业全域推进工程

持续推进化肥减量增效。以"绿色施肥、经济施肥、环保施肥"为导向，以控制化肥施用总量、优化施肥结构、改进施肥方法、提高施肥效率为重点，以"精准施肥、调优施肥结构、改进施肥方式、有机肥部分替代化肥、轮作休耕"为技术路径，以机械施肥标准化、配方施肥个性化、统供统施专业化、灌溉施肥一体化、有机肥替代多元化为抓手，开展化肥减量增效行动。到2025年，全市测土配方施肥技术覆盖率达到92%以上，化肥利用率达到41%以上，在全国保持先进水平。

加快推进农药减量控害。以提高测报精准性、防治精确性和用药安全性为重点，坚持检疫执法制度化、监测预报精准化、病虫诊断网络化、减量控害全程化、综合防控绿色化、统防统治专业化。重点抓好大樱桃、黄瓜等八项果菜绿色育种基地及无化学农药种植模式试点示范项目。推进北戴河、山海关两个农业绿色发展先行示范区化建设,开展农药禁用技术攻关,发挥示范引领作用。到 2025 年,全市主要农作物统防统治覆盖率和主要农作物绿色防控覆盖率双双达到 50% 以上,农药利用率达到 41% 以上。

大力推进农业废弃物资源化利用。深入实施沼气、生物天然气、生物质燃料化等生物质资源化利用示范建设,促进农作物秸秆、畜禽粪污、果树枝条等废弃物就近利用。加快推进农作物秸秆、果树枝条能源化利用,推广成型燃料、打捆直燃等清洁供暖模式。全面推广 0.01 毫米以上标准地膜,区域地膜回收再利用机制实现突破。全面推进资源利用节约高效、产地环境清洁、生态系统稳定、绿色供给能力提升建设。力争到 2025 年实现产地环境健康、资源利用高效节约,形成与资源环境承载力相匹配、与生产生活生态相协调的农业可持续发展格局。

五、"秦"字号品牌引领工程

一是坚持产业联动,以文旅康养助力品牌发展。

依托全市优势农业资源禀赋,大力发展特色产业游、康养小镇、田园综合体等新产业新业态,切实把秦皇岛的孤竹文化、长城文化、碣石文化、帝王文化、疗养文化等全面注入现代农业发展,提升农业品牌文化软实力。着力打造"秦皇福地,康养农品"的秦皇岛农业整体品牌形象,深入推进实施"联动"培育,真正叫响一批"秦字号"农产品品牌。

二是坚持内外联动,提升农业品牌知名度。

通过农村电商平台、微信公众号等新媒体宣传推介,广泛开展"秦皇精良农品"文化推广活动,让本地消费者品鉴产品,奠定品牌传播基础,让消费者成为我市农业品牌的义务推介人。大力推动跨界融合、智慧发展,借助文旅康养产业有效提升农业品牌知名度。到 2025 年,全市区域农产品品牌达到 10 个,农产品地理标志商标认证达到 20 个,品牌农产品溢价率提高 30% 以上,形成农产品品牌、区域公用品牌和企业品牌"三位一体"品牌体系。

三是坚持渠道联动,创新农业品牌市场营销。抓住京津冀协同发展机遇，大力开发直营店、农超对接、电子商务等现代农产品流通渠道，改变单纯依靠批发市场的传统销售方式。大力拓展线上渠道，对接天猫农场、京东农场等，组织农业品牌主体构建新媒体、短视频（直播）联盟，借力秦皇岛正在崛起的"网红打卡地"宣传力量，改变农户、农企单打独斗局面。充分利用展销会、农博会、推介会、农事节庆、评奖评优活动等，加大农业品牌展示展销力度，提升品牌美誉度，借势打开"一带一路"国际市场。

四是坚持部门联动，建立健全动态管理机制。研究制定秦皇岛农业品牌目录制度，建立多部门联动机制，从认证、评优、宣传、推介等方面加大政策扶持力度，实行动态管理，探索推动国际商品注册。强化对农业品牌保护和监管，构建企业自我保护、政府依法保护和司法维权保护"三位一体"的品牌保护机制。坚持校企联动，加快农业科技成果的品牌转化，围绕电子商务、包装设计、企业管理等领域，尽快形成一批"秦"字号农业自主创新成果。

六、全产业链科技支撑工程

建立育繁推一体化科技高端的育种体系。重点围绕节水小麦、特色蔬菜、优势果品、道地中药材以及地方特色畜禽等方面，着力加强后备品种资源储备，推进茶棚西红柿、下庄生菜等主要农作物新一轮品种更新换代。建设畜禽良种繁育体系，推进宏都等龙头企业联合育种和全基因组选择育种，推动主要畜禽品种国产化。

大力实施农业科技创新跃升攻关计划。充分发挥驻秦高校的作用，借力河北科技师范学院科技特派团、龙头企业专家工作站，完善科技成果转化和技术推广服务体系，加快联盟建设，大力推进产学研深度融合。积极培育农业高新技术企业，农业科技小巨人企业，不断提高产业化经营程度。引导和激励农业龙头企业加大科技创新投入，逐步提高研发经费占主营业务收入的比重，支持建设省级以上重点实验室、企业技术中心、工程技术中心和工程实验室，加快农业科技创新。

加快农业科技成果转化落地。通过联合行业内专家、大型农牧企业和技术推广部门，联合打造科企合作服务平台，推进一批农业绿色发展、新技术新模式新品种、动植物疫病防控为主导的前沿科技成果转化落地。推动与"一带一路"国家和中东欧国家科技交流与合作,有针对性地引入境外优质战略合作伙伴,积极引进设施农业、农产品加工、优质种质资源等先进技术,打造国际科技合作基地。大力推进以"星创天地""创新驿站"为载体的众创空间,吸纳和引导科技领军人才、农业技术人才、高校毕业生等到县区开展创新创业,激发创新活力,推动农业走内涵式科技发展道路。

七、市场流通创新突破工程

建立一条秦皇岛港农产品贸易通道。以"大流通观"服务现代农业发展,充分利用秦皇岛港东港区转型和水果、肉类及冰鲜水产品进出口贸易发展潜力,形成大宗农产品中转与集散的产业增长点,丰富本地现代农业商贸物流的产品基础。

加快两大市场数字化建设。一是做强"昌黎新集蔬菜批发市场"智慧化升级,提升分拣包装、冷藏保鲜、仓储运输、初加工等设施建设及服务水平。二是在为民农副产品交易中心构建"智慧农批市场信息化系统"和"智慧追溯体系",实现管理平台和流通节点部署便捷化、功能精细化、操作人性化、运维简易化,实现肉类、蔬菜、水果、水产品等的正向跟踪、逆向追溯的全追溯监管体系。

建设三个专业农产品批发市场。在卢龙县建设以甘薯、果品、蔬菜等为主要交易品种的"东杨庄专业市场"。在抚宁区建设以板栗、核桃、水果、蔬菜等为主要交易品种的"抚宁镇果品板栗专业市场"。在北戴河区建设以海产品、特色农产品、康养农产品为主要交易品种的"石塘路海产品专业市场",形成特色优势农产品区域性集散中心。

推进四个冷链物流重点建设项目。一是在昌黎新集镇依托新集蔬菜批发市场和物流园区,利用现有冷库群基础,提升现有预冷设施、整理分级车间、马铃薯规模化恒温储藏库建设水平,提升综合服务能力,创建国家产地骨干冷链物流基地。二是在蔬菜、水果、畜产品、水产品等鲜活农产品优势产区,统筹现有现代农业园区、省级农业科技园等资源,建设具有集中采购和跨区域配送能力的区域农产品低温直销配送中心。三是支持在田头市场、特色农产品优势区建设节能型通风贮藏设施、机械冷库、气调贮藏库、速冻库以及配套的预冷愈伤、信息采集、计量称重、装卸提升、检验检测等仓储保鲜设施，解决冷链物流最先一公里。四是引进和培育大型批零企业和物流企业在北部丘陵果品生产基地和南部平原果品蔬菜生产基地建设产地仓，借力企业物流资源，形成多频次、小批量的持续市场输送，培育本地优质生鲜农产品面向京津冀高端客户群的长期市场渠道。

建设若干田头市场。大力推广"田头市场+新型农业经营主体+农户"的模式。重点扶持新型农业生产经营主体运营在蔬菜、水果、畜产品等鲜活农产品主产区和特色农产品优势区、产业重点镇、中心村重点建设一批产地田头市场，引导设施建设向田头市场聚集，完善田头市场仓储保鲜冷链设施，有效降低产后损失率。到2025年，全市主要"菜篮子"产品京津市场供给率提高3个百分点，农产品商品化率由88%提高到92%以上，"海、陆、空"立体生鲜物流网络初步成型。

八、休闲农业精品示范工程

高标准建设北戴河休闲农业示范区。充分发挥北戴河区独特的旅游资源优势，以集发农业公司为引领，依靠高科技农业，集观赏性、参与性、娱乐性、趣味性于一体，整区打造农业公园。充分发掘乡村多种功能和多重价值，加强北戴河村、西古城村示范带动作用，促进乡村田园美、景观美、庭院美、生态美、产业美建设，培育一批美丽休闲乡村。

高标准推进生态休闲农业示范点建设。凭借我市得天独厚海洋、森林、湿地、温泉等自然生态环境，丰富的长城文化、美丽田园、乡村民俗文化、农业特色产业、休闲渔业旅游资源，围绕近岸海域、环城市区及沿高铁高速、沿国省干道、沿重点景区周边，坚持连点成线、沿线成带、环城成圈。到2025年，全市重点打造50个生态休闲农业示范点，努力把农业变成旅游业、把农田变成景区、把农产品变成旅游产品，大力推进农旅文化"三位一体"、生产生活生态"三生同步"、一二三产业融合发展的新产业、新业态、新模式。

高标准开展休闲农业品牌宣传活动。围绕"四市战略"和"全市域、全季节、全产业、全方位"的旅游发展定位，突出挖掘特色产业内涵、注重农耕文化、传承历史文化，连接乡村、建筑、民俗、田园等资源，精心策划做好丰收节、蔬菜节、美食节、赏花节、采摘节等一批节庆活动，推进农业与教育、文化、康养等产业深度融合，开发农业科普、教育、示范、观光功能，把秦皇岛休闲农业打造成为现代农业中最靓丽的一张名片。到2025年，全年实现休闲农业营业收入10.8亿元，接待休闲参观游客600万人次以上，带动7万农户收益。

九、新型经营主体培育工程

实施家庭农场培育行动。以开展创建示范家庭农场为抓手，实施家庭农场培育计划，鼓励采取以奖代补、金融保险创新等服务方式，加快培育出一大批规模适度、生产集约、管理先进、效益明显的家庭农场。健全面向家庭农场的社会化服务体系，健全家庭农场经营者培训制度。

实施农民合作社规范行动。完善合作组织内部运行机制，强化行业监督管理，提升示范带动水平，引导农民合作社通过订单等形式与龙头企业建立合作对接关系，鼓励以土地承包经营权等方式入股组建土地股份合作社，支持村集体领办合作社。

实施龙头企业提升行动。支持龙头企业扩大规模做优做强，加快龙头企业科技创新步伐，支持龙头企业与科研院所开展产学研合作，搭建科技创新、成果转化平台，建立研发机构。鼓励龙头企业创树品牌，提高市场竞争能力。提升龙头企业辐射带动能力，探索龙头企业、农民合作社、家庭农场、专业大户等经营主体合作带动、整体发展的有效机制。

实施农业社会化服务能力提升行动。开展家庭农场和农业合作社精准管理服务，推进高质量发展。培育一批示范农业产业化联合体，完善利益共享机制。培训一批包括小农户种养能手在内的新型职业农民。扶持小农户发展生态农业、设施农业、体验农业、定制农业，提高产品档次和附加值，拓展增收空间。

十、智慧农业平台建设工程

探索建设冀东农业大数据中心。围绕不同特色农业产业，打造全生命周期、全制造流程的数字化管理平台，实现集研、产、销于一体的基础数据管理。推动行业管理部门、农业经营主体整体数字化转型，提升农业生产经营和管理服务数字化水平，推动重要领域和关键环节数据资源建设，提高数字农业创新能力。

构建独特的秦皇岛农业物联网体系。根据秦皇岛市农业地域分布和生产模式的特点，规划"希望田野""幸福果园""阳光牧场""特色农庄"等一批农业物联网公共服务平台，实现数据信息集中采集，充分结合大数据、云计算、区块链和人工智能等先进技术实现资源的整合和共享。

大力推进新型农业经营主体智慧转型。进一步发挥丰禾农业、小马物联网、双燕养殖等农业企业物联网项目示范带动作用，大力推进新型农业经营主体应用"在线化、网络化、智能化"信息管理，建立农业企业全渠道营销互动模式，打造一批全程数据化管理的典型，推动集农业物联网应用示范点和智慧农业示范基地项目。

第六章　　保障措施

一、完善组织领导协作机制

各级要成立"十四五"现代农业发展工作领导小组，结合行业与区域，进一步明确规划目标、指标任务、措施和现代农业建设发展内容的总体要求，切实协调、解决在现代农业发展建设过程中出现重大问题，做好各项服务和保障工作。特别是围绕农业品牌建设、农产品加工、农旅融合、农业项目招商、康养农业发展等全局性、特色性、重要性工作，建立农业农村部门与发改、财政、水务、林业、海洋渔业、自然资源、环保、科技等部门的协作机制，明确工作职责和任务分工，各司其职，密切配合，确保规划各项任务落到实处。

二、健全优先支持政策体系

把落实"四个优先"的要求作为"十四五"时期推进全市"三农"工作的头等大事，优先考虑"三农"干部配备，优先满足"三农"发展要素配置，优先保障"三农"资金投入，优先安排农村公共服务。逐步提高土地出让收入用于农业农村的比例，明确主要支持领域。完善政府财政用于农业资金的管理机制和使用机制。放宽农村金融市场准入条件，推动农村金融机构多样化发展。积极引导金融资本加大对订单生产基地建设、仓储基础设施建设和科技成果转化等项目的金融支持力度。健全设施农业用地和耕地保护制度，支持和引导土地经营权有序流转。

三、建立涉农人才保障机制

通过户籍制度、金融政策引导，加快农业科技创新领军人才引进培育，促进乡村人才振兴。实施返乡创业创新培训行动计划，支持返乡创业园、返乡创业孵化园（基地）、信息服务平台、实训基地和农业文化创意产业孵化器建设。引导大学生、返乡农民工、退休技术人员、农村青年等参与农村科技创业。充分利用域内外科研院所农业专家力量，与河北科技师范学院、昌黎果树所建立全方位战略合作关系，完善科技特派团服务支持机制，扩大专家工作站覆盖率。

四、深化农业行政执法改革

以"依法治农、依法护农、依法兴农"为出发点，深化"放管服"改革，优化营商环境，发挥市场在资源配置中的决定作用。进一步深化农业综合行政执法改革，规范执法行为，重点加强农资、农产品质量安全等领域的违法查处力度。不断创新工作机制，健全普法机制，落实普法责任，提高农业法治工作人员业务水平，有效维护群众切身利益，为全市现代农业高质量发展提供坚强的法制保障。

五、强化实施考评监督管理

加强对规划实施情况的监督及评估，构建突出农业产业结构、产业融合发展、农业资源利用和农业生态环境保护水平等指标的绩效考核体系，并纳入县区乡村振兴目标管理绩效考核范围。强化全过程管理，严格规划实施年度报告、中期评估等关键节点考核评价指导工作。建立健全定期调度和通报工作机制，接受市人民代表大会及其常务委员会的监督检查，切实推动各项目标任务有效落实。

参 考 文 献

[1] [美]费雷德里克·斯坦纳. 生命的景观：景观规划的生态学途径[M]. 周年兴，李小凌，俞孔坚，译. 北京：中国建筑工业出版社，2004.

[2] 徐更生. 美国农业政策[M]. 北京：经济管理出版社，2007.

[3] 陈阜. 农业科技园区规划理论与实践[M]. 北京：化学工业出版社，2008.

[4] 赵航. 休闲农业发展的理论与实践[D]. 福州：福建师范大学，2012.

[5] 郑辽吉. 乡村生态体验旅游开发研究[D]. 长春：东北师范大学，2013.

[6] 李永前，路遥，普雁翔. 如何打造云南高原特色农业发展之路[J]. 农业开发与装备，2013（06）.

[7] 陈红武，邹志荣. 休闲农业概论[M]. 北京：科学出版社，2014.

[8] 白文静，蔡燕航. 农民日常反抗的道义标准与策略——斯科特的农民研究[J]. 华南农业大学学报（社会科学版），2014（01）.

[9] 刘齐光. 国外休闲农业发展历程及经验借鉴[J]. 农村经济与科技，2014（08）.

[10] 陈琳. 休闲农业园区主题文化表达研究[D]. 哈尔滨：东北农业大学，2015.

[11] 黄晓军，黄馨，李同昇，等. 都市农业规划研究：以西安秦岭北麓都市农业示范区为例[J]. 西北大学学报（自然科学版），2015（03）.

[12] 编辑部. 我国土地资源利用现状[J]. 中国国土资源经济，2015（06）.

[13] 韩长赋. 坚定不移加快转变农业发展方式——学习贯彻习近平总书记在中央经济工作会议上的重要讲话精神[J]. 农业技术与装备，2014（06）.

[14] 戈峰，欧阳志云. 整体、协调、循环、自生——马世骏学术思想和贡献[M]. 生态学报，2015（24）.

[15] 陆明华. 基于SWOT分析的休闲农业旅游规划研究——以南京市涧东村为例[J]. 现代农业科技, 2016（05）.

[16] 陈晓华. 加快休闲农业提档升级打造就业增收新增长极[J]. 休闲农业与美丽乡村, 2016（07）.

[17] 罗其友, 高明杰, 张萌, 等. 新时期区域农业规划若干问题思考[J]. 中国农业资源与区划, 2016（11）.

[18] 武衡. 探讨观光旅游农业园区景观生态设计的方式[J]. 农村经济与科技, 2016（24）.

[19] 胡海洪, 丁晓红. 休闲农业观光园中地域文化景观营造策略研究[J]. 遗产与保护研究, 2017（06）.

[20] 方俊清, 王明星. 国内外"休闲农业"发展研究综述[J]. 仲恺农业工程学院学报, 2017（02）.

[21] 卢贵敏. 田园综合体试点：理念、模式与推进思路[J]. 地方财政研究, 2017（07）.

[22] 闵选寿. 对大众休闲时代休闲旅游的几点思考[J]. 旅游纵览（下半月）, 2017（22）.

[23] 李岫峰. 供给侧结构性改革背景下的农业规划优化[J]. 新农业, 2018（07）.

[24] 刘彦随. 中国新时代城乡融合与乡村振兴[J]. 地理学报, 2018（04）.

[25] 周云花, 李东徽. 生态学原理在园林景观设计中的应用[J]. 农家参谋, 2018（13）.

[26] 张莞. 乡村振兴战略下民族地区农旅融合提升发展研究[J]. 农业经济, 2019（04）.

[27] 廖杭萍, 孟铁鑫. 乡村振兴背景下农旅融合发展的模式[J]. 福建茶叶, 2019（08）.

[28] 郑新娜, 赵世冲, 赵康平. 乡村振兴背景下辽宁休闲农业发展研究[J]. 农业经济, 2019（10）.

[29] 向思宇. 亲子体验视角下的休闲农业园景观规划设计研究[D]. 北京：北京林业大学, 2020.

[30] 吴兆娟等. 乡村振兴背景下重庆农旅融合典型模式构建与优化[J]. 农

业展望，2020（06）．

[31] 单龙云，张春元．京津冀休闲农业协同发展路径分析[J]．广东蚕业，2020（07）．

[32] 江旭聪等．乡村振兴战略下我国现代农业园区规划的发展对策[J]．江苏农业科学，2020（13）．

[33] 王昌明，谈金易，张成．重庆市南川区休闲农业发展现状及对策建议[J]．南方农业，2020（14）．

[34] 王佳冰，徐源，武虹岑．广西休闲农业发展存在的问题及对策[J]．乡村科技，2020（30）．

[35] 刘晋焘，王文磊．太原市休闲农业发展问题与对策研究[J]．山西农经，2021（03）．

[36] 曾福生，史芳．农业社会化服务如何促进小农户与现代农业有机衔接——一个理论分析框架[J]．吉首大学学报（社会科学版），2021（03）．

[37] 林南平．南靖县休闲农业发展现状问题及对策[J]．南方农业，2021（04）．

[38] 蔡海龙，李静媛．小农户衔接现代农业的关键是要融入现代农业价值链[J]．农村经营管理，2021（06）．